Landesreport Berlin

Landesreport Berlin

Herausgegeben von
Marion Haß

W

Verlag Die Wirtschaft GmbH
Berlin · München

Herausgeber:	Marion Haß
Autoren:	Horst Berger (0., 3.1.)
	Jürgen Dorbritz (1.2.3.2., 1.2.4.)
	Heinrich Engels (6.)
	Marion Haß (1.1., 4., 7.)
	Wilhelm Hinrichs (3.3.)
	Elke Hoffmann (1.2.3.1.)
	Sonja Menning (1.2.1.3., 1.2.2.)
	Enno Nowossadeck (1.2.3.3., 1.2.3.4.)
	Horst Paucke (5.)
	Eckhard Priller (3.2.)
	Gabriele Rachel (2., 8., 9.)
	Juliane Roloff (1.2.1.1.)
	Wulfram Speigner † (1.2.1.2.)
Lektor:	Werner Fiebiger

Landesreport Berlin – Hrsg./
Marion Haß
1. Auflage
Berlin: Verlag Die Wirtschaft GmbH
Berlin · München 1992
204 S., 53 Abb. 98 Tab.

Redaktionsschluß: März 1992
ISBN 3-349-00980-8
© Verlag Die Wirtschaft GmbH Berlin · München 1992
Am Friedrichshain 22, O-1055 Berlin
Joseph-Dollinger-Bogen 5, W-8000 München 46
Einbandgestaltung: Marlies Hawemann
Typographie: Verlag Die Wirtschaft
Printed in Germany
Gesamtherstellung:
Buchdruckerei Günter Buck, Schwedenstraße 9, W-1000 Berlin 65

Inhaltsverzeichnis

	Vorwort	9
0.	Berlin und sein Umland – der Großraum Berlin	11
1.	Gebiet und Bevölkerung	15
1.1.	Gebietsstruktur	15
1.2.	Bevölkerungsentwicklung	18
1.2.1.	Bevölkerungszahl und -strukturen	18
1.2.1.1.	Geschlechter- und Altersstruktur	18
1.2.1.2.	Generationen in der Berliner Bevölkerung	25
1.2.1.3.	Haushalte	26
1.2.2.	Ausländer in Berlin	27
1.2.3.	Bevölkerungsbewegung	30
1.2.3.1.	Geburtenentwicklung – Fruchtbarkeit	30
1.2.3.2.	Eheschließungen und -scheidungen	38
1.2.3.3.	Migration	39
1.2.3.4.	Sterblichkeit	44
1.2.4.	Bevölkerungsprognose bis 2010	45
2.	Politische Strukturen	50
2.1.	Politische Strukturen im Übergang	50
2.2.	Parlament und Regierung	52
2.2.1.	Das Parlament	52
2.2.2.	Die Regierung	55
2.2.3.	Bezirksverordnetenversammlungen und Bezirksämter	55
2.3.	Rechtsprechung	56
3.	Sozio-ökonomische Strukturen	58
3.1.	Erwerbstätigkeit und Arbeitslosigkeit	58
3.1.1.	Struktur und Entwicklung der Erwerbstätigen	58
3.1.2.	Struktur und Entwicklung der Arbeitslosigkeit	65
3.2.	Einkommen und Ausgaben der privaten Haushalte	70
3.2.1.	Zur Datenlage	70
3.2.2.	Einkommen der privaten Haushalte	71
3.2.2.1.	Einkommen nach unterschiedlichen Quellen	71

3.2.2.2.	Zur Höhe des Einkommens	73
3.2.2.3.	Verteilung der Einkommen	74
3.2.3.	Ausgaben der privaten Haushalte	76
3.2.4.	Tendenzen der Einkommens- und Verbrauchsentwicklung seit 1990	78
3.3.	Der Berliner Wohnungsmarkt	79
3.3.1.	Der Wohnungsbestand und seine Struktur	79
3.3.2.	Qualität des Wohnungsbestandes	84
3.3.3.	Die Eigentumsverhältnisse im Wohnungsbestand	87
3.3.4.	Niveau der Wohnraumversorgung	89
3.3.5.	Mieten	92
3.3.6.	Wohnraumbedarf und Wohnungspolitik – ein Ausblick	94
4.	Die Wirtschaft	96
4.1.	Industrie	97
4.1.1.	Struktur und Standorte	98
4.1.2.	Betriebsgrößengliederung	100
4.1.3.	Exportrentabilität und Anlagevermögen	102
4.1.4.	Warenverkehr	105
4.1.5.	Konjunkturelle Entwicklung	107
4.2.	Bauwirtschaft	109
4.3.	Landwirtschaft	112
4.4.	Handwerk	114
4.5.	Handel und Gastgewerbe	119
4.6.	Infrastruktur	125
4.6.1.	Öffentlicher Personennahverkehr	125
4.6.2.	Fern- und Wirtschaftsverkehr	130
4.6.2.1.	Straßenverkehrsanlagen	131
4.6.2.2.	Eisenbahnverkehr	135
4.6.2.3.	Binnenschiffsverkehr	138
4.6.2.4.	Flugverkehr	140
4.6.3.	Kommunikationstechnische Infrastruktur	141
4.6.4.	Energie	143
4.6.4.1.	Elektrizitätsversorgung	143
4.6.4.2.	Gas	145
4.6.4.3.	Fernwärme	146
4.7.	Unternehmensbezogene Dienstleistungen	148
5.	Umweltbelastung und -sanierung	150
5.1.	Luftbelastung	150
5.2.	Wasserbelastung	153
5.3.	Abfallbeseitigung	157
5.4.	Waldschäden	160
5.5.	Zur Bedeutung von Grünflächen im Ballungsraum	162
5.6.	Lärmbelästigung	163

6.	Medizinische Versorgung und soziale Betreuung	167
6.1.	Medizinische Versorgung	167
6.1.1.	Ambulante ärztliche Versorgung	167
6.1.2.	Stationäre Versorgung	171
6.1.3.	Zur Säuglingssterblichkeit	174
6.2.	Soziale Betreuung	175
6.2.1.	Zur Entwicklung der sozialen Betreuung	175
6.2.2.	Zum Stand sozialer Arbeit	177
7.	Integration von Wissenschaft und Wirtschaft	185
8.	Fremdenverkehr und Tourismus	190
8.1.	Landschafts- und Erholungsgebiete	190
8.2.	Städtische Sehenswürdigkeiten	192
8.3.	Touristische Infrastruktur	193
9.	Kultur	194
9.1.	Historisches	194
9.2.	Kulturpotential heute	196
9.2.1.	Theater	197
9.2.2.	Museen	198
9.2.3.	Bibliotheken	198
9.2.4.	Filmtheater	199
	Verwendete Quellen	200

Vorwort

Fast ein halbes Jahrhundert lebten die Berliner in einer geteilten Stadt. Gelegen im Spannungsfeld nationaler und internationaler Interessen beeinflußte die politische Großwetterlage in dieser Zeit in besonderem Maße den Alltag der Berliner. Mit der politischen Spaltung der Stadt wurden die historisch gewachsene Arbeitsteilung und Verflechtung zwischen Berlin und seinem Umland unterbrochen. Die Entwicklung in beiden Teilen Berlins vollzog sich auf völlig unterschiedlichen, ja gegensätzlichen sozialökonomischen Grundlagen.

Seit dem 3. Oktober 1990 sind beide Teile der Stadt politisch wieder vereinigt und wachsen wirtschaftlich erneut zusammen. Die damit verknüpften gesellschaftlichen Veränderungen und strukturellen Umbrüche in der östlichen Stadthälfte sowie die hiervon ausgehenden Wirkungen für die ökonomische und soziale Entwicklung Gesamt-Berlins, seine neue Rolle als Hauptstadt und Regierungssitz des vereinten Deutschlands stellen hohe Anforderungen an Politik und Wirtschaft, ist doch dies das einzige Land, das aus ehemals zwei getrennten Teilen zu einer Verwaltungseinheit zusammengeführt wird. Berlin kann so nicht nur zum Motor der fortschreitenden wirtschaftlichen und sozialen Einheit Deutschlands werden, sondern zugleich dem Prozeß der europäischen Integration wesentliche Impulse verleihen.

Dies alles hat den Informationsbedarf über die Ausgangslage, die akuelle Situation, die Entwicklungstendenzen und Perspektiven in wichtigen Lebensbereichen der Stadt als Voraussetzung für die politische Entscheidungsfindung stark anwachsen lassen. Die vorliegende Monographie ist der Versuch, sich dieser Forderung trotz teilweise noch verschiedener Methoden, Systematiken und Definitionen in der Erfassung ökonomischer, ökologischer und sozialer Prozesse in den beiden ehemaligen Stadthälften zu stellen.

Dabei konnte nicht in jedem Fall eine Vergleichbarkeit der Angaben erreicht und die aktuelle Entwicklung statistisch belegt werden. Die durch die unterschiedliche Ausgangssituation und die in der ersten Phase des Zusammenwachsens differente konjunkturelle Bewegung bedingte oft noch getrennte Betrachtungsweise beider früherer Teile der Stadt wird sich mit dem weiteren Vollzug der sozialen und wirtschaftlichen Einheit Berlins erübrigen.

Abbildung
Berlin unter den Ländern der Bundesrepublik Deutschland

0. Berlin und sein Umland – der Großraum Berlin

In Berlin eröffnen sich Entwicklungsmöglichkeiten wie nie zuvor in seiner Geschichte mit weitreichenden politischen, wirtschaftlichen, sozialen und ökologischen Konsequenzen und Perspektiven für die Entwicklung der Stadt und ihres Umlandes. Diese Entwicklung ist im Ostteil der Stadt und dem Umland mit grundlegenden gesellschaftlichen Wandlungen verbunden und führt im Westteil zur Verringerung bzw. zum Abbau bisheriger – im Vergleich

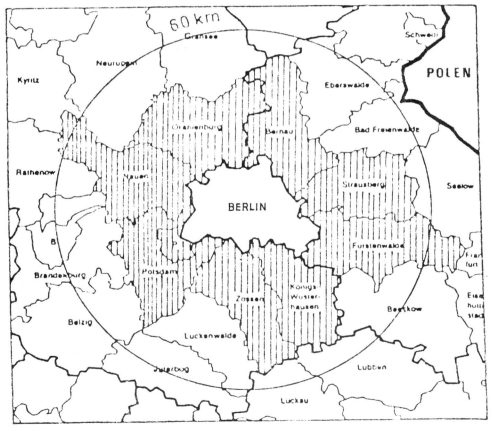

Abbildung 0.1.
Der Großraum Berlin (Radius 60 km)

zu westdeutschen Ballungszentren vorhandener – Strukturdefizite und Standortnachteile. Der Großraum Berlin hat im Prozeß der wirtschaftlichen, sozialen und ökologischen Vereinigung eine essentielle Bedeutung und wird deswegen und ob seiner zentralen Lage auch im Prozeß der weiteren Annäherung Europas eine gewichtige Rolle spielen.

Die Stadt-Umland-Region von Berlin (Großraum Berlin) umfaßt die Kernstadt Berlin sowie die unmittelbar angrenzenden Kreise Potsdam, Nauen, Oranienburg, Bernau, Strausberg, Fürstenwalde, Königs Wusterhausen und Zossen des Landes Brandenburg (vgl. Abbildung 0.1.). Als Ballungsgebiet ist Berlin mit Hamburg und München vergleichbar. Der Großraum Berlin ist mit einer Fläche von 7 369 km² ebenso groß wie die Region Hamburg (7 340 km²); die Bevölkerungszahl liegt jedoch mit 4 285 500 Einwohnern unter der Einwohnerzahl der Region Hamburg (6 585 000) und hinsichtlich der Einwohnerzahl je km² auch noch deutlich unter dem Münchener Vergleichswert (4 699 km², 2 252 400 Einwohner).

Das *äußere Umland* wird durch die Umlandkreisgrenzen von Bernau, Strausberg, Fürstenwalde, Königs Wusterhausen, Zossen, Potsdam (Land), Nauen und Oranienburg begrenzt. Das *innere Umland* wird begrenzt durch die Städte bzw. Gemeinden Potsdam, Falkensee, Hennigsdorf, Oranienburg, Klosterfelde, Biesenthal, Werneuchen, Strausberg, Herzfelde, Hangelsberg, Spreenhagen, Wolzig, Mittenwalde, Rangsdorf und Ludwigsfelde.[1]

Das innere Umland ist verkehrstechnisch relativ gut erschlossen (S-Bahn, Bus, Vorort-Bahn), indessen haben die an die westliche Stadthälfte angrenzenden Kreise Potsdam, Zossen und Nauen in den vergangenen 40 Jahren ihre Umlandfunktionen verloren und gerieten vor allem wegen der großen Verkehrswegedistanz in eine Randlage. Das äußere Umland hat hinsichtlich der verschiedenen regionalen Teilstrukturen (Bevölkerungsstruktur, Wirtschaftsstruktur, Beschäftigtenstruktur, Siedlungsstruktur, Verkehrsstruktur, soziale Infrastruktur) ein geringeres Strukturniveau als das innere Umland. Es dominiert die Land- und Forstwirtschaft; industrielle Standorte waren im südlichen äußeren Umland konzentriert. Hingegen waren die Versorgungsfunktion mit Agrarprodukten, die Entsorgungsstruktur (Deponien) und vor allem die Erholungsstruktur weitaus stärker ausgeprägt. Im äußeren Umland gibt es bei einer besseren verkehrstechnischen Erschließung erhebliche Reserven zur Intensivierung der Wechselbeziehungen in der Stadt-Umland-Region (vgl. Tabelle 0.1.).

Durch die Teilung Deutschlands und Berlins wurden die historisch gewachsenen

Tabelle 0.1.
Fläche, Bevölkerung und Erwerbstätige im Großraum Berlin

Stadt/Kreis	Fläche km²	Bevölkerung in 1000	Erwerbstätige in 1000	je km² Einwohner	Erwerbstätige
Berlin (West)	480,1	2 134,1	940,0	4 445	1 958
Berlin (Ost)	403,3	1 279,2	697,1	3 172	1 728
Oranienburg	856,7	128,8	59,7	150	70
Nauen	894,4	76,5	36,0	86	40
Potsdam (Land)	737,8	99,0	51,1	134	69
Potsdam (Stadt)	100,6	141,4	75,3	1 406	749
Zossen	765,6	75,3	34,7	98	45
Königs-Wusterhausen	725,5	85,8	32,7	118	45
Bernau	757,8	71,7	24,4	95	32
Strausberg	689,4	89,4	29,3	130	42
Fürstenwalde	924,5	104,2	44,7	113	48

Quelle: DIW-Wochenbericht 22/90

---

[1] Vgl. Berlin und sein Umland, Hrsg. A. Zimm, Gotha 1988

Verflechtungsbeziehungen und Strukturen im Großraum Berlin weitestgehend zerstört. West-Berlin war praktisch von seinem natürlichen Umland abgetrennt, geriet in eine Insellage mit erheblichen Strukturdefiziten und Standortnachteilen.

West-Berlin mußte sich in seinen Wirtschaftsbeziehungen auf räumlich weit entfernte Bezugs- und Absatzmärkte neu orientieren, was mit erhöhten Kosten für Produktion und Investitionen verbunden war, der westlichen Stadthälfte stets zum Standortnachteil gereichte und schließlich – gemessen an westdeutschen Ballungsregionen – zu strukturellen Verwerfungen führte. Auch die umfangreichen finanziellen Fördermittel der Bundesregierung für die West-Berliner Wirtschaft haben diese politisch-geographischen Standortdefizite nie vollständig ausgleichen können.

Aber auch für Ost-Berlin ergaben sich durch die Spaltung der Stadt nicht nur politische, wirtschaftliche und soziale Nachteile, sondern auch eingeengte raumfunktionale Beziehungen zwischen Stadt und Umland mit weitreichenden negativen Folgen für die Infrastruktur. Zwar wurde insbesondere seit Beginn der 70er Jahre versucht, Ost-Berlin als Metropole auszubauen mit entsprechenden Folgeerscheinungen für die Bevölkerungsstruktur und die Infrastruktur sowie relativ günstigen Entwicklungsbedingungen im Vergleich zu anderen Großstädten der DDR. Die negativen Wirkungen der Teilung für die Wirtschaft und die hier lebenden Menschen vermochten sie jedoch nicht zu beseitigen.

Das Umland konnte nur partiell an den verhältnismäßig günstigen Entwicklungsbedingungen Ost-Berlins partizipieren (Erwerbstätigkeit, Dienstleistungen, Handel, Kultur). Vornehmlich für die an West-Berlin angrenzenden Kreise machte sich die Teilung nachhaltig bemerkbar.[2] Das Umland wurde vor allem als Naturraumpotential (Wasser, Erholung, biotisches Ertragspotential, Rohstoff, Entsorgung) und Arbeitskräftereservoir betrachtet und hatte entsprechende Ressourcen, Leistungen und Dienste für Ost-Berlin, teilweise auch für West-Berlin (vor allem Entsorgung) zu erbringen. Dies führte zu erheblichen Widersprüchen in der Umlandregion und vor allem zur Vernachlässigung der Infrastruktur.

Die Entwicklung des Großraums Berlin zu einem modernen Ballungsgebiet mit wechselseitigem ökonomischen, sozialen, infrastrukturellen und ökologischen Verflechtungen ist daher eine Herausforderung und gemeinsame Aufgabe für Berlin und das Land Brandenburg. Die für Agglomerationen moderner Ballungsgebiete typischen Verflechtungsbeziehungen müssen erst noch geschaffen werden. Dabei hat die zügige Überwindung systembedingter Unterschiede im Ostteil der Stadt und im Umland vorrangige Bedeutung.

Die vor sich gehenden Wandlungsprozesse historischer Dimension sind durchaus auch mit Risiken und Gefahren verbunden und bedürfen klarer Zielvorstellungen und langfristiger Planungen, um irreversible Fehlentwicklungen zu vermeiden.[3] Verlauf und Folgen dieses Agglomerationsprozesses betreffen solche wichtigen Teilstrukturen wie die Bevölkerungsstruktur, die Wirtschaftsstruktur, die Beschäftigtenstruktur, die Siedlungsstruktur, die Sozialstruktur, die soziale Infrastruktur, die Verkehrsstruktur und vor allem die Lebensbedingungen der Menschen. Da diese Strukturen und die Lebensverhältnisse sowohl in beiden Teilen Berlins, als auch im inneren wie im äußeren Umland ein unterschiedliches Niveau haben, ja bisher mitunter konträr entwickelt sind, ergeben sich für die Teilräume im Vereinigungsprozeß zunächst sehr differenzierte Perspektiven.

Auf Grund seiner Bedeutung und seiner Lage wird der Großraum Berlin zu einem

---

[2] Vgl. Sozialreport Ost-Berlin 1990, Hrsg.: Institut für Soziologie und Sozialpolitik der Akademie der Wissenschaften der DDR und Statistisches Amt der Stadt Berlin, September 1990

[3] Vgl. Grundlagen und Zielvorstellungen für die Entwicklung der Region Berlin, Provisorischer Regionalausschuß Planungsgruppe Potsdam, 1. Bericht 5/90, Juli 1990

Experimentierfeld für die wirtschaftliche, soziale und ökologische Vereinigung Deutschlands.[4] Hier laufen die Prozesse besonders schnell ab und sind angesichts der unmittelbaren Konfrontation von ökonomischer und sozialer Situation im Ost- und Westteil der Stadt und im Umland von besonderer Brisanz. Die Chancen für eine gedeihliche Entwicklung des Großraumes Berlin sind vorhanden. Begünstigt durch seine Lage kann Berlin eine wichtige Rolle als Mittler im europäischen Vereinigungsprozeß spielen, insbesondere im Hinblick auf die Integration Mittel- und Osteuropas. Von der Entfaltung Berlins als politisches Zentrum Deutschlands, als Dienstleistungsmetropole mit leistungsstarker Industrie und als Verkehrsknotenpunkt kann auch das Umland profitieren. Berlin kann wieder jener Ort der Politik, Wirtschaft, Wissenschaft, Kultur und Kommunikation mit humanistischen Traditionen werden wie einst – das Potential dafür ist vorhanden, es muß nur mobilisiert werden. Dazu bedarf es einer entsprechenden regionalen Strukturpolitik Berlins und Brandenburgs, um eine sozial und ökologisch verträgliche Entwicklung Berlins und des Umlandes zu gewährleisten.

---

[4] Vgl. Struktur und Funktionswandel der Region Berlin, Daimler-Benz AG, Forschungsinstitut Berlin, Oktober 1990

1. Gebiet und Bevölkerung

1.1. Gebietsstruktur

Berlin liegt geographisch im Zentrum Europas. Auf der Karte findet man es auf 52°31'12" nördlicher Breite und 13°24'36" östlicher Länge, d.h. etwa auf der Breite von London und der Länge von Neapel. Die Stadt befindet sich in der großen Ebene des norddeutschen Tieflandes. Die Höhenunterschiede sind gering. Die höchsten Erhebungen sind die Müggelberge in Köpenick (115 m), der künstlich geschaffene Teufelsberg im Grunewald (115 m) sowie der Schäferberg in Wannsee (103 m).[1]

Die den Berliner Raum kennzeichnende Landschaft der Platten und Urstromtäler wurde durch die jüngste Eiszeit (Weichsel-Eiszeit) geprägt. Durch das etappenweise Zurückschmelzen des Eises entstanden lehmige Grundmoränen, sandig-kiesige Schmelzwasseraufschüttungen und Plombierungen aus Eis, aus denen sich später die zahlreichen Seen entwickelten. Dort wo das Eis bereits abgeschmolzen war, kam es zu Ausblasungen, Verwehungen, Sandablagerungen (Sandern) sowie zur Bildung von Binnendünen.

Die dadurch geformte Oberflächengestalt und die Bodenverhältnisse bestimmten die Vegetation und Siedlungsstruktur, deren Natürlichkeit bis heute an vielen Stellen sichtbar geblieben ist.[2] Rings um Berlin erstrecken sich ausgedehnte Kiefernwälder und Seen. Bruchwälder und Grünlandnutzungen sind noch immer typisch für die feuchten Niederungen. Aber auch das Stadtgebiet selber besteht zu mehr als einem Drittel aus Grün- und Wasserflächen. Statistisch kommen auf jeden Berliner Einwohner 46 Quadratmeter Wald. Berlin zählt 320 Quadratkilometer Wälder, Seen, Flüsse und Parkanlagen (vgl. Tabelle 1.1.1.). Damit bietet die Stadt überaus viele Möglichkeiten, sich zu erholen.

Berlin ist mit rund 3,41 Millionen Einwohnern und einer Gesamtfläche von 883,57 km² die größe deutsche Stadt. Sie würde fast das gesamte Ruhrgebiet bedecken.[3] Die Nord-Süd-Ausdehnung Berlins beträgt etwa 38 km, die Stadtgrenzen im Osten und Westen liegen rund 45 km auseinander. Vom inneren Stadtraum reichen in Form eines Sterns 7 bis 8 regelmäßig ausgebildete Hauptsiedlungsbänder in das Umland und lösen sich mit zunehmender Entfernung vom Zentrum in einzelne Siedlungskörper auf. Zwischen den Siedlungsachsen liegen von kleinen Siedlungskörpern durchsetzte Landschaftsräume mit vielfältigen Funktionen für den Naturhaushalt und die Erholung, die sich zum Teil bis in den dicht bebauten inneren Stadtraum fortsetzen.

Die sternförmigen, sich in das Land Brandenburg erstreckenden Siedlungsbänder sind zugleich Achsen des Schienenverkehrs. Sie erreichen bzw. überschreiten im Süden mit

---

[1] Berliner Bezirke, Statistisches Taschenbuch, Hrsg.: Statistisches Landesamt, Berlin 1990, S. 34
[2] Materialien zur räumlichen Entwicklung in der Region Berlin, Hrsg.: Senatsverwaltung für Stadtentwicklung und Umweltschutz, Berlin, April 1990
[3] Vgl. Berlin im Überblick, Hrsg.: Informationszentrum Berlin, Berlin 1988, S. 5

Tabelle 1.1.1.
Berlin – Fläche, Flächennutzung und Einwohner 1989

	km²	v. H.
Fläche (1989)	883,57	100,0
Bebaute Fläche[1]	383,54	43,4
darunter: Wohnfläche	232,84	26,4
Gewerbe- und Industriefläche inkl. Betriebsfläche	88,05	10,0
Verkehrsfläche	107,97	12,2
Grünflächen[2]	107,04	12,1
Landwirtschaft[3]	69,39	7,9
Wald	156,95	17,8
Wasser	55,55	6,3
Flächen anderer Nutzung[4]	3,13	0,4
Einwohner (Dezember 1989)		3 409 737
Einwohner pro km²		3 859

[1] Inkl. Betriebsfläche ohne Verkehrsfläche
[2] Parks, Tierparks, Kleingärten, Spielplätze, ungedeckte Sportplätze, Freibäder, Friedhöfe
[3] Die in der Ost-Berliner Statistik enthaltenen über die Stadtgrenzen hinausreichenden Landwirtschaftsflächen in Berlin ansässiger Betriebe wurden abgerechnet.
[4] Nur für West-Berlin ohne Friedhöfe; für Ost-Berlin nicht gesondert ausgewiesen.
Quelle: Berlin im Überblick (Hrsg. Informationszentrum Berlin), Berlin 1990, S. 27

den Endpunkten Rangsdorf und Königs Wusterhausen sowie im Osten und Norden mit Strausberg bzw. Bernau und Oranienburg den Autobahnring und bieten damit unter logistischen Gesichtspunkten günstige Ansiedlungsmöglichkeiten für Industrie und Gewerbe. Nahezu erreicht wird der Autobahnring auch im Westen und Südwesten mit den Endpunkten Falkensee und Potsdam. Zudem knüpft der Stern an das zur Zeit noch unterbrochene radiale S-Bahn-Netz an, das durch die Verbindung von Radial- und Ringsystem sehr gute Erreichbarkeitsverhältnisse gewährleisten kann.[4]
Berlin untergliedert sich in 23 Verwaltungsbezirke (vgl. dazu Abbildung 2.1., Seite 51). Um das sehr große Stadtgebiet bei gleichzeitiger Wahrung der örtlichen Eigenheiten bürgernah verwalten zu können, war Berlin bereits 1920 in 20 Bezirke unterteilt worden.
Die Bezirke sind keine unabhängigen Gemeinden – sie erheben beispielsweise keine Steuern –, erfüllen aber eigene Aufgaben und solche, die der Senat ihnen überträgt. Dazu gehören z. B. die Aufsicht über die Schulen und die Ausführung von Bauprojekten in eigener Verantwortung. Die Aufsicht über die Bezirksverwaltungen liegt beim Senat.[5]
Die Bezirke weisen hinsichtlich ihrer Stadtgebietsfläche und deren Nutzungsstruktur sowie der Einwohnerzahl und -dichte große Unterschiede auf. Einen Überblick über die Größe der Stadtgebietsfläche der Bezirke und ihrer Aufteilung nach der Nutzungsart gibt Tabelle 1.1.2. Die flächenmäßig größten Bezirke Köpenick, Reinickendorf, Spandau, Zehlendorf und Pankow, die die Stadt nach Norden, Westen und Südosten begrenzen, verfügen über große Wald- und Wassergebiete (= 42,2 Prozent der Gesamtfläche). Der wald- und wasserreichste Bezirk ist Köpenick. Dort bedecken Wald und Wasser zwei Drittel der Fläche. Zugleich ist in diesen Bezirken die niedrigste Einwohnerdichte zu vermerken, obwohl Reinickendorf und Spandau nach Neukölln die höchsten Einwohnerzahlen zu verzeichnen haben. Am dichtesten besiedelt sind die Bezirke Kreuzberg, Prenzlauer Berg, Schöneberg, Friedrichshain, Wedding, Tiergarten und Mitte (vgl. Tabelle 1.1.3.). Diese im Zentrum der

[4] Materialien zur räumlichen Entwicklung der Region Berlin, a. a. O.
[5] Berlin im Überblick, a. a. O., S. 67

Tabelle 1.1.2.
Berlin – Stadtgebietsfläche und Nutzungsart in km² nach Bezirken

Bezirke[1]	Stadt-gebiets-fläche	darunter Gebäu-de- und Frei-fläche	davon Wohn-fläche	Gewer-be- und Industrie-fläche	Ver-kehrs-fläche	Land-wirtsch.-fläche[2]	Wasser-fläche	Wald-fläche	Erholungs-fläche
Reinickendorf	89,5	34,8	23,8	3,9	14,2	5,1	7,4	20,0	6,7
Spandau	86,5	30,1	14,9	5,1	9,9	9,7	8,7	16,1	7,9
Zehlendorf	70,5	21,7	14,6	0,4	7,7	0,3	10,7	24,1	5,0
Neukölln	44,9	25,0	12,4	2,4	7,2	1,9	0,7	0,0	8,9
Tempelhof	40,8	24,1	14,4	4,5	9,6	1,0	0,5	0,4	4,1
Wilmersdorf	34,4	9,3	6,6	0,4	5,7	–	1,8	15,3	2,2
Steglitz	32,0	19,9	13,8	1,5	5,6	0,2	0,6	0,0	3,7
Charlottenburg	30,3	13,9	7,4	0,8	7,3	0,1	1,0	0,7	5,7
Wedding	15,4	8,0	3,9	0,7	3,3	0,0	0,2	–	2,9
Tiergarten	13,4	6,1	2,1	0,8	3,3	0,0	0,9	–	3,2
Schöneberg	12,3	6,0	3,9	0,5	4,5	–	0,0	–	1,5
Kreuzberg	10,4	5,9	2,7	0,6	3,3	0,0	0,2	–	0,7
Köpenick	127,3	26,4	17,5	8,9	3,9	11,9	19,6	63,8	7,9
Pankow	61,9	19,7	12,7	7,0	3,2	24,7	0,6	12,8	8,9
Treptow	40,6	22,7	14,6	8,1	3,5	6,9	0,1	2,0	6,6
Marzahn	31,5	19,9	11,7	8,2	4,1	5,5	0,2	0,6	4,5
Weißensee	30,1	14,0	10,3	3,7	1,3	4,0	0,1	0,1	5,6
Hellersdorf	28,1	20,7	18,1	2,6	1,2	12,9	0,3	0,5	2,7
Lichtenberg	26,4	16,3	8,7	7,6	3,3	3,0	0,6	0,3	5,0
Hohen-schönhausen	26,0	13,3	7,0	6,3	1,6	23,9	0,3	0,2	3,1
Prenzlauer Berg	10,9	7,8	5,1	2,7	1,5	0,4	–	–	1,5
Mitte	10,7	7,5	3,2	4,3	1,4	–	0,4	–	1,1
Friedrichshain	9,8	6,2	3,6	2,6	1,5	–	0,8	–	1,1
Insgesamt	883,6	379,1	232,8	83,6	108,0	111,5	55,6	157,0	100,3

[1] Die Angaben für die West-Berliner Bezirke entstammen dem Liegenschaftskataster und gelten für den 31. Dezember 1989.
[2] Die ausgewiesenen Landwirtschaftsflächen der Ost-Berliner Bezirke liegen z. T. im Land Brandenburg. Privat genutzte Waldflächen sind nicht enthalten. Die Angaben beziehen sich auf den Stand Juni 1989.

Quelle: Berliner Bezirke, Statistisches Taschenbuch (Hrsg.: Statistisches Landesamt), Berlin 1990, S. 42 f.

Tabelle 1.1.3.
Einwohnerzahl der Berliner Bezirke (Stand 31. 12. 1989)

je km²	insgesamt	Bezirke		insgesamt	je km²
4 445	2 134 051	insgesamt	insgesamt	1 279 212	3 172
6 796	305 130	Neukölln	Lichtenberg	172 277	6 526
2 826	252 066	Reinickendorf	Marzahn	170 240	5 404
2 458	212 331	Spandau	Prenzlauer Berg	144 971	13 300
5 871	187 871	Steglitz	Hohenschönhausen	118 056	4 541
4 551	185 683	Tempelhof	Köpenick	111 304	874
6 037	182 928	Charlottenburg	Friedrichshain	109 830	11 207
10 411	160 330	Wedding	Hellersdorf	109 464	3 896
12 551	154 380	Schöneberg	Pankow	108 930	1 760
14 571	151 541	Kreuzberg	Treptow	102 704	2 530
4 272	146 971	Wilmersdorf	Mitte	78 952	7 379
1 428	100 828	Zehlendorf	Weißensee	52 484	1 744
7 014	93 992	Tiergarten			

Quelle: Berliner Bezirke, Statistisches Taschenbuch (Hrsg. Statistisches Landesamt), Berlin 1990, S. 44 f.

Stadt gelegenen Bezirke, die gemessen an der Fläche zu den kleinsten zählen, sind diejenigen mit der ältesten Bausubstanz.

Vergleicht man die Flächennutzung der Bezirke miteinander, so zeigt sich ein deutlich stärkeres Gewicht der Gewerbe- und Industriegebiete im Ostteil der Stadt, die dort 15,4 Prozent der Gesamtfläche einnehmen (Westteil = 4,5 Prozent). Zum einen befinden sich hier traditionell zahlreiche Industriestandorte Berlins, zum anderen ist dies aber auch Folge einer extensiv betriebenen Industrieansiedlungspolitik der früheren DDR. Demgegenüber wurde im Westteil der Stadt zur besseren Nutzung der begrenzten Flächenreserven seit Jahren die platzsparende Geschoßbauweise bevorzugt. Größere Industrie- und Gewerbeflächen weisen die Bezirke Spandau, Tempelhof und Reinickendorf im Westteil Berlins sowie Köpenick, Marzahn, Treptow, Lichtenberg und Pankow im östlichen Teil auf.

Umfangreichere landwirtschaftlich genutzte Flächen befinden sich in den Bezirken Spandau, Reinickendorf, Pankow, Hohenschönhausen, Hellersdorf und Köpenick, wobei auch hier das Schwergewicht in der östlichen Stadthälfte liegt. Dort dienen 23,1 Prozent der Fläche landwirtschaftlichen Zwecken, während es in West-Berlin nur knapp 4 Prozent sind.

1.2. Bevölkerungsentwicklung
1.2.1. Bevölkerungszahl und -strukturen
1.2.1.1. Geschlechter- und Altersstruktur

Am Jahresende 1989 lebten in Berlin insgesamt 3,4 Millionen Menschen, davon allein 2,1 Millionen (62,5 Prozent) in West-Berlin. Mit 305 130 Einwohner (8,9 % der Gesamt-Berliner Bevölkerung) war Neukölln der bevölkerungsreichste und Weißensee mit 52 484 Menschen (1,5 Prozent) der bevölkerungsärmste Bezirk.

Die durchschnittliche Bevölkerungsdichte für Gesamt-Berlin betrug 3 860 Einwohner je km^2, davon in Ost-Berlin 3 172 und in West-Berlin 4 445 Einwohner je km^2. Dabei lag der Bezirk Kreuzberg mit 14 571 Einwohner je km^2 weit über dem Gesamt-Berliner Durchschnitt. Am wenigsten besiedelt war dagegen Köpenick – 874 Einwohner/km^2 (vgl. auch Tabelle 1.1.3.).

Ein vorläufiger Vergleich mit der Bevölkerungszahl per 31. Dezember 1990 ergibt, daß diese für Gesamt-Berlin geringfügig um 0,5 % bzw. um rd. 18 000 Personen gestiegen ist. Dabei hatte der Ostteil einen Bevölkerungsrückgang um 0,4 Prozent bzw. um 5 349 Menschen und die westliche Stadthälfte einen Zuwachs um 1,1 Prozent bzw. um 23 347 Menschen. Hauptursache hierfür dürften Zu- bzw. Abwanderungsprozesse sein, die vor allem Folge des zwischen Ost und West vorherrschenden Lohnniveaugefälles einerseits und der in Ost-Berlin (wie auch in allen neuen Bundesländern) sprunghaft angestiegenen Arbeitslosigkeit andererseits sind.

Der Anteil der weiblichen Bevölkerung an der Gesamtbevölkerung war in beiden Teilen Berlins fast gleich hoch: Ost-Berlin = 52,4 Prozent und West-Berlin = 52,8 Prozent. Dies galt auch für die Hauptaltersgruppen (vgl. Tabelle 1.2.1.). Per Jahresende 1989 lebten in Gesamt-Berlin rd. 11 Prozent mehr Frauen als Männer (vgl. auch Tabelle 1.2.2.). Dieser Frauenüberschuß sank bis Jahresende 1990 nur geringfügig auf 110 Frauen je 100 Männer.

Einen überdurchschnittlich hohen Frauenüberschuß wiesen dabei Steglitz mit 121 und Wilmersdorf mit 120 Frauen je 100 Männer auf. In Kreuzberg lebten dagegen 4,3 Prozent mehr Männer als Frauen. Dies war durch den überdurchschnittlich hohen Ausländeranteil begründet – 29,9 Prozent der Kreuzberger Bevölkerung, darunter 31,6 Prozent der männ-

Tabelle 1.2.1.
Geschlechterstruktur der Berliner Bevölkerung nach Hauptaltersgruppen (in Personen) 1989

	Von 100 der Bevölkerung waren weiblich		
	Kindesalter	erwerbsfähiges Alter	Rentenalter
Berlin	49	48	76
Ost-Berlin	49	49	75
West-Berlin	49	47	76

Tabelle 1.2.2.
Geschlechterverhältnis der Berliner Bevölkerung nach Hauptaltersgruppen 1989 (in Personen)

	Auf 100 Männer entfielen Frauen:			
	Insgesamt	Kindesalter	erwerbsfähiges Alter	Rentenalter
Berlin	111	95	91	312
Ost-Berlin	110	95	96	305
West-Berlin	112	94	89	314

lichen Bevölkerung. Insgesamt hatte die ausländische Bevölkerung einen Männerüberschuß von 116 Männer je 100 Frauen, darunter in Kreuzberg von 117 Männer/100 Frauen. Dies bewirkte, daß der Frauenüberschuß für die West-Berliner Bevölkerung insgesamt niedriger ausfiel – 112 Frauen/100 Männer, während der der deutschen Bevölkerung mit 115 Frauen/100 Männer relativ hoch war.

Betrachtet man die Altersgruppen der Gesamt-Berliner Bevölkerung detaillierter, so war in den Altersgruppen von 0 bis unter 54 Jahren ein Knaben- bzw. Männerüberschuß von durchschnittlich 106 pro 100 Mädchen bzw. Frauen zu verzeichnen. Dieser folgt hauptsächlich biotischen Gegebenheiten, d. h. es werden jährlich mehr Knaben als Mädchen lebend geboren – 1989 waren dies für Berlin rd. 7 Prozent mehr.

In den Altersgruppen ab 54 Jahre war die Berliner Bevölkerung noch durch Disproportionen in ihrer Geschlechterstruktur gekennzeichnet, die vor allem durch die überaus hohen Verluste an Männern der jüngeren und mittleren Altersjahrgänge während der Weltkriege 1914/18 und 1939/45 verursacht sind. 1989 war somit in den o. g. Altersgruppen ein Frauenüberschuß von durchschnittlich 176 Frauen je 100 Männer zu verzeichnen. Zu berücksichtigen ist auch, daß zum einen infolge der höheren Lebenserwartung der Frauen und zum anderen aufgrund der höheren Übersterblichkeit der Männer die älteren Jahrgänge immer einen Frauenüberschuß haben werden (vgl. Abbildung 1.2.1.). Das Geschlechterverhältnis nach den Hauptaltersgruppen der Berliner Bevölkerung zeigt Tabelle 1.2.2.).

In engem Zusammenhang mit der Geschlechterstruktur und dem Geschlechterverhältnis steht die Entwicklung der Altersstruktur. Diese ist einerseits Resultat der demographischen Prozesse – Geburtenentwicklung/Fertilität, Sterblichkeit, Migration – und andererseits hat sie entscheidenden Einfluß auf deren künftigen Verlauf. Zudem ist die Analyse der Altersgruppen – sowohl ihrer Bestände als auch ihrer Struktur – von Bedeutung für künftige wirtschaftliche und soziale Anforderungen.

Das Durchschnittsalter der gesamten Berliner Bevölkerung betrug im Jahre 1989 39,1 Jahre. Dabei waren Wilmersdorf und Steglitz mit einem Durchschnittsalter ihrer Bevölkerung von 43 Jahren die „ältesten" Stadtbezirke. Der „jüngste" Stadtbezirk war Hellersdorf. Seine Bevölkerung wies ein Durchschnittsalter von 28 Jahren auf. Insgesamt waren die West-Berliner um durchschnittlich 4,7 Jahre älter als die Menschen im Ostteil der Stadt. Dies deutet auf einen differenten Verlauf der o. g. demographischen Prozesse hin, was nicht

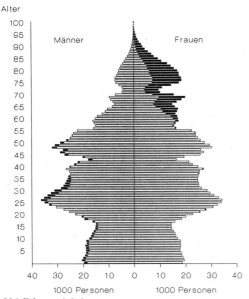

Abbildung 1.2.1.
Altersaufbau der Bevölkerung in Gesamt-Berlin 1989 (in 1000 Personen)

zuletzt auf unterschiedliche ökonomische und soziale Lebensverhältnisse zwischen Ost und West zurückzuführen ist.

In beiden Teilen Berlins weist die weibliche Bevölkerung ein gegenüber der männlichen Bevölkerung höheres Durchschnittsalter auf (vgl. Tabelle 1.2.3.). Dies ist durch die bereits erwähnte höhere Lebenserwartung der Frauen und den Frauenüberschuß in den älteren Jahrgängen der Bevölkerungen begründet. Die Unterschiede im Durchschnittsalter sind Folge eines unterschiedlichen Altersaufbaues der Bevölkerungen in Ost- und West-Berlin (vgl. Abbildung 1.2.2.). Dies zeigt auch die Analyse der Hauptaltersgruppen und deren Struktur.

Neben der Gliederung der Bevölkerung in ihren Generationen ist die in Hauptaltersgruppen gebräuchlich, was vorwiegend ökonomischen Gegebenheiten folgt. So ist es für eine Gesellschaft wichtig zu wissen, wieviel Kinder, Personen im erwerbsfähigen und im Rentenalter in ihr leben, um hieraus Konsequenzen für die Gestaltung ihrer Wirtschafts- und Sozialordnung ableiten zu können.

Per Jahresende 1989 lebten in Berlin insgesamt 536 918 Kinder. Dabei waren es im Westteil der Stadt 29 304 Kinder bzw. rd. 11 Prozent mehr als in Ost-Berlin. Auf die Gesamtzahl der Bevölkerung bezogen, weist dagegen die östliche Stadthälfte mit 19,8 Pro-

Tabelle 1.2.3.
Durchschnittsalter der Frauen und Männer in Berlin (Jahre)

	Frauen	Männer
Berlin	41,7	36,2
Ost-Berlin	38,1	34,0
West-Berlin	43,8	37,5

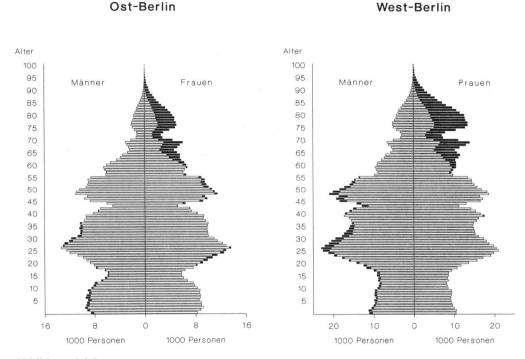

Abbildung 1.2.2.
Altersaufbau der Bevölkerung in Ost-Berlin und West-Berlin 1989 (in 1000 Personen)

zent einen höheren Kinderanteil auf als West-Berlin mit 13,3 Prozent. Dies galt auch für die einzelnen Untergruppen der Bevölkerung im Kindesalter (vgl. Tabelle 1.2.4.)
Die Zahl der Jugendlichen (Menschen im Alter zwischen 14 und 18 Jahren) betrug für Gesamt-Berlin 158 470 Personen, darunter lebten 59,6 Prozent in West-Berlin. Ihr Anteil an der Bevölkerung belief sich in Ost-Berlin auf 5 Prozent und West-Berlin auf 4,4 Prozent.
Die Gesamtzahl der Menschen im erwerbsfähigen Alter betrug per Jahresende 1989 2 295 999 Personen bzw. 67,3 Prozent der Bevölkerung. Dabei entfielen auf den Ostteil 858 425 (37,4 Prozent) und auf den Westteil der Stadt 1 437 574 Personen (62,6 Prozent).

Tabelle 1.2.4.
Strukturanteile der Berliner Bevölkerung im Säuglings-, Kleinstkind-, Vorschul-, Schulalter (in %)

	Auf 100 der Bevölkerung kamen Kinder im			
	Säuglingsalter	Kleinstkindalter	Vorschualter	Schulalter
Berlin	1,1	2,3	1,1	9,9
Ost-Berlin	1,3	2,9	1,4	12,3
West-Berlin	1,0	2,0	0,9	8,4

Die Strukturanteile dieser Bevölkerungsgruppe sind in beiden Teilen Berlins fast gleich hoch: Ost-Berlin = 67,1 % und West-Berlin = 67,5 %.

Sowohl in Ost- als auch in West-Berlin ist der Anteil der Männer im erwerbsfähigen Alter an der männlichen Bevölkerung im Vergleich zu den Frauen höher – im Gesamt-Berliner Durchschnitt 74,3 Prozent zu 61,1 Prozent (vgl. Abbildung 1.2.3.). Dies geht u. a. auf die unterschiedliche Altersgrenze für den Eintritt in das Rentenalter zurück. Setzt man z. B. die männliche Altersgrenze der der Frauen gleich, sinkt o. g. Differenz auf 70,3 Prozent zu 61,1 Prozent. Eine weitere Ursache ist im Geschlechterverhältnis dieser Altersgruppen zu sehen: auf 100 Frauen im erwerbsfähigen Alter kamen im Gesamt-Berliner Durchschnitt 109 Männer und bei gleicher Altersgrenze – 104 Männer (vgl. Tabelle 1.2.2.).

Per Jahresende 1989 lebten in Berlin insgesamt 576 820 Menschen im Rentenalter, davon allein 409 840 Menschen (71 Prozent) im Westteil der Stadt. Ihr Anteil an der Bevölkerung lag bei 16,9 Prozent; in der östlichen Stadthälfte waren es 13 Prozent und im Westteil 19,2 Prozent. Die Differenz im Rentneranteil der Bevölkerung zwischen Ost- und West-Berlin ist sehr geschlechtsspezifisch: Betrug sie bei den Männern rd. 3 Prozentpunkte, waren es bei den Frauen rd. 9 Prozentpunkte (vgl. Abbildung 1.2.3.).

Ein zusammenfassendes Bild über die Strukturanteile der ökonomischen Hauptaltersgruppen vermitteln die Abbildungen 1.2.3. und 1.2.4.

Entsprechend der zwischen beiden Stadthälften unterschiedlichen Struktur der Hauptaltersgruppen ergibt sich auch ein unterschiedliches Abhängigkeitsmaß, das als Verhältnis von Personen im Kindes- (Jugendlast) und im Rentenalter (Altenlast) zu Personen im

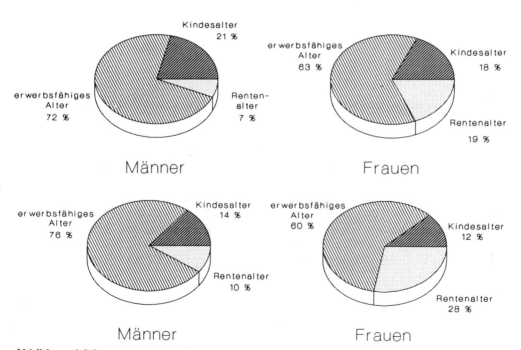

Abbildung 1.2.3.
Bevölkerung (gesamt = 100 Prozent) nach Hauptaltersgruppen in Ost-Berlin (oben) und West-Berlin (unten)

Tabelle 1.2.5.
Verhältnis von Personen im Kindes- (Jugendlast) und im Rentenalter (Altenlast) zu Personen im erwerbsfähigen Alter (Abhängigkeitsmaß in %) der Berliner Bevölkerung 1989

	Berlin	Ost-Berlin	West-Berlin
Abhängigkeitsmaß	48,5	49,0	48,2
davon			
Jugendlast	23,4	29,6	19,7
Altenlast	25,1	19,4	28,5

erwerbsfähigen Alter gefaßt wird (vgl. Tabelle 1.2.5.). So kamen auf 100 Personen im erwerbsfähigen Alter rd. 49 Personen im nichterwerbsfähigen Alter, wobei zwischen Ost- und West-Berlin nur ein geringer Unterschied von 0,8 Prozentpunkten bestand. Doch hinsichtlich der Jugend- und Altenlast ist ein zwischen beiden Teilen Berlins fast umgekehrtes Bild festzustellen. Wie Abbildung 1.2.5. zeigt, wies die weibliche Bevölkerung in West-Berlin eine besonders hohe Altenlast auf, was vor allem soziale Konsequenzen (z. B. erhöhter familiärer oder gesellschaftlicher Betreuungs-/Pflegeaufwand) haben wird.

Für die Reproduktion der Bevölkerung ist mit von Bedeutung, wie hoch die Zahl der Frauen im gebärfähigen Alter (15 bis unter 45 Jahre) ist. Entscheidend für die Geburtenentwicklung ist aber dann deren Fertilität. Im Jahre 1989 waren in Gesamt-Berlin 744 626 Frauen im gebärfähigen Alter – 41,5 Prozent aller Frauen. Davon lebten 284 822 Frauen (38,3 Prozent) in Ost- und 459 804 Frauen (61,7 Prozent) in West-Berlin. Bezogen auf die gesamte weibliche Bevölkerung waren das im Berliner Durchschnitt 41,5 Prozent, davon im Ostteil 42,5 Prozent und im Westteil 40,9 Prozent.

Zusammenfassend ist festzustellen, daß sich die Altersstruktur der Bevölkerung in Ost-Berlin günstiger als in West-Berlin gestaltete, was neben einer höheren Fertilität der Ost-

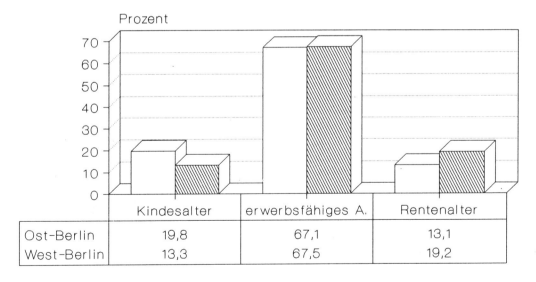

Abbildung 1.2.4.
Bevölkerung (insgesamt = 100 Prozent) nach Hauptaltersgruppen in Ost- und West-Berlin 1989

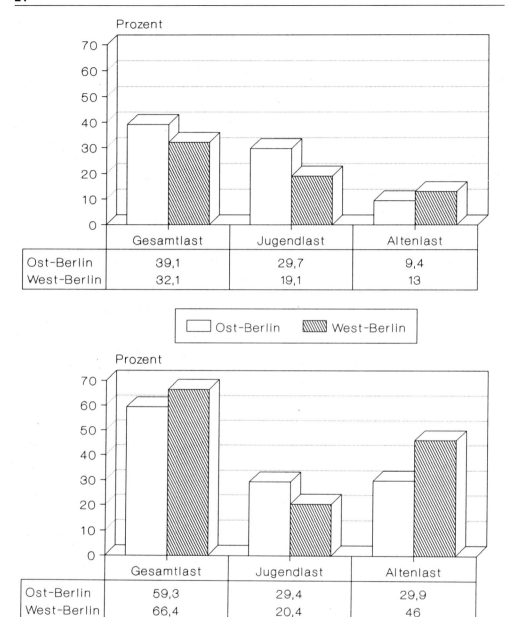

Abbildung 1.2.5.
Verhältnis von Personen im Kindes- (Jugendlast) und Rentenalter (Altenlast) zu Personen im erwerbsfähigen Alter (Abhängigkeitsmaß in %) der Berliner Bevölkerung getrennt nach Männern (oben) und Frauen (unten) 1989

Berliner Frauen vor allem auf den hohen Zustrom junger Menschen nach Ost-Berlin seit Anfang der 80er Jahre zurückzuführen war. Hauptursache hierfür war die sogenannte Berlin-Initiative, die den Ausbau Ost-Berlins zum politischen, wirtschaftlichen und geistig-kulturellen Zentrum der DDR zum Ziel hatte. Dies zog einen recht einseitigen Migrantenstrom aus den ehemaligen Bezirken der DDR nach Ost-Berlin nach sich.

1.2.1.2. Generationen in der Berliner Bevölkerung

In der Generationengliederung der Bevölkerung werden die Veränderungen, hervorgerufen durch demographische Prozesse, in ihrer sozial-, familien- und bevölkerungspolitischen Relevanz besonders deutlich. Die Generationenstrukturen, wie sie im Jahre 1989 in Berlin bestanden, weist die Abbildung 1.2.6. aus. Sie sind in beiden Stadthälften sehr unterschiedlich.

Offensichtlich ist der Prozeß des Alterns der Bevölkerung in den westlichen Bezirken weiter fortgeschritten als in den östlichen. Die wichtigsten Merkmale der Generationenstrukturen Berlins am Ende der 80er Jahre sind die folgenden:
- Die Generationenstrukturen des weiblichen und des männlichen Bevölkerungsanteiles sind stark unterschiedlich. Das trifft insbesondere für West-Berlin zu, wo z. B. bereits 10,2 Prozent(!) der Frauen der vierten Generation angehören – aber nur 3,5 Prozent der Männer. Ursachen sind die höhere Lebenserwartung der Frauen (was u. a. neben den männlichen Kriegsverlusten die wichtigste Ursache des außerordentlich hohen Frauenüberschusses in den vierten Generationen der Bevölkerung ist), aber auch die Männerverluste der jetzigen 3. Generation, die aus den verschiedenen historischen Gründen eingetreten sind, sowie der Knaben- bzw. Männerüberschuß in den ersten wie den zweiten Generationen.
- Die Generationenstrukturen sind noch bestimmt vom Überwiegen der 1. und der 2. Generationen, also der Bevölkerung bis 50 Jahre, ihr Anteil wird allerdings geringer – mit dieser Tendenz verändert sich diese Struktur, historisch bedingt, seit langem. Mit dem „Altern der Bevölkerung" (das insbesondere durch das andauernde Unterschreiten der einfachen Reproduktion bedingt ist) und beeinflußt durch die Wanderungssaldi der

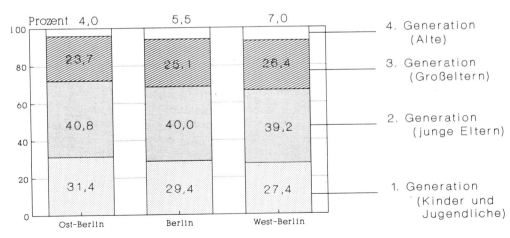

Abbildung 1.2.6.
Bevölkerungsanteile der Generationen in Berlin 1989

letzten Jahrzehnte hat sich diese Tendenz aber, und zwar insbesondere für die westliche Stadthälfte, deutlich dynamisiert.
Die Relationen zwischen den Generationen zeigen, daß der Generationenaufbau nachhaltig gestört ist:
- Die ersten Generationen (Kinder und Jugendliche) sind bereits kleiner als die ihrer Eltern: im Westteil nur 72,5 Prozent, im Ostteil nur 76,8 Prozent der Elterngeneration.
- Setzt man die Größen der 2. bis 4. Generationen mit 100 Prozent an, beläuft sich die Größe der Generationen der Kinder und Jugendlichen im Vergleich dazu in West-Berlin nur auf 37,7 Prozent, in Ost-Berlin auf 45,8 Prozent, was den Erfordernissen des Generationenersatzes bei weitem nicht entspricht.
- Allerdings sind die Kinder- und Jugendgenerationen, in diesem Falle als Generationen der Enkel zu bezeichnen, in Berlin noch größer als die Großelterngenerationen. Ebenso sind die Generationen der jungen Eltern (2. Generation) noch wesentlich größer als die Generationen ihrer Eltern (3. Generation).
- Insgesamt übertreffen in der Berliner Bevölkerung quantitativ die Gewichte der 1. und 2. Generationen noch die der 3. und 4. Generationen beträchtlich.

Damit ist in ganz Berlin der Generationenaufbau im Prozeß tiefgreifender Veränderung, aber nachhaltig negative Auswirkungen werden erst in den nächsten Jahrzehnten eintreten. Vornehmlich aufgrund der dauerhaft fehlenden einfachen Reproduktion der Elterngenerationen wird diese negative Entwicklung dynamisch verlaufen. Das wäre nur durch einen über lange Zeit deutlich positiven Wanderungssaldo in der zweiten und ersten Generation auszugleichen, wird aber vorraussichtlich in seiner Tendenz in absehbarer Zeit nicht zu verändern sein. Erhebliche Konsequenzen für den Erhalt der Generationenbeziehungen in den Familien und in der Gesellschaft sind zu erwarten. Aber für die 90er Jahre, so kann man einschätzen, werden diese Veränderungen der Generationenstrukturen in Berlin sozial und ökonomisch verträglich verlaufen.

1.2.1.3. Haushalte

In Berlin existieren gegenwärtig 1,7 Millionen Privathaushalte, in denen 3,2 Millionen Menschen leben. Davon entfielen 1,1 Millionen Haushalte mit ca. 2 Millionen Personen auf die westliche Stadthälfte und 0,6 Millionen Haushalte mit 1,2 Millionen Personen auf die östliche. (Diese und die folgenden Angaben beziehen sich auf statistische Daten vom 25. Mai 1987 bzw. vom April 1988 für West-Berlin und vom 31.12. 1989 für Ost-Berlin.)
Die Haushalte in West-Berlin sind im Durchschnitt kleiner als die in Ost-Berlin (vgl. Abbildung 1.2.7.). Dafür spricht die durchschnittliche Haushaltsgröße von 1,84 Personen im Westteil der Stadt und 2,04 Personen im Ostteil. Auffällig ist, daß in West-Berlin mehr als die Hälfte aller Haushalte (ca. 556 000) Einpersonenhaushalte sind, in denen 28 Prozent aller dortigen Einwohner leben. Nach den Daten eines Mikrozensus im April 1988 besteht etwa jeder dritte West-Berliner Einpersonenhaushalt aus alleinstehenden Bürgern, die 65 Jahre und älter sind. Das bedeutet, daß annähernd die Hälfte aller West-Berliner im Rentenalter in einem Einpersonenhaushalt lebt.
In Ost-Berlin sind lediglich 43 Prozent der Haushalte Einpersonenhaushalte, jeder 5. Ost-Berliner führt einen Einpersonenhaushalt. Ein Viertel aller Einpersonenhaushalte wird von über 65jährigen gebildet. Ähnlich wie im Westteil der Stadt lebt somit knapp die Hälfte aller über 65jährigen Ostberliner in einem Einpersonenhaushalt.
Sehr hohe Anteile an Einpersonenhaushalten haben die West-Berliner Bezirke Tiergarten (60,2 Prozent aller Haushalte), Kreuzberg (58,1 Prozent), Schöneberg (58,9 Prozent),

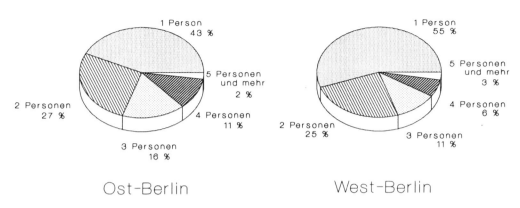

Abbildung 1.2.7.
Anteile der Haushaltgrößen in Berlin 1989

Charlottenburg (57,7 Prozent), Wedding (54,3 Prozent) sowie die Ost-Berliner Bezirke Prenzlauer Berg (53,9 Prozent) und Friedrichshain (53,5 Prozent).
Etwa jeder vierte Berliner Haushalt ist ein 2-Personen-Haushalt. Dabei differieren die Werte für West-Berlin (27,6 Prozent) und Ost-Berlin (27,1 Prozent) nur unerheblich.
Deutliche Unterschiede werden in den Anteilen der 3- und 4-Personen-Haushalte sichtbar. 16,4 Prozent aller Ost-Berliner Haushalte, aber nur 12,1 Prozent der West-Berliner Haushalte sind 3-Personen-Haushalte. In den östlichen Bezirken fallen dabei vor allem Marzahn, Hohenschönhausen und Hellersdorf auf, in denen mehr als jeder fünfte Haushalt ein 3-Personen-Haushalt ist. Dieser Umstand ist darauf zurückzuführen, daß in diesen Bezirken während der letzten 20 Jahre riesige Wohnstädte entstanden sind, in denen ein großer Teil der jungen Ost-Berliner Familien angesiedelt wurde.
Noch offensichtlicher sind die Unterschiede bei den 4-Personen-Haushalten: Nur 6,6 Prozent der Haushalte in der westlichen Stadthälfte gehören dazu, aber 11,3 Prozent der Haushalte im Ostteil Berlins. Auch hier sind es die Ost-Berliner Neubaugebiete im Norden der Stadt, in denen etwa ein Fünftel aller Haushalte 4-Personen-Haushalte sind. Ähnliche Konzentrationen dieser Haushaltsgröße sind im Westteil der Stadt nicht anzutreffen, lediglich Zehlendorf weist einen 4-Personen-Haushaltsanteil von 10,2 Prozent auf.
Die 5-Personen- und größeren Haushalte machen nur einen kleinen Anteil aller Haushalte aus (2,7 Prozent in West-Berlin, 2,3 Prozent in Ostberlin). Sie konzentrieren sich im Osten Berlins auf die bereits genannten Neubau-Bezirke (3,9 bis 5,1 Prozent) und im Westen auf Kreuzberg (4,9 Prozent) sowie Zehlendorf (4,1 Prozent).

1.2.2. Ausländer in Berlin

Die Teilung Berlins hinterließ ihre Spuren auch in der demographischen Situation dieser Stadt. Während West-Berlin seit Jahren ein Gebiet mit einer regen Zuwanderung von Ausländern war und ist und mit seinem Ausländeranteil noch über dem Durchschnitt der Alt-Bundesrepublik liegt, war für Ost-Berlin wie für die gesamte DDR typisch, daß es sich

Ausländern nur in stark begrenztem Umfang und überwiegend mit einer zeitlichen Befristung des Aufenthaltes öffnete.
Am 31.12.1989 lebten in Berlin 294 771 Ausländer, davon 274 104 im Westteil und 20 667 im Ostteil der Stadt. Die Konzentration der ausländischen Bürger auf den Westteil der Stadt drückt sich auch in den stark differierenden Ausländeranteilen beider Stadthälften aus. Einem Ausländeranteil von 12,9 Prozent im Westen stehen nur etwa 1,6 Prozent im Osten Berlins gegenüber.
Die Zahl ausländischer Bürger in West-Berlin unterlag in der Vergangenheit starken Schwankungen. Einem relativ großen Zuwachs zu Ende der 70er und Beginn der 80er Jahre folgte ein leichter Rückgang der ausländischen Bevölkerung. Seit Mitte der 80er Jahre ist wieder eine Zunahme zu verzeichnen, die gegenwärtig etwa 6 Prozent pro Jahr beträgt.
Für Ost-Berlin sind Daten über Ausländer erst seit 1989 verfügbar. Im Vergleich der Jahre 1989 und 1990 ist ein Rückgang der ausländischen Bevölkerung zu beobachten, der aber erheblich unter der durchschnittlichen Abnahme der Zahl der Ausländer in den neuen Bundesländern liegt (vgl. Tabelle 1.2.6.).

Tabelle 1.2.6.
Melderechtlich registrierte Ausländer in West- und Ost-Berlin 1980 bis 1990

Stichtag	West-Berlin	Ost-Berlin
31. 12. 1980	233 011	*
31. 12. 1982	248 121	*
31. 12. 1984	240 741	*
31. 12. 1986	257 916	*
31. 12. 1988	279 382	*
31. 12. 1989	296 620	20 667
30. 06. 1990	304 686	21 289[1])
31. 12. 1990	312 374	19 503

* Angaben nicht verfügbar
[1]) zur Wohnbevölkerung zählende Ausländer

Die höchsten Ausländeranteile weisen mit 30,2 Prozent (Kreuzberg), 23,4 Prozent (Wedding), 21,4 Prozent (Tiergarten) und 19,6 Prozent (Schöneberg) die Innenstadtbezirke auf (vgl. Abbildung 1.2.8.).
Zwischen den Altersstrukturen der in beiden Stadthälften lebenden Ausländer bestehen gravierende Unterschiede (vgl. Abbildung 1.2.9.). Der Anteil der Kinder der Ausländer in Berlin an der Gesamtzahl der Kinder betrug 11,7 Prozent. Dabei sind im Westteil 21,7 Prozent aller Kinder Ausländer, aber nur 0,6 Prozent der Ost-Berliner Kinder. Das trifft ebenso auf die Jugendlichen zu. Bei ihnen gehören 15 Prozent zur ausländischen Bevölkerung (24,8 Prozent in West-Berlin, aber nur 0,7 Prozent in Ost-Berlin).
Während die Generation der Kinder und Jugendlichen in den westlichen Bezirken teilweise mehr als ein Drittel der ausländischen Wohnbevölkerung beträgt, sind nur zwischen 5 und 25 Prozent aller Ausländer im Ostteil der Stadt jünger als 20 Jahre.
Auffällig ist, daß im Westteil der Stadt die Bezirke mit dem höchsten Ausländeranteil (insbesondere Wedding und Kreuzberg) auch die altersstrukturell jüngste Ausländerbevölkerung haben. Zu vermuten ist, daß in diesen Gebieten überdurchschnittlich viele ausländische Familien mit Kindern leben bzw. daß die Migrationsprozesse einen verjüngenden Einfluß haben.

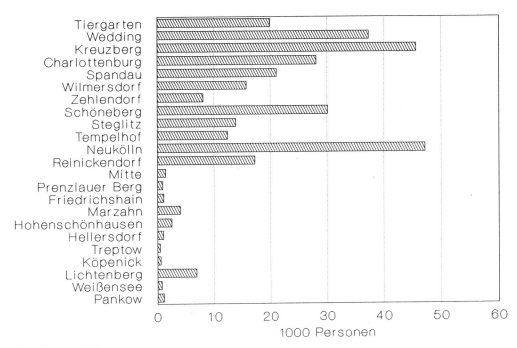

Abbildung 1.2.8.
Ausländer in Berlin am 31. 12. 1989 nach Bezirken

Ähnliche Zusammenhänge existieren im Ostteil der Stadt nicht. In den Ost-Berliner Bezirken mit vergleichsweise hohen Ausländeranteilen (Lichtenberg, Marzahn, Hohenschönhausen, Mitte) liegen im Gegenteil die Anteile der ausländischen Kinder und Jugendlichen extrem niedrig.

Der Ausländeranteil an der Bevölkerung im erwerbsfähigen Alter betrug insgesamt 9,8 Prozent davon in Ost-Berlin 2,2 Prozent und in West-Berlin 14,3 Prozent. Drei Viertel aller in West-Berlin lebenden Ausländer waren im erwerbsfähigen Alter – im Vergleich hierzu von 100 der deutschen Bevölkerung rund 66 Personen. Dies und der höhere Kinderanteil der Ausländer kommt auch in ihrem gegenüber der deutschen Bevölkerung günstigeren Altersaufbau zum Ausdruck (vgl. Abbildungen 1.2.10. und 1.2.11.).

Im Osten der Stadt ist eine starke Konzentration der ausländischen Bevölkerung auf die jüngeren Altersjahre des erwerbsfähigen Alters zu registrieren. Hier sind 67 Prozent aller Ausländer im Alter zwischen 20 und 40 Jahren. In den Bezirken Lichtenberg, Marzahn und Hohenschönhausen (in denen die Mehrzahl der Wohnheime für ausländische Arbeitnehmer und Studenten liegt), sind sogar 3 von 4 Ausländern in dieser Altersgruppe. Die verzerrte Altersstruktur von Ausländern in Ost-Berlin läßt sich auch mit einem Blick auf die registrierten Aufenthaltsgründe erklären: Etwa 60 Prozent aller im Ostteil der Stadt lebenden Ausländer waren 1990 mit dem Aufenthaltsgrund Studium, Berufsausübung bzw. Berufsausbildung gemeldet – für den überwiegenden Teil von ihnen war also ein zeitlich befristeter Aufenthalt vorgesehen. In der Natur der o. g. Aufenthaltszwecke liegt es, daß

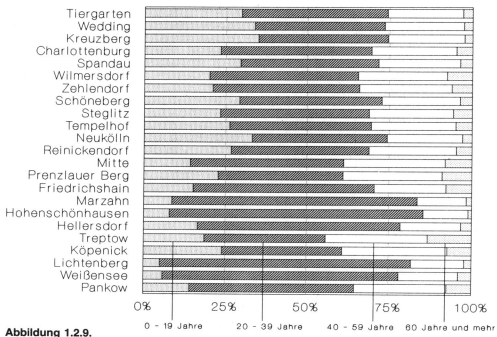

Abbildung 1.2.9.
Ausländer in Berliner Bezirken nach Altersgruppen

dafür in erster Linie junge Menschen, die noch keine eigene Familie haben bzw. die eine zeitweilige Trennung von ihrer Familie in Kauf nahmen, hierher kamen.
Der Anteil ausländischer RentnerInnen an der Gesamtbevölkerung im Rentenalter war mit durchschnittlich 1,2 Prozent relativ gering.
Betrachtet man die Staatsangehörigkeiten der Ausländer in der westlichen Stadthälfte, so stellen Türken, Jugoslawen, Polen, Griechen und Italiener die wichtigsten Gruppierungen dar (vgl. Abbildung 1.2.12.). Eine besondere Stellung nimmt die Gruppe türkischer Bürger mit 131086 Personen ein. Knapp die Hälfte aller im Westteil der Stadt ansässigen Ausländer hat die türkische Staatsbürgerschaft – etwa jeder 25. West-Berliner Einwohner ist ein Türke. Die Hauptwohngebiete der türkischen Bevölkerung sind Kreuzberg, Neukölln und Wedding. Dort sind auch Elemente ihrer Kultur und Lebensweise im Leben dieser Stadtgebiete sichtbar.
Für den Ostteil Berlins sind Aussagen zur Staatsangehörigkeit der dort lebenden Ausländer gegenwärtig nicht verfügbar. Ausgehend von der Struktur der Herkunftsländer aller Ausländer in den neuen Bundesländern kann man jedoch unterstellen, daß hier in erster Linie Vietnamesen, Polen und frühere Sowjetbürger leben.

1.2.3. Bevölkerungsbewegung
1.2.3.1. Geburtenentwicklung – Fruchtbarkeit
Generell gilt, daß die natürliche Reproduktion im Ostteil der Stadt günstiger verlief als im Westteil, da das Niveau der Fruchtbarkeit und auch der Geburtenentwicklung höher ist,

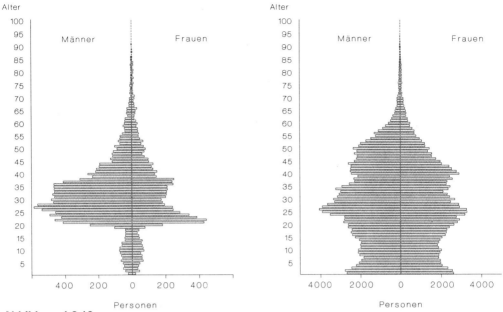

Abbildung 1.2.10.
Altersaufbau der ausländischen Bevölkerung 1989 in Ost-Berlin (links) und in West-Berlin (rechts)

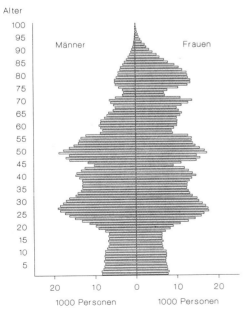

Abbildung 1.2.11.
Altersaufbau der deutschen Bevölkerung 1989 in West-Berlin

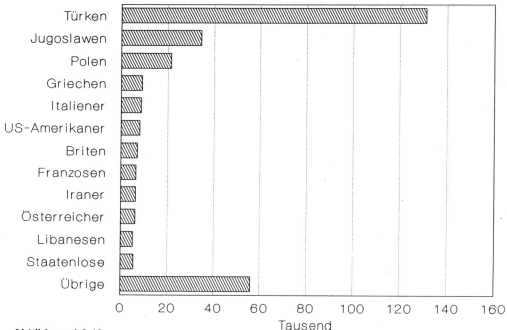

Abbildung 1.2.12.
Ausländer in West-Berlin nach Staatsangehörigkeit

Stand: 30.6.1990

wobei dieses Niveau in Ost-Berlin dem der ostdeutschen Länder im wesentlichen entspricht, während das in West-Berlin eher mit dem der westdeutschen Länder vergleichbar ist. Die Ursachen sind in den über lange Zeit unterschiedlichen Wirtschafts- und Sozialordnungen zu suchen. In den 80er Jahren haben sich aber auf diesem Gebiet Entwicklungen vollzogen, mit denen ein tendenzielles Angleichen des Niveaus begonnen hat:
— So sind die Werte fast aller Kennziffern in Ost-Berlin deutlich geringer geworden, während sich in West-Berlin nur ein relativ geringer Rückgang vollzogen hat, den man eher als Stabilität denn als wesentliche Verringerung ansehen kann.
— Die Unterschiede der Geburtenraten und der Fruchtbarkeit zwischen beiden Stadthälften haben sich in den 80er Jahren verringert, ohne daß man schon von einer beginnenden Homogenität sprechen kann.

Zu den sozialen Ursachen der Unterschiede zwischen der Fruchtbarkeit in beiden Teilen Berlins und der Tendenz des Angleichens könnte nur auf der Grundlage repräsentativer sozialwissenschaftlicher Analysen des Verhaltens der herangewachsenen Generation von Frauen und Männern, die aber jetzt noch nicht vorliegen, Zuverlässiges ausgesagt werden. Im einzelnen ist der soziale Prozeß der Geburtenentwicklung für das Jahr 1989 wie folgt zu charakterisieren:

In Berlin wurden 38 096 Kinder lebend geboren, davon 21 159 im West- und 16 937 im Ostteil. Das bedeutet eine Steigerung um 2 034 Lebendgeborene im Vergleich zum Jahre 1980. Das resultiert ausschließlich aus einem Zuwachs der Lebendgeborenen um 2 623 in West-Berlin — in Ost-Berlin ist die Geborenenzahl dagegen 1989 um 589 geringer gewesen

als im Jahre 1980. Diese Zunahme im Westen Berlins ist vor allem ein Effekt der gestiegenen Zahl der Frauen im Alter zwischen 15 und 45 Jahren bei mehr oder weniger gleicher Fruchtbarkeit. In Ost-Berlin ist diese Bevölkerungsgruppe ebenfalls größer geworden, doch die Fruchtbarkeit im Vergleich von 1980 und 1989 stark zurückgegangen. Im einzelnen ergibt sich:
- Bei gleichbleibender Fruchtbarkeit hätte der Zuwachs der Frauen im fertilen Alter in West-Berlin (deutsche und ausländische) zu einer Geburtenerhöhung um ca. 35 Prozent geführt; da jedoch die Fruchtbarkeit 1989 niedriger als 1980 war, ist die Zahl der Lebendgeborenen zwar gestiegen, aber nur um 14,2 Prozent.
- In Ost-Berlin hätte die Zunahme der Frauen im fertilen Alter in den 80er Jahren ebenfalls eine Geburtensteigerung zur Folge haben müssen (um ca. 29 Prozent), wenn die Fruchtbarkeit gleich geblieben wäre; da diese aber deutlich gesunken ist, ging die Geborenenzahl um 3,4 Prozent zurück.

Im ganzen hat sich in den 80er Jahren in West-Berlin eine günstigere Geburtenentwicklung vollzogen als in Ost-Berlin; das ändert allerdings nichts daran, daß nach wie vor die demographische Reproduktion im Ostteil der Stadt auf höherem Niveau verläuft als im Westteil.

1989 betrug die Lebendgeborenenziffer in Berlin 11,2 Promille (auf 1000 der Wohnbevölkerung) – im Osten der Stadt 13,2 und im Westen 10,1 Promille. Die Ziffer für ganz Berlin entspricht im Vergleich der Länder Westdeutschlands einem „guten Mittelplatz"; im Vergleich zu den Ländern Ostdeutschlands ist sie relativ niedrig. Insgesamt ist allerdings mit dieser Lebendgeborenenziffer der Generationenersatz nicht hinreichend gesichert.

In den westlichen Bezirken wurde der niedrigste Wert mit 7,5 Promille in Zehlendorf, der höchste mit 14,5 Promille in Kreuzberg verzeichnet – in den östlichen Bezirken der niedrigste in Köpenick mit 10,3 Promille, der höchste in Hellersdorf mit 21,4 Promille. Damit bestehen also innerhalb Berlins stark voneinander abweichende Geburtenraten, was sich aber in erster Linie aus den unterschiedlichen Altersstrukturen der Bevölkerung in den Bezirken erklärt.

Aufgrund dieser Abhängigkeit der Lebendgeborenenziffer von der Altersstruktur der Gesamtbevölkerung gibt sie für die Geburtenentwicklung nur eine grobe, für die Fruchtbarkeit sogar nur eine unbedeutende Aussage. Das ist auch bei der Verwendung der Kennziffer der natürlichen Reproduktion, also des Geborenen- bzw. Gestorbenenüberschusses zu berücksichtigen. Mit – 1,6 Promille für ganz Berlin wurde 1989 der Wert der Bestandserhaltung unterschritten, was allerdings nur für die westliche Stadthälfte mit einem Wert von – 4,2 Promille galt, während in Ost-Berlin ein Bilanzwert von + 2,8 Promille verzeichnet werden konnte. Für Gesamt-Berlin und seine Teile ist die Situation 1989 günstiger als 1980: Damals ergab sich ein Wert von – 8,5 Promille für West- und + 1,2 Promille für Ost-Berlin (für ganz Berlin läßt sich ein Wert von - 4,8 Promille errechnen). 1989 waren auch bei dieser Kennziffer die Unterschiede zwischen den Berliner Bezirken groß: Hellersdorf 15,2 Promille, Kreuzberg 3,9 Promille – aber Weißensee – 6,3 Promille und Zehlendorf – 10,2 Promille. In der Mehrzahl der östlichen Bezirke ist der Wert noch positiv, während er in der Mehrzahl der westlichen Bezirke negativ ist. Offensichtlich ist aufgrund relativ hoher Sterblichkeit und relativ geringer Fruchtbarkeit die natürliche Reproduktion des Bevölkerungsbestandes in vielen Bezirken nicht gesichert. Die Bevölkerungszahl wird also, wenn die Bilanz der Zu- und Wegzüge nicht positiv ist, zumindest in den meisten westlichen Bezirken sinken.

Um den natürlichen Reproduktionsprozeß zu beurteilen, sind allerdings die strukturbereinigten Kennziffern noch wichtiger als die bisher dargestellten:
Die Allgemeine Geburtenziffer bezieht die Zahl der Lebendgeborenen auf 1000 Frauen im Alter von 15 bis unter 45 Jahren ein und ist damit in erster Linie von der Fruchtbarkeit der Frauen und weniger von der Bevölkerungsstruktur abhängig. Der Wert dieser Kennziffer ist mit 51,9 Promille für Berlin 1989 noch relativ hoch, darunter im Westteil 47,0 – im Ostteil 58,2 Promille. Erheblich ist der Unterschied dieser Kennziffer zwischen der deutschen Bevölkerung in der westlichen Stadthälfte (40,3 Promille) und der ausländischen (81,1 Promille). 1980 hatten die Werte für West-Berlin 47,7 und Ost-Berlin 65,0 Promille betragen. Im Ostteil Berlins ist diese Kennziffer in den 80er Jahren aufgrund der Zuwanderung junger Bevölkerung noch relativ hoch.
Der aussagefähigste Indikator der Fruchtbarkeit ist die zusammengefaßte Fruchtbarkeitsziffer (Periodenfruchtbarkeit). Sie betrug 1989 in West-Berlin 1293,9 auf 1000 Frauen und in Ost-Berlin 1499,2 Promille (Tabelle 1.2.7.). In den 80er Jahren ist diese Kennziffer der Periodenfruchtbarkeit zurückgegangen, und zwar im Osten Berlins wesentlich stärker als im Westen (vgl. Abbildung 1.2.13.). Die Differenz der Werte dieser Kennziffern zwischen den Berliner Bezirken ist also geringer geworden.
Generell ergibt sich die sinkende Tendenz aus der verringerten Gebärfreudigkeit in den

Tabelle 1.2.7.
Demographische Kennziffern – Fruchtbarkeit – Berlin Ost und West 1989

	Lebendgeborene absolut	Lebendgeborene je 1000 Einwohner	Summe der altersspezifischen Geburtenrate (a)	Lebendgeborene je 1000 Frauen 15 bis 45 Jahre	Anteil (a) an der fiktiven Ziffer 2100 Geburten je 1000 Frauen	Außerhalb der Ehe geborene Kinder (Anteil an Lebendgeborenen)
Berlin-Ost						
Mitte	1 023	12,8	1 409,7	57,6	67,1	42,8
Prenzlauer Berg	2 189	14,6	1 498,9	63,0	71,4	48,6
Friedrichshain	1 809	15,9	1 511,8	69,1	72,0	46,3
Marzahn	2 016	11,6	1 351,6	42,9	64,4	33,6
Hohenschönhausen	1 894	16,1	1 693,9	64,3	80,7	27,5
Hellersdorf	2 040	21,4	2 254,3	93,7	107,3	27,1
Treptow	1 187	11,3	1 516,7	60,0	72,0	39,9
Köpenick	1 172	10,3	1 424,0	53,7	67,8	43,0
Lichtenberg	1 852	10,5	1 342,2	47,6	63,9	43,8
Weißensee	583	10,8	1 367,9	54,8	65,1	49,1
Pankow	1 172	10,5	1 353,0	50,9	64,4	44,7
Berlin – West						
Tiergarten	1 035	11,0		47,4		25,1
Wedding	2 131	13,3		59,8		19,3
Kreuzberg	1 198	14,5		57,5		25,5
Charlottenburg	1 627	8,9		40,8		21,9
Spandau	1 951	9,2		46,3		18,6
Wilmersdorf	1 133	7,7		37,0		22,7
Zehlendorf	752	7,5		39,0		13,7
Schöneberg	1 675	10,8		45,4		23,6
Steglitz	1 667	8,9		43,8		17,1
Tempelhof	1 538	8,3		42,1		17,9
Neukölln	3 378	11,1		51,7		20,5
Reinickendorf	2 074	8,2		42,2		18,3
Berlin-West gesamt	21 159	10,1	1 293,9	46,7	61,6	20,5
Berlin-Ost gesamt	16 937	13,2	1 499,2	58,2	71,4	39,5
Berlin insgesamt	38 096	11,2	1 381,5	51,9	65,8	29,0

(a) = erwartete Kinderzahl je 1000 Frauen

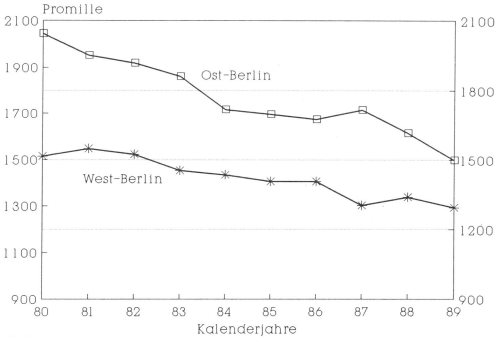

Abbildung 1.2.13.
Fruchtbarkeit in Berlin 1980/89 (zusammengefaßte Fruchtbarkeitsziffer)

80er Jahren. Dabei ist jedoch zu berücksichtigen, daß im Jahre 1980 in Ost-Berlin wie in ganz Ostdeutschland aufgrund von Nachholeeffekten für zunächst „aufgeschobene Geburten" (timing-Aspekte) in Reaktion auf die sozialpolitischen Maßnahmen in der 2. Hälfte der 70er Jahre eine – im Vergleich zu den 70er Jahren – außergewöhnlich hohe Periodenfruchtbarkeit eingetreten war.

In West-Berlin haben die Ausländerinnen einen wesentlichen Anteil am Wert dieser zusammengefaßten Fruchtbarkeitsziffer: Er lag für sie 1989 bei 2307,5 Promille, war damit etwa doppelt so hoch wie für die Frauen der deutschen Bevölkerung (1083,6 Promille).

1989 wurde nur in einem der Bezirke Berlins – in Hellersdorf – mit einer Periodenfruchtbarkeit von 2254,3 Promille – das Maß der einfachen Reproduktion (das mit 2100 Promille anzusetzen ist) erreicht. Weder für Gesamt-Berlin noch für den Ost- oder Westteil kann das gesagt werden. Während der Wert der Periodenfruchtbarkeit im Jahre 1980 in Ost-Berlin (mit 2 045 Promille) nur um 2,6 Prozent unterhalb des Ersatzniveaus lag (damit Erfüllung dieses Maßes der einfachen Reproduktion zu 97,3 Prozent), war bis zum Jahre 1989 das Maß des Erreichens des Ersatzniveaus wesentlich abgefallen, es unterschritt diese Kennziffer um 28,6 Prozent. In West-Berlin waren diese Werte noch etwas ungünstiger: 1980 wurde (mit 1515,6 Promille) das Ersatzniveau zu 72,1 Prozent erreicht, 1989 lediglich noch zu 61,6 Prozent.

Das Niveau für die einfache Reproduktion der Bevölkerung ist damit weit entfernt, und es ist nicht zu erwarten, daß es in absehbarer Zeit in einem der Teile Berlins oder in ganz Berlin (oder in einem anderen Land der Bundesrepublik) wieder erreicht werden wird.

Auch bei diesem Niveauvergleich sind die Unterschiede zwischen den Bezirken beträchtlich – der höchste Wert dürfte in Hellersdorf mit 107,3 Prozent der einfachen Reproduktion erreicht worden sein. Insgesamt gilt, daß der Abstand zur einfachen Reproduktion im Durchschnitt der östlichen Bezirke geringer ist als in denen West-Berlins.

Deutliche, durch soziale Verhältnisse und sozialpolitische Maßnahmen bedingte Unterschiede sind in der Geburtenbiographie der Frauen in beiden Stadthälften sichtbar: Traditionell sind für die herangewachsenen Frauengenerationen in den ostdeutschen Ländern die Jahre der meisten Geburten, der „Geburtengipfel", die frühen zwanziger Jahre ihres Lebens. Das wurde in der Vergangenheit sozialpolitisch gefördert, weist aber auch auf das Bewahren traditioneller Muster des generativen Verhaltens hin. Die jungen Frauen in Ost-Berlin sind dabei keine Ausnahme. In West-Berlin ist das Alter der höchsten Fruchtbarkeit einige Jahre später zu beobachten (vgl. Abbildung 1.2.14.). In den letzten Jahren haben sich sowohl in Ost- wie in West-Berlin Veränderungen gezeigt: Während im Jahre 1980 im Ostteil die Jahre der höchsten Fruchtbarkeit die vom 20. bis 23. Lebensjahr waren, sind es 1989 die vom 21. bis 24. Lebensjahr (wobei dieser Geburtengipfel außerdem flacher geworden ist). In West-Berlin ist der Geburtengipfel ebenfalls um 1–2 Jahre verschoben und weiter abgeflacht.

Diese Tendenz der besonderen „Ost-Berliner Fruchtbarkeitsbiographie" zeigt sich auch, wenn man die dortigen Geburtsjahrgänge 1950 bis 1960 getrennt voneinander betrachtet: Für die Jahrgänge 1950 bis 53 begannen die Jahre der höchsten Fruchtbarkeit bereits beim 19. Lebensjahr und endeten mit dem 21.; während der Geburtengipfel der folgenden

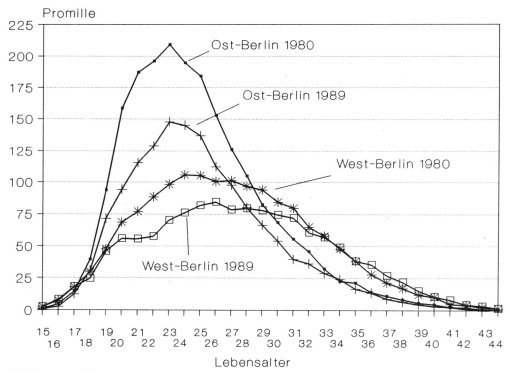

Abbildung 1.2.14.
Altersspezifische Geburtenraten 1980 und 1989 in Ost- und West-Berlin

Jahrgänge um 1 bis 2 Jahre später lag. Diese Entwicklung ist vermutlich der Beginn einer grundlegenden Verlagerung des Geburtengipfels in die Zeit nach dem 25. Lebensjahr. Diese Ost-Berliner Geburtsjahrgänge haben aber unabhängig von solchen Tendenzveränderungen ihre Phase der aktiven Fertilität mit dem 30. Lebensjahr nahezu abgeschlossen. Die Fruchtbarkeit, die sie bis zu diesem Lebensalter erreicht haben, ist vom 50er Jahrgang zum 60er Jahrgang leicht angestiegen, was sich noch als eine Wirkung der sozialpolitischen Maßnahmen Mitte der 70er und Anfang der 80er Jahre erklären läßt. In der Periodenfruchtbarkeit ist aber bereits, wie gezeigt wurde, ein substantieller Abfall deutlich. Bisher war er in der Fruchtbarkeitsbiographie dieser Jahrgänge nicht festzustellen. Jetzt ist noch nicht zu entscheiden, ob der zu erwartende Fruchtbarkeitsabfall in der Jahrgangsbetrachtung entweder erst später deutlich wird (weil er bei den jüngsten Jahrgängen beginnt), oder ob es sich um „timing-Effekte" handelt (zeitweilige Schwankungen, die im Laufe der fertilen Phase der Jahrgänge wieder ausgeglichen werden).

Keine großen Unterschiede bestehen dagegen in der jährlichen Geborenenfolge: Die Anteile

	in Ost-Berlin	in West-Berlin
– der 1. Kinder betragen	50,1 %	50,7 %
– der 2. Kinder betragen	36,1 %	32,3 %
– der 3. Kinder betragen	9,6 %	10,8 %
– der weiteren Kinder betragen	4,2 %	6,2 %

(West-Berlin nur für die verheirateten Mütter des Jahres 1989; Ost-Berlin für alle Mütter des Jahres 1989.)

Zwar ist in Ost-Berlin der Anteil der 3. und weiteren Kinder von 10,2 Prozent (1980) auf 13,8 Prozent (1989) gestiegen, aber er ist doch wesentlich niedriger als in West-Berlin, wo er 1989 17,0 Prozent (!) betrug. Das deutet darauf hin, daß die durchschnittliche Kinderzahl in den West-Berliner Familien mit Kindern höher ist als im Ostteil der Stadt.

Eines der Merkmale der Geburtenentwicklung in Ostdeutschland in den 80er Jahren war der hohe Anteil außerhalb der Ehe Geborener: Im Jahre 1980 hatte er in Ost-Berlin 32,5 Prozent betragen, 1989 schon 39,5 Prozent – mit dem Maximum in Weißensee von 49,1 Prozent(!), dem Minimum in Hellersdorf mit 27,1 Prozent. Man kann davon ausgehen, daß von den Müttern, die in Ost-Berlin Erstgeburten hatten, mehr als 50 Prozent nicht verheiratet waren (Ostdeutschland insgesamt 52,2 Prozent – 1989).

In West-Berlin ist dieser Anteil außerhalb der Ehe Geborener im Vergleich mit denen in westdeutschen Ländern auch sehr hoch, bleibt aber weit unter den Werten in der östlichen Stadthälfte: 1989 betrug er 20,5 Prozent, mit dem Maximum in Kreuzberg mit 25,5 Prozent und dem Minimum in Zehlendorf mit 13,7 Prozent. Im Jahre 1980 hatte dieser Wert in West-Berlin bei 16,4 Prozent gelegen. Das generative Verhalten der nichtverheirateten deutschen und nichtdeutschen Bevölkerung in West-Berlin ist offenbar unterschiedlich, denn nur 9,4 Prozent der Kinder von Ausländerinnen wurden 1989 außerhalb der Ehe geboren, aber 24,1 Prozent der Kinder von Deutschen.

In Ost-Berlin war es bisher aufgrund der sozialen Sicherheit auch für Alleinstehende mit Kindern möglich, sich für eine außereheliche Geburt zu entscheiden, und für Lebensgemeinschaften war es in verschiedener Hinsicht vorteilhaft, die Eheschließung bis nach der Geburt zumindest eines Kindes aufzuschieben. Da sich diese Bedingungen ändern, ist ein schnelles Angleichen an die West-Berliner bzw. westdeutschen Raten der außerhalb der Ehe Geborenen zu erwarten.

1.2.3.2. Eheschließungen und -scheidungen

1989 sind in Berlin 24 432 Ehen geschlossen und 11 554 Ehen durch ein gerichtliches Urteil gelöst worden. Sowohl an den Eheschließungen (52,3 Prozent) als auch an den Ehescheidungen (53,3 Prozent) hat der Westteil der Stadt aufgrund seiner größeren Bevölkerungszahl einen höheren Anteil. Werden die Eheschließungen und Ehescheidungen in den beiden Stadthälften verglichen, sollte man berücksichtigen, daß sie 1989 noch auf der Grundlage verschiedener rechtlicher Regelungen zustande kamen.

In den 80er Jahren waren z. T. unterschiedliche Trends der Familienbildung und -lösung in beiden Teilen der Stadt anzutreffen. Während in Ost-Berlin die Heiratsziffern zu Beginn der 80er Jahre (6,9 – 7,3 Eheschließungen je 1000 der Bevölkerung) deutlich niedriger sind als gegen Ende (9,1 – 9,5), verzeichnet West-Berlin ein relativ konstantes Niveau (5,9 – 6,7). Letzteres gilt auch für die Scheidungshäufigkeit in beiden Teilen der Stadt. In Ost-Berlin wurden jährlich zwischen 3,8 und 4,3 und in West-Berlin 2,9 – 3,5 Ehescheidungen je 1000 der Bevölkerung registriert (vgl. Abbildung 1.2.15.). Die allgemeinen Trends der Nuptialitätsentwicklung – sinkende Heiratsziffern bei steigender Scheidungshäufigkeit – sind zumindest in den 80er Jahren in Berlin nicht anzutreffen.

Sieht man sich das Eheschließungs- und Ehescheidungsgeschehen in beiden Teilen der Stadt detaillierter an, werden beachtliche Unterschiede offensichtlich:

1. Die die Heiratshäufigkeit exakter messende Totale Heiratsziffer (THZ) weist für Ost-Berlin eine wesentlich höhere Heiratshäufigkeit aus. Wurden dort 1989 von 1000 Personen im Verlaufe ihres Lebens (unter der Annahme, daß die Verhältnisse des Jahres 1989 gegolten hätten) 1134 Ehen (Erstehen und Wiederverheiratungen) ge-

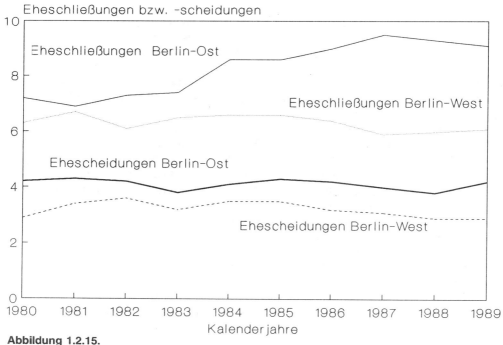

Abbildung 1.2.15.
Heirats- und Scheidungsziffern (je 1000 der Bevölkerung) in Berlin 1980 bis 1989

schlossen, so waren es in West-Berlin nur 743. Das ist zum einen auf eine unterschiedliche Ersteheiratbeteiligung der Ledigen zurückzuführen (Ost-Berlin: 716, West-Berlin: 488). Zum anderen ist die THZ der Geschiedenen in Ost-Berlin (381) wesentlich höher als im anderen Teil der Stadt (232).
Gemeinsam ist den Ost- und West-Berlinerinnen, daß sie in stärkerem Maße sowohl einer Ersteheirat als auch einer Wiederverheiratung zugeneigt sind als die Männer.

2. Im Ostteil der Stadt werden die Ehen wesentlich früher geschlossen als im Westteil. Das durchschnittliche Heiratsalter unterscheidet sich in allen Familienständen um ein beträchtliches (vgl. Tabelle 1.2.8.). Diese Unterschiede dürften sich in der Zukunft, vor allem mit dem Wegfall der familienpolitischen Stimulation früher Eheschließungen, in der östlichen Stadthälfte rasch nivellieren.

Tabelle 1.2.8.
Durchschnittliches Heiratsalter 1989 nach dem Familienstand in Berlin

	Insgesamt	ledig	verwitwet	geschieden
Männer				
Berlin-Ost	31,7	26,9	56,8	39,8
Berlin-West	34,1	29,4	59,2	42,7
Frauen				
Berlin-Ost	28,9	25,3	43,3	35,7
Berlin-West	30,9	27,0	49,8	39,1

3. In Ost-Berlin wurden 1989 Ehescheidungen deutlich schneller angestrebt als in West-Berlin. Bei einem generell höheren Scheidungsniveau im Ostteil standen sich eine Ehedauer von 11,1 Jahren (West-Berlin) und 9,3 Jahren (Ost-Berlin) gegenüber. Das drückt sich auch in differierenden Scheidungsgipfeln aus, die in Ost-Berlin im dritten und in West-Berlin im 5. Ehejahr liegen (vgl. Abbildung 1.2.16.). Im Vergleich zum Jahr 1980 werden unterschiedliche Trends offenkundig. Ist im Ostteil der Stadt die Dauer der zur Scheidung gelangenden Ehen geringfügig gestiegen, wurde für Berlin-West eine Verringerung berechnet.

Generell erlauben die Ost-West-Unterschiede den Schluß auf zwei Typen von Nuptialitätsprozessen, die sich jedoch in einer einheitlichen Wirtschafts-, Rechts- und Sozialordnung in Berlin schnell angleichen dürften.

Regionale Unterschiede sind in beachtlichem Maße ausgeprägt und hauptsächlich im Ostteil Berlins anzutreffen. Das höchste Scheidungsniveau je 1000 Einwohner ist in den Bezirken Pankow (13,9), Weißensee (13,6), Mitte (12,1) und Friedrichshain (11,9) anzutreffen. Niedrige Heiratsziffern finden sich vornehmlich in den westlichen Bezirken (Kreuzberg 5,0, Spandau und Neukölln je 5,3 und Tempelhof 5,4).

Daneben ist einerseits ein relativ hohes Heiratsniveau im West-Berliner Bezirk Zehlendorf (7,9) auffällig, da in dieser Ziffer die Eheschließungen von Angehörigen der amerikanischen Schutzmacht mit Deutschen oder Ausländern enthalten sind. Andererseits treten die niedrigen Heiratsziffern in den neuen östlichen Bezirken (Marzahn, Hohenschönhausen und Hellersdorf) hervor. Das ist jedoch wesentlich durch den Zuzug bereits verheirateter Familien verursacht.

1.2.3.3. Migration

Der entscheidende Faktor für die Entwicklung der Bevölkerung sowie deren Struktur in den 80er Jahren war sowohl in West- als auch in Ost-Berlin die Migration. In der zweiten Hälfte

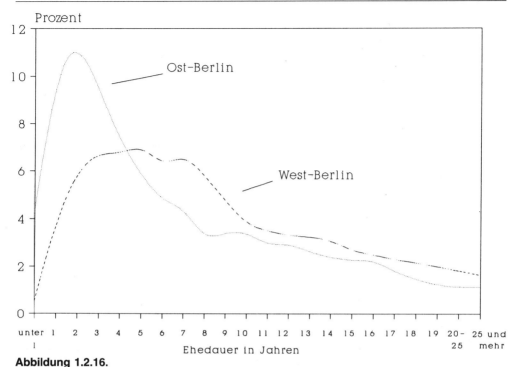

Abbildung 1.2.16.
Verteilung der geschiedenen Ehen (Gesamtzahl = 100 Prozent) nach der Ehedauer 1989 in Ost- und West-Berlin

der 80er Jahre ist die Zunahme der Bevölkerungszahl in Ost-Berlin zu 80 Prozent auf Wanderungsgewinne zurückzuführen, in West-Berlin wäre es gar zu einem Bevölkerungsrückgang von mehr als 100 000 Personen gekommen, hätte der Wanderungssaldo nicht mehr als + 200 000 Personen betragen, so daß die Bevölkerungszahl von West-Berlin um knapp 100 000 angewachsen ist.

Bei der Analyse der Migration unterscheidet man zwischen Außen- und Binnenwanderung. Als Kriterium für diese Unterscheidung gilt gemeinhin das Überschreiten (bzw. Nichtüberschreiten) einer administrativen Grenze, meist der Landes-(Staats-)grenze. Im Falle Berlins wird diese Differenzierung etwas kompliziert, weil mitten durch die Stadt bis zur Vereinigung der beiden deutschen Staaten am 3. Oktober 1990 eine Grenzlinie verlief, die zudem eine zwischen zwei verschiedenen Wirtschafts- und Sozialordnungen und bis zum 9. 11. 1989 kaum durchlässig für normale Migrationsströme war. Insofern war ein „Umzug" vom Bezirk Lichtenberg in den Bezirk Neukölln bis zum Jahr 1990 etwas völlig anderes als einer in den Bezirk Prenzlauer Berg, auch wenn es „nur" einer innerhalb einer Stadt war. Aus diesem Grund sollten diese Daten sehr wohl voneinander unterschieden werden.

Vergleicht man die Mobilitätsziffern (Wanderungsfälle je 1000 der Bevölkerung) von West- und Ost-Berlin miteinander, so erkennt man, daß in West-Berlin mehr Menschen an der Migration beteiligt waren als in Ost-Berlin (vgl. Tabelle 1.2.9. und Abbildung 1.2.17.). Einschließlich der innerstädtischen Migration über die Grenzen der Bezirke betrug die Mobilitätsziffer in Ost-Berlin 113 und in West-Berlin 159.

Tabelle 1.2.9.
Wanderungsfälle 1989 in Berlin über die Grenzen des jeweiligen Stadtteils nach Herkunfts- und Zielgebieten

	dem anderen Stadtteil	der DDR	der BRD	dem übrigen Ausland	insgesamt
Zuzüge aus …					
West-Berlin	26 509	14 421	33 528	74 482	148 940
Ost-Berlin	122	33 717	136	4 312	38 287
Wegzüge nach …					
West-Berlin	122	115	27 596	50 009	77 842
Ost-Berlin	26 509	11 650	3 482	3 692	45 333
Saldo					
West-Berlin	26 387	14 306	5 932	24 473	71 098
Ost-Berlin	−26 387	22 067	−3 346	620	−7 046
Berlin gesamt	–	36 373	2 586	25 093	64 052

Differenziert man jedoch für West-Berlin nach Deutschen und Ausländern, so zeigt sich, daß diese höhere Mobilität nur durch die sehr viel höhere der nichtdeutschen Bevölkerung verursacht ist. (Mobilitätsziffer der Deutschen: 102, der Nichtdeutschen: 511). Da der Anteil der Ausländer in Ost-Berlin nur 1,6 Prozent (in West-Berlin: 13 Prozent) betrug, konnte deren offensichtlich im allgemeinen höhere Mobilität sich nicht deutlich auswirken. So spielt denn auch die Wanderung über die Grenzen von Deutschland hinweg für Ost-Berlin kaum eine Rolle. Für die Zukunft dürfte jedoch eine deutliche Wanderung von Nichtdeutschen auch für die östliche Stadthälfte zu erwarten sein.

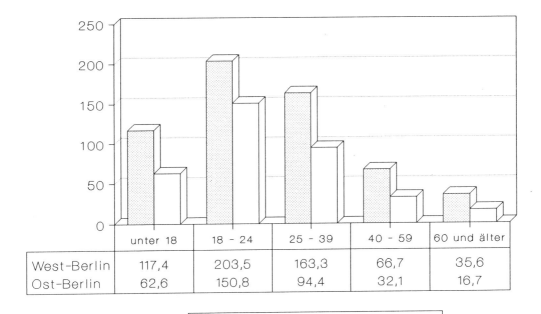

Abbildung 1.2.17.
Wanderungsfälle je 1000 Personen der gleichen Altersgruppe 1989 in West- und Ost-Berlin

Die Altersstruktur der Migranten in beiden Teilen Berlins unterscheidet sich nur geringfügig voneinander. In der Altersgruppe 15 bis unter 60 Jahre waren in Ost-Berlin 77,9 Prozent der Migranten, in West-Berlin 78,2 Prozent. Etwas größer sind die Unterschiede in der jüngeren und der älteren Altersgruppe. Bei den unter 15jährigen beträgt der Anteil in Ost-Berlin 17,7 Prozent, in West-Berlin 14,7 Prozent. Für die Altersgruppe „60 Jahre und älter" lauten die Daten 7,1 Prozent für West- und 4,4 Prozent für Ost-Berlin. Diese Unterschiede sind aber eindeutig Effekte der unterschiedlichen Altersstruktur in beiden Stadtteilen: In Ost-Berlin ist der Anteil der Personen im Kindesalter höher als im Westteil, bei den Personen im Rentenalter verhält es sich umgekehrt.

Darüber hinaus existieren bedeutende Unterschiede im Wanderungsverhalten zwischen Ost- und West-Berlin:

1. Da ist zum ersten die innerstädtische Wanderung über Stadtbezirksgrenzen (vgl. Tabelle 1.2.10.). Zwar weichen die Mobilitätsziffern nicht wesentlich voneinander ab, doch die Struktur der Migrationsströme weist deutliche Differenzen auf. In Ost-Berlin ist der Fakt zu verzeichnen, daß von den elf Bezirken nur zwei einen innerstädtischen Wanderungsgewinn zu verzeichnen hatten (in West-Berlin dagegen sieben von zwölf): die Satellitenstädte Hohenschönhausen und Hellersdorf, letzterer sogar einen Gewinn von knapp 200 je 1000 Einwohner (vgl. Tabelle 1.2.11.). Dies ist eindeutig Resultat des Wohnungsneubaus, der auch 1989 noch einseitig auf diese beiden Bezirke konzentriert war. Auf der anderen Seite bedingte dies bedeutende innerstädtische Wanderungsverluste vor allem in den Bezirken Prenzlauer Berg und Friedrichshain, den Gebieten mit den schlechtesten Wohnbedingungen im Ostteil der Stadt.

In West-Berlin kann dagegen ein solch gerichteter Migrationsstrom nicht festgestellt werden, sondern vielmehr ein gegenseitiges „Vermischen" (vgl. Tabelle 1.2.12.).

Tabelle 1.2.10.
Wanderungsfälle 1989 in Berlin über die Bezirksgrenzen innerhalb der jeweiligen Stadtteile

	absolut	je 1000 der Bevölkerung
West-Berlin	123 535	58,0
Ost-Berlin	60 974	47,7
insgesamt	184 509	54,1

Tabelle 1.2.11.
Wanderungsgewinn bzw. -verlust (–) je 1000 der mittleren Bevölkerung in den Bezirken Ost-Berlins 1989

| Bezirk | innerstädtisch | Wanderung aus/nach | | | Wanderungs-saldo gesamt |
		der DDR	der BRD	dem übrigen Ausland	
Mitte	–11,6	19,3	–24,4	2,0	–14,7
Prenzlauer Berg	–33,2	15,0	–31,1	–1,2	–50,6
Friedrichshain	–36,6	16,2	–29,5	–1,5	–51,4
Marzahn	–18,8	8,0	–19,5	1,1	–29,2
Hohenschönhausen	40,6	22,4	–22,3	0,8	41,5
Hellersdorf	197,6	73,1	–19,6	–1,3	252,5
Treptow	–16,2	7,4	–18,5	–0,5	–27,8
Köpenick	– 8,6	9,8	–28,5	0,2	–27,2
Lichtenberg	–25,1	10,2	–15,5	2,8	–27,6
Weißensee	–16,9	10,5	–30,4	–0,4	–37,2
Pankow	–23,5	10,9	–22,7	–0,3	–35,6
insgesamt	–	17,2	–23,2	0,5	– 5,5

Tabelle 1.2.12.
Wanderungsgewinn bzw. -verlust (–) je 1000 der mittleren Bevölkerung in den Bezirken West-Berlins 1989

Bezirk	innerstädtische Migration	innerhalb des Bundesgebietes	außerhalb	Wanderungssaldo insgesamt
Tiergarten	4,5	5,4	39,4	49,3
Wedding	3,6	4,8	29,5	37,9
Kreuzberg	–7,8	6,8	37,0	36,0
Charlottenburg	–2,4	3,2	34,7	35,5
Spandau	–2,3	0,2	50,8	48,6
Wilmersdorf	4,2	5,3	24,2	33,7
Zehlendorf	–0,5	3,5	31,2	34,1
Schöneberg	–1,8	6,6	27,4	32,3
Steglitz	4,3	3,6	23,7	31,6
Tempelhof	–7,7	–0,5	28,2	20,0
Neukölln	–0,1	2,0	24,1	26,0
Reinickendorf	6,0	–1,4	23,9	28,5
West-Berlin	–	2,8	30,5	33,3

Ein weiterer Aspekt, auf den hier hingewiesen werden soll, ist der innerstädtische Wanderungsverlust des Ost-Berliner Bezirks Marzahn. Marzahn war jahrelang ein Schwerpunkt des Wohnungsneubaus und hatte infolgedessen u. a. innerstädtische Wanderungsgewinne zu verzeichnen (1980: +194 Personen je 1000 der Bevölkerung; 1986: + 90). Nachdem das Baugeschehen in Marzahn nunmehr abgeschlossen ist, zeigt sich, daß immer mehr Menschen diese Satellitenstadt verlassen, obwohl der Bezirk über den besten Ausstattungsgrad der Wohnungen in Ost-Berlin verfügt (vgl. Kapitel 3.3.). Es kann vermutet werden, daß sich immer mehr Einwohner solcher Satellitenstädte (oft auch als „Schlafstädte" bezeichnet) in ihrem Bezirk nicht heimisch fühlen. Und weiterhin liegt die Vermutung auf der Hand, daß sich eine ähnliche Entwicklung künftig auch in den beiden anderen Satellitenstädten Ost-Berlins Hohenschönhausen und Hellersdorf abspielen könnte.
2. Als zweiter Punkt sind unterschiedliche Ziel- bzw. Herkunftsgebiete der Migration innerhalb Deutschlands zu nennen. So war für Ost-Berlin die Migration zwischen dem Gebiet der früheren DDR und diesem Stadtteil jahrelang von wesentlicher Bedeutung. Für den Zeitraum seit 1981 ist ein Wanderungsgewinn von 150 000 Personen zu registrieren, eindeutig Folge des politischen Zieles der damaligen Staatsführung, Ost-Berlin zu einem Zentrum der DDR auszubauen, das „Schaufensterfunktionen" gegenüber dem Westen erfüllen sollte. Dabei wurde die Kraft vornehmlich auf einige Prestigeobjekte (z. B. Wohnungsbau, Versorgung) konzentriert, so daß für drängende Aufgaben in anderen Bezirken Ost-Berlins, vor allem aber in den Städten und Gemeinden der übrigen DDR kaum Mittel blieben. Dies hatte zur Folge, daß die Attraktivität Ost-Berlins für die nicht in der Hauptstadt wohnende Bevölkerung deutlich zunahm und der Migrationsstrom sich in der zweiten Hälfte der 80er Jahre deutlich verstärkte (ca. 100 000 Wanderungsgewinn in den Jahren 1985 bis 1989).
Für West-Berlin war naturgemäß die DDR nur in geringem Maße Ziel- bzw. Herkunftsgebiet der Migration. Hier fungierte vielmehr das übrige Bundesgebiet als Austauschgebiet. Jedoch war der Migrationsstrom von bzw. nach dem Bundesgebiet nicht so stark wie der von Ost-Berlin aus bzw. nach der DDR. Die entsprechenden Mobilitätsziffern lauten für West-Berlin 28,7 und für Ost-Berlin 35,5 Migranten je 1000 der Bevölkerung. Für diese Abweichungen sind durchaus die unterschiedlichen geografischen Entfernungen (West-Berliner „Insellage") mitverantwortlich. Dies kommt u. a. darin zum Ausdruck, daß die

Migrationsströme zwischen Ost-Berlin und dem Land Brandenburg wesentlich stärker sind als die zwischen der Stadt und den übrigen, weiter entfernt liegenden neuen Bundesländern. Die Mobilitätsziffer betrug 5,1 Wanderungsfälle je 1000 Einwohner von Ost-Berlin und Brandenburg. Als nächstes ostdeutsches Land folgt dann Mecklenburg-Vorpommern mit einer Mobilitätsziffer von 2,2. Bei der Umlandwanderung bildeten die Kreise, die unmittelbar an Ost-Berlin grenzen, den Schwerpunkt.

Zu vermerken sind auch die deutlichen Unterschiede zwischen West- und Ost-Berlin bezüglich der Wanderung zwischen diesen beiden Stadtteilen. Dieser Migrationsstrom seit der Maueröffnung ist recht einseitig ausgeprägt: 1989 kamen 26 509 Menschen aus dem Ost- in den Westteil, während in umgekehrter Richtung nur 122 Wanderungsfälle zu registrieren waren.

3. Der dritte Unterschied bezieht sich auf die Migration über die Grenzen Deutschlands. Hier wirkt sich deutlich der unterschiedliche Anteil der nichtdeutschen Bevölkerung an der Gesamtbevölkerung aus. Die Mobilitätsziffern zeigen dies: Für die westliche Stadthälfte 58,4 je 1000 der Bevölkerung, für die östliche 6,3. Für Ost-Berlin spielte bis einschließlich 1988 die Wanderung in das Ausland kaum eine Rolle. Hierfür waren zwei Gründe ausschlaggebend:

– Einmal die restriktiven Auswanderungsbeschränkungen für DDR-Bürger durch die ehemalige Staatsführung, die mit dem Mauerfall im November 1989 gegenstandslos wurden und
– andererseits die damalige Ausländerpolitik (vgl. Abschnitt 1.2.2.).

Im Westteil der Stadt war die Wanderung über die Grenzen Deutschlands stärker als die von bzw. nach dem Bundesgebiet. Diese Auslandswanderung wurde zum größten Teil von den Ausländern getragen. Nur knapp 6 Prozent aller Wanderungsbewegungen aus West-Berlin über die Grenzen Deutschlands wurde von Deutschen vollzogen (während der Anteil der Nichtdeutschen an den Wanderungen aus bzw. nach dem Bundesgebiet 10 Prozent betrug). Der Großteil der nichtdeutschen Migranten 1989 von bzw. nach West-Berlin war polnischer (53 Prozent), weitere 10 Prozent waren türkischer Staatsbürgerschaft.

1.2.3.4. Sterblichkeit

In Berlin starben 1989 insgesamt 43 440 Menschen, das sind 12,7 je 1000 der Bevölkerung (vgl. Tabelle 1.2.13.). Seit 1980 hat sowohl die Zahl der Gestorbenen insgesamt als auch die je 1000 Einwohner in beiden Stadtteilen abgenommen. Dieser Rückgang resultiert sowohl aus einer Veränderung der Altersstruktur als auch aus der gesunkenen Sterblichkeit.

Da die Zahl der Personen im höheren Alter, in dem die Sterblichkeit höher ist als im jüngeren, im Laufe der 80er Jahre sowohl in West- als auch in Ost-Berlin zurückgegangen ist (vgl. Abschnitt 1.2.1.1.), ist auch die Zahl der Gestorbenen rückläufig. Dies wird noch verstärkt durch eine günstige Entwicklung der Lebenserwartung. So stieg die Lebenserwartung von

Tabelle 1.2.13.
Sterblichkeit in Berlin 1980 und 1989

	Gestorbene insgesamt		Gestorbene je 1000 der Bevölkerung	
	1980	1989	1980	1989
West-Berlin	34 738	30 045	18,3	14,1
Ost-Berlin	16 096	13 395	14,0	10,4
Berlin	50 834	43 440	16,7	12,7

Neugeborenen in Ost-Berlin von 68,6 (1980/81) auf 70,8 Jahre (1986/89) bei den Knaben und von 73,9 auf 76,0 Jahre bei den Mädchen. In West-Berlin betrug die Lebenserwartung im Zeitraum 1980/85 für Knaben 68,6 und für Mädchen 75,8 Jahre. Amtliche Angaben zur Lebenserwartung für Ende der 80er Jahre liegen noch nicht vor. Eine eigene Berechnung ergab für 1987/89 die Werte 70,3 Jahre für das männliche und 77,2 Jahre für das weibliche Geschlecht.

Aufgrund bestimmter methodischer Unterschiede bei der Berechnung der Sterbetafeln und der verschiedenen einbezogenen Zeiträume sind die Angaben nicht ganz vergleichbar. Aus diesem Grund wurde für 1989 für West- und Ost-Berlin eine standardisierte Sterbeziffer berechnet, die die Altersstruktur ausschaltet und vergleichbare Angaben liefert (vgl. Tabelle 1.2.14.). Es zeigt sich, daß die Sterblichkeit in Ost-Berlin bei beiden Geschlechtern höher ist, wobei der Unterschied bei den Frauen größer ist.

Tabelle 1.2.14.
Standardisierte Sterbeziffer in Berlin 1989 (Gestorbene je 1000 der Bevölkerung)

	männlich	weiblich	gesamt
West-Berlin	10,91	13,59	12,32
Ost-Berlin	11,34	16,41	14,01

Standardisiert auf die Altersstruktur des jeweiligen Geschlechts von Berlin 1989

Die Säuglingssterblichkeit ist in Berlin in den 80er Jahren gesunken, von 14,0 gestorbenen Säuglingen je 1000 Lebendgeborenen im Jahr 1980 auf 8,1 1989 (vgl. Tabelle 1.2.15.). Dabei liegt im Jahr 1989 die Säuglingssterblichkeit der Knaben im Westteil der Stadt unter der im Ostteil, die der Mädchen in Ost-Berlin dagegen deutlich unter der von West-Berlin.

Tabelle 1.2.15.
Gestorbene Säuglinge je 1000 Lebendgeborene in Berlin 1989

	1980			1989		
	gesamt	männlich	weiblich	gesamt	männlich	weiblich
West-Berlin	14,9	16,5	13,2	8,6	8,6	8,5
Ost-Berlin	13,3	15,9	10,5	7,6	9,4	5,7
Berlin	14,0	16,1	11,8	8,1	9,0	7,3

1.2.4. Bevölkerungsprognose bis 2010

Kaum eine deutsche Stadt sieht sich einem so breit gefächerten Spektrum an möglichen Varianten ihrer demographischen Zukunft gegenüber wie Berlin. Eines dieser Szenarien, das im Bereich mittlerer Prognosevarianten angesiedelt ist, soll nachfolgend vorgelegt werden. Die Bevölkerungsvorausschätzung ist aufgrund der unterschiedlichen Ausgangssituation hier noch bis zum Jahr 2010 getrennt für beide Teile Berlins gerechnet worden und enthält eine gesonderte Prognose für die Entwicklung der ausländischen Bevölkerung, wobei nicht verkannt werden soll, daß die Stadt bis dahin längst wieder zu einer Einheit verschmolzen sein wird.

Als Annahmen liegen zugrunde:
— Der Prognose der Geburtenentwicklung:
 · Für den Westteil ein konstantes Niveau der Gesamtfruchtbarkeit von 1100 über den gesamten Prognosezeitraum;

- für den Ostteil ein Angleichen an die Fruchtbarkeit in der westlichen Stadthälfte von 1350 (1990) auf 1100 bis zum Jahre 1995;
- für Ausländer ein allmähliches Sinken der durchschnittlichen Kinderzahl je 1000 Frauen (1990 = 2200) auf das Fruchtbarkeitsniveau der Deutschen am Ende des Prognosehorizonts.

— Der Prognose der Gestorbenenentwicklung:
Einer Stagnation der Lebenserwartung in der ersten Hälfte der 90er Jahre (westliche Stadthälfte: Frauen 77,5 Jahre, Männer 70,5 Jahre, östlicher Teil: Frauen 76,0 Jahre, Männer 70,5 Jahre) folgt ein zögerliches Ansteigen. In diesem Prozeß gleicht sich die Lebenserwartung im Ostteil der Stadt an den Westteil an. Für das Jahr 2010 werden dann folgende Werte erwartet: Frauen: 79,0 Jahre, Männer: 72,0 Jahre. Für die ausländische Bevölkerung ist eine Status-Quo-Annahme getroffen worden: Die für die deutsche Bevölkerung West-Berlins im Jahr 1989 ermittelte Lebenserwartung wurde über den gesamten Prognosezeitraum auf die Ausländer übertragen.

— Der Prognose der Wanderungsbewegung:
Unterstellt werden Wanderungsgewinne bis zum Ende des Prognosezeitraums sowohl für die Stadt selbst als auch für die ausländische Bevölkerung. Es wird angenommen, daß der Wanderungsgewinn für die deutsche Bevölkerung bis 2010 etwa 750 000 Personen beträgt (56,5 Prozent davon entfallen auf das ehemalige West-Berlin) und daß die Zahl der ausländischen Bevölkerung aus Zuzugsüberschüssen einen Anstieg um rd. 500 000 Personen erfährt.

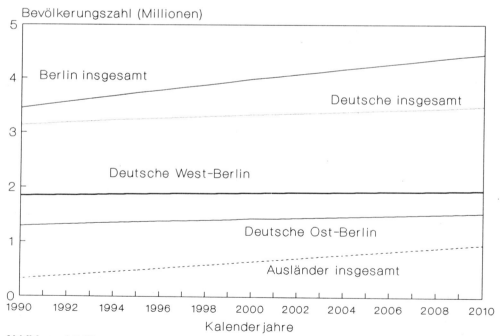

Abbildung 1.2.18.
Bevölkerungsprognose Berlins von 1990 bis 2010

Treten diese Entwicklungen ein, wird die Bevölkerungszahl von 3,45 Millionen zu Beginn des Prognosezeitraums auf ca. 4,44 Millionen im Jahr 2010 ansteigen. Die deutsche Bevölkerung in den bisherigen Ost-Berliner Bezirken zählt dann etwa 1,54 Millionen Personen, in den westlichen 1,94 Millionen (vgl. Abb. 1.2.18.). Rund 960 000 Ausländer gehören dann zur Berliner Bevölkerung (Ausländeranteil = 21,6 Prozent).

Diese Trends sind vor allem Ergebnis der zu erwartenden Migrationsströme in Richtung auf die deutsche Hauptstadt. Dem steht ein durchgängiger Überschuß der Gestorbenen über die Lebendgeborenen gegenüber. Dieser wird unter den angenommenen Trends von Fruchtbarkeit und Lebenserwartung von 6 600 zu Beginn des Prognosezeitraums auf 13 000 im Jahre 2010 ansteigen. Der zu erwartende Rückgang (vgl. Abbildung 1.2.19.) der Lebendgeborenenzahlen (1990: 37 400, 2010: 33 800) wird von einem Anstieg der Zahl der Gestorbenen begleitet, die von ca. 44 000 in der ersten Hälfte der 90er Jahre auf etwa 47 000 anwächst.

Die negative natürliche Bevölkerungsbilanz ist wesentlich durch das generative Verhalten der deutschen Bevölkerung verursacht. Die ausländische Bevölkerung Berlins verzeichnet einen Überschuß der Lebendgeborenen über die Gestorbenen, der im Prognosezeitraum zwischen 5 000 und 7 000 jährlich schwankt.

Das für Deutschland insgesamt charakteristische Altern der Bevölkerung – die Anteilsverschiebung zuungunsten der jüngeren Geburtsjahrgänge – ist auch in der Hauptstadt zu beobachten. Globaler Ausdruck dessen ist der mit großer Sicherheit eintretende Anstieg des Durchschnittsalters, der sich im bisherigen Ostteil wesentlich rasanter vollziehen wird

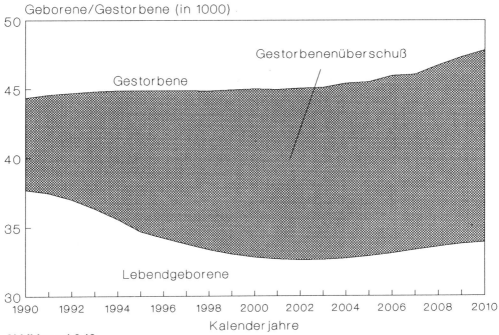

Abbildung 1.2.19.
Prognose der natürlichen Bevölkerungsbilanz in Berlin von 1990 bis 2010

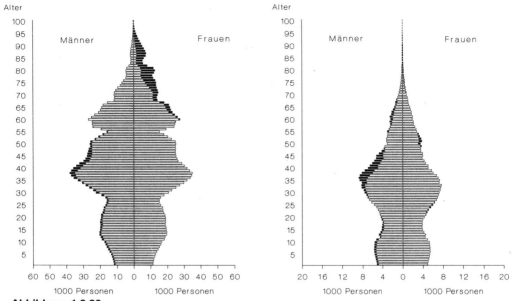

Abbildung 1.2.20.
Prognose des Altersaufbaus der deutschen (links) und ausländischen (rechts) Bevölkerung in Berlin im Jahre 2000

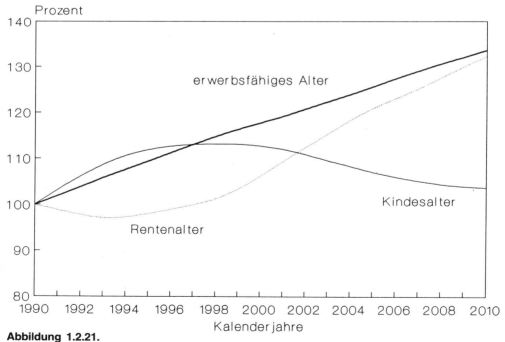

Abbildung 1.2.21.
Prognose der Bevölkerung nach Hauptaltersgruppen in Berlin von 1990 bis 2010 (1990 = 100 Prozent)

als im Westteil. In der im Durchschnitt wesentlich älteren Bevölkerung der westlichen Bezirke (1990: 42,7 Jahre) ist eine relativ niedrige Zunahme um ca. 2 Jahre zu erwarten, während sich der Altersdurchschnitt in der östlichen Stadthälfte von 36,2 auf 41,2 Jahre verschieben wird, was wesentlich mit der schnellen Alterung in jenen Bezirken verbunden ist, die in den 80er Jahren gegründet wurden. Auch die Ausländer werden im Jahr 2010 mit 33,6 Jahren durchschnittlich älter sein als in der ersten Hälfte der 90er Jahre, in der der Altersdurchschnitt noch 29 – 30 Jahre beträgt (vgl. Abbildung 1.2.20.).

Im Detail stehen hinter diesem Trend 3 Prozesse:
1. Einem Anstieg der Zahl der Kinder und Jugendlichen in den 90er Jahren, von 555 000 1990 auf ca. 625 000 um die Jahrhundertwende, folgt ein schneller Rückgang auf 575 000 am Ende des Prognosezeitraums. Der Anteil der Kinder an der Wohnbevölkerung wird dann nurmehr bei 13,0 Prozent liegen.
2. Die Zahl der Erwerbsfähigen wird kontinuierlich von 2,33 Millionen auf 3,11 Millionen anwachsen. Ihr Anteil an der Wohnbevölkerung steigt von 67,4 auf 70,0 Prozent. Zunehmen wird sowohl die Zahl der jüngeren als auch die der älteren Bevölkerung im erwerbsfähigen Alter, wobei sich der Bevölkerungsanteil geringfügig zugunsten der Jüngeren verschieben wird (vgl. Abbildung 1.2.21.).
3. Die Anzahl der Bürger im Rentenalter (Frauen 60 +, Männer 65 +) steigt von 573 000 auf 758 000. Damit erhöht sich ihr Bevölkerungsanteil von 15,6 auf 17,0 Prozent. Dieser Zuwachs wird vor allem durch die Personen getragen, die sich in den ersten zehn Jahren nach Erreichen des Rentenalters befinden.

Generell vollzieht sich das Altern der Bevölkerung in Berlin ohne besondere Schwungkraft. Das ist vor allem auf die Annahme hoher Zuwanderungsraten deutscher und auch ausländischer Bevölkerung zurückzuführen. Modifikationen treten dann ein, wenn sich die Intensität der Migrationsströme verändert.

2. Politische Strukturen

2.1. Politische Strukturen im Übergang

Seit der konstituierenden Sitzung des neugewählten Gesamt-Berliner Abgeordnetenhauses (Parlament) am 12. Januar 1991 und der Wahl des Senats (Regierung) am 24. Januar 1991 bestehen in Berlin nach über 42 Jahren wieder einheitliche politische und verfassungsmäßige Strukturen. Berlin als Ganzes besitzt den Status eines deutschen Landes und zugleich einer Stadt. Es verfügt über ein frei gewähltes Parlament, eine demokratisch legitimierte Regierung und eine für die gesamte Stadt gültige Verfassung. Land und Stadt Berlin gliedern sich in 23 Bezirke (vgl. Abbildung 2.1.), deren Verwaltung in den Händen direkt gewählter Bezirksverordnetenversammlungen und von diesen gewählten Bezirksämtern liegt. Eingeleitet wurde der komplizierte und noch längere Zeit in Anspruch nehmende Prozeß der organisatorischen und räumlichen Zusammenlegung der einzelnen Fachverwaltungen und sonstigen Landeseinrichtungen sowie einer Vereinheitlichung der elf östlichen und zwölf westlichen Bezirksverwaltungen.

Dem gegenwärtigen Stand der Vereinheitlichung der politischen Strukturen sind eine Reihe von politischen Veränderungen insbesondere in Ost-Berlin sowie von Übergangsregelungen zwischen beiden Teilen der Stadt vorausgegangen, die unmittelbar der politischen Wende in der damaligen DDR im Herbst 1989 und der Öffnung der Mauer am 9. November 1989 folgten. Sie haben der Vereinheitlichung der politischen Strukturen in Berlin einen Verlauf gegeben, der – zum einen – en miniature den Vereinigungsprozeß zwischen der DDR und der Bundesrepublik Deutschland widerspiegelt. Zum anderen weist er zugleich Besonderheiten auf, die sich aus dem unmittelbaren Aufeinandertreffen zweier unterschiedlicher politischer und gesellschaftlicher Ordnungen in *einer* Stadt ergeben.

Die wichtigsten Übergangsregelungen und Veränderungen bestanden dabei – chronologisch – in folgendem:

- Bereits am 22. Dezember 1989 konstituierte sich ein „Provisorischer Regionalausschuß" am Sitz des Senats von Berlin (West) unter Leitung des damaligen Chefs der Senatskanzlei, der Vertreter aus Ost- und West-Berliner Fachverwaltungen, der Bundesregierung, der Regierung der DDR sowie der angrenzenden Bezirke Potsdam und Frankfurt/Oder vereinte. Über regelmäßige Kontakte insbesondere der Fachverwaltungen wurde begonnen, die mit der Öffnung der Mauer entstandenen neuen innerstädtischen Probleme in Kooperation mit dem Umland zu beraten und in Angriff zu nehmen.
- Mit den Kommunalwahlen am 6. Mai 1990 in der DDR, in deren Ergebnis in Berlin-Ost ein Koalitions-Magistrat aus SPD und CDU entstand, wurden zunächst politisch kompatible Strukturen geschaffen. Ost-Berlin erhielt mit seinen 11 Stadtbezirken im Zusammenhang mit der Reföderalisierung der DDR die Funktion eines Landes, wobei

Quelle: Berlin im Überblick, Hrsg.: Informationszentrum Berlin, Berlin 1988, S. 6;
Aktualisiert nach Angaben des Statistischen Jahrbuches Berlin (Ost) 1990.

Abbildung 2.1.
Die Berliner Bezirke (Fläche in km² und Bevölkerung)

zunächst nur einzelne, bis dahin zentralstaatliche Befugnisse (wie z. B. die Polizeihoheit) auf den Magistrat übertragen wurden. Im Juli 1990 wurde von der Stadtverordnetenversammlung eine für den Ostteil Berlins gültige neue Verfassung verabschiedet.
— Am 12. Juni 1990 trafen knapp 42 Jahre nach der Spaltung der Berliner Stadtverwaltung der Ost-Berliner Magistrat und der Senat von Berlin (West) im Roten Rathaus zu ihrer ersten gemeinsamen Sitzung zusammen. Damit begann eine direkte Abstimmung und Zusammenarbeit beider Stadtverwaltungen.
— Mit dem Tag der deutschen Einheit am 3. Oktober 1990 wurden die alliierten Schutzrechte suspendiert und der Berliner Stadtverwaltung die volle politische Handlungsfreiheit im Land und in den Beziehungen zwischen Land und Bund übertragen. Der Ost-Berliner Magistrat und der Senat von West-Berlin (im Volksmund Magisenat genannt) nahmen von nun an gemeinsam die Geschäfte einer Gesamt-Berliner Landesregierung wahr. Bei Fortbestehen doppelter Verwaltungsstrukturen — zwei Regierungen, zwei Volksvertretungen, zwei Verfassungen — führten bei den Beratungen der seit dem 3. Oktober 1990 amtierenden Übergangsregierung der vom Abgeordnetenhaus gewählte Regierende Bürgermeister und der von der Stadtverordnetenversammlung gewählte Oberbürgermeister gemeinsam den Vorsitz. Sie hatten gemeinsam zwei

Stimmen, die sie einheitlich abgaben und die bei Stimmengleichheit den Ausschlag gaben. Zugleich begann – entsprechend den Festlegungen im Einigungsvertrag – unter gemeinschaftlicher Verantwortung der jeweils zuständigen Magistrats- und Senatsmitglieder die schrittweise Zusammenlegung der einzelnen Magistrats- und Senatsverwaltungen. Darin eingeschlossen waren die Organe der Rechtsprechung, deren Arbeit mit dem 3. Oktober 1990 im Ostteil der Stadt eingestellt wurde. Im Bundesrat, der Ländervertretung auf Bundesebene, wo West-Berlin mit vier Stimmen vertreten war, wurde eine Stimme an den Ost-Berliner Oberbürgermeister abgetreten.

Diese Übergangsregelungen galten bis zur Konstituierung des am 2. Dezember 1990 neu gewählten Gesamt-Berliner Parlaments und der Wahl der neuen Landesregierung, d. h. sie wurden im Januar 1991 außer Kraft gesetzt. Seither sind – wie eingangs erwähnt – einheitliche Strukturen bestimmend bzw. befinden sich im Aufbau, die sich an den in West-Berlin seit der Spaltung der Stadt herausgebildeten politischen Gegebenheiten orientieren. Den grundgesetzlichen Rahmen dafür bildet die Verfassung von Berlin vom 1. September 1950 (mit Stand 1990), die – konzipiert für ganz Berlin – bis zur Vereinigung der beiden Stadthälften in West-Berlin galt. Im Zuge von zwei verfassungsändernden Gesetzen im Herbst 1990 wurde sie zunächst formal den neuen Bedingungen angepaßt. Das trifft vor allem auf die Konkretisierung ihres Geltungsbereiches, eine Reihe von Wahlrechtsbestimmungen und Regelungen über Behörden und Bezirksämter zu.

Zugleich wurde in der Verfassung festgeschrieben, daß sie während der ersten Wahlperiode des Gesamt-Berliner Abgeordnetenhauses einer Überarbeitung zu unterziehen ist. Grundlage dafür sollen – wie Artikel 88 Abs. 2 der Verfassung bestimmt – die jetzt geltende Verfassung, die von der Ost-Berliner Stadtverordnetenversammlung im Juli 1990 angenommene Verfassung sowie die unmittelbare Nachkriegsverfassung für Groß-Berlin vom 22. April 1948 sein. Die überarbeitete Verfassung soll durch eine Volksabstimmung in Kraft gesetzt werden.

Eine Sonderstellung nimmt Berlin zunächst noch im Finanzsystem des Bundes ein. Das Land Berlin ist bislang am Finanzausgleich unter den Ländern, dem sog. horizontalen Finanzausgleich, nicht beteiligt. Statt dessen erhält es zur Deckung seines Haushaltsbedarfs eine Bundeshilfe, die etwa 50 Prozent der Haushaltseinnahmen ausmacht. Der Anspruch auf Gewährung einer Bundeshilfe ergibt sich aus § 16 des Gesetzes über die Stellung des Landes Berlin im Finanzsystem des Bundes (Drittes Überleitungsgesetz) vom 4. Januar 1952 geändert durch Gesetz vom 11. Mai 1956.

Bis zur Neuregelung des Finanzausgleichs unter den Ländern im Jahre 1995 wird das nunmehr mit dem Ostteil der Stadt vereinte Land Berlin auch weiterhin auf diesen besonderen Bundeszuschuß zur Finanzierung seines Haushalts angewiesen sein. Wenngleich angesichts der wiedererlangten Hauptstadtfunktion und der anhaltenden Konjunktur im Westteil der Stadt längerfristig steigende Steuereinnahmen zu erwarten sind, ergeben sich aus der Notwendigkeit der Überwindung teilungsbedingter struktureller Defizite in der westlichen Stadthälfte und zentralistisch-planwirtschaftlich verzerrter Strukturen im Ostteil Berlins finanzielle Belastungen, die das Land Berlin allein nicht tragen kann.

2.2. Parlament und Regierung
2.2.1. Das Parlament

Das Abgeordnetenhaus (Parlament) ist die aus Wahlen hervorgegangene Vertretungskörperschaft aller Berliner. Ihm obliegen Gesetzgebungs- und Budgetrechte sowie die Kontrolle der Regierung. Das Abgeordnetenhaus wählt mit der Mehrheit seiner Stimmen den Regierenden Bürgermeister sowie den vom Regierenden Bürgermeister vorgeschlagenen Bürgermeister und die Senatoren.

Das Abgeordnetenhaus besteht aus mindestens 200 Abgeordneten, die in allgemeiner, gleicher, geheimer und direkter Wahl gewählt werden. Ein Abgeordnetenmandat erhalten Parteien, wenn sie mindestens fünf Prozent der abgegebenen Stimmen auf sich vereinigen oder einen Sitz in einem Wahlkreis errungen haben. Die Abgeordneten repräsentieren – laut Verfassung – alle Berliner, sind jedoch an Aufträge und Weisungen nicht gebunden, sondern nur ihrem Gewissen unterworfen (sog. imperatives Mandat).

Die Legislaturperiode des Abgeordnetenhauses beträgt in der Regel vier Jahre. Eine Ausnahme bildet die jetzt begonnene 12. Legislaturperiode (1. Gesamt-Berliner Abgeordnetenhaus), die auf fünf Jahre festgelegt wurde. Die Legislaturperiode kann vorzeitig durch den Beschluß einer Mehrheit von zwei Dritteln der Abgeordneten oder durch Volksentscheid beendet werden. Zum Abgeordnetenhaus gehören (vgl. Abbildung 2.2.):

1. Das Präsidium
Das Präsidium setzt sich aus den vom Abgeordnetenhaus gewählten Parlamentspräsidenten und drei Vizepräsidenten sowie elf Beisitzern zusammen. Der Präsident vertritt das Abgeordnetenhaus in allen seinen Angelegenheiten und übt das Hausrecht sowie die Polizeigewalt im Abgeordnetenhaus aus.

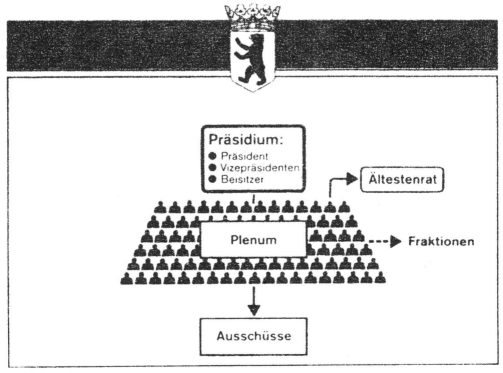

Abbildung 2.2.
Die Organisation des Abgeordnetenhauses von Berlin

2. Das Plenum
Die Sitze teilen sich die Regierungs- und Oppositionsparteien. Wenigstens fünf Prozent der Mindestzahl der Abgeordneten, d. h. 10 Abgeordnete, bilden eine Fraktion. Parteien oder Gruppierungen, die weniger als 10 Mandate haben, sind vorbehaltlich einer Entscheidung des Präsidiums des Parlaments – sowohl hinsichtlich ihrer materiellen Ausstattung als auch der Möglichkeiten der Mitarbeit im Parlament (Redezeit, Stellen von Anträgen, Vertretung in den Ausschüssen) einer Fraktion untergeordnet.
Jedes Gesetz durchläuft das Plenum in mindestens zwei Lesungen.

3. Ausschüsse
Ausschüsse zu einzelnen Fachbereichen werden nach Bedarf aus dem Abgeordnetenhaus heraus gewählt. In ihnen sind die Parteien nach den Grundsätzen der Verhältniswahl vertreten. In den Ausschüssen vollzieht sich ein wesentlicher Teil der Beratung der Gesetze.

4. Ältestenrat
Der Ältestenrat setzt sich aus 15 Abgeordneten zusammen, die von den Fraktionen benannt werden.

Im Zuge der Vereinigung beider Stadthälften ist in Berlin eine in vielem neue Parteienlandschaft entstanden. Zum einen haben sich die Landesverbände der alt-bundesrepublikanischen Parteien in Berlin (West) mit den in Ost-Berlin nach der Wende entstandenen Landesverbänden der ehemaligen – teilweise miteinander fusionierten – Blockparteien und neuformierten Parteien zusammengeschlossen. Zum anderen wurde das Spektrum der Parteien durch die zunächst nur in Ost-Berlin ansässigen Parteien und Bürgerrechtsbewegungen (wie z. B. PDS, Bündnis 90, Neues Forum) erweitert.
Zu den wichtigsten Parteien gehören so die CDU, SPD, FDP, PDS, Bündnis 90/Grüne eingeschlossen die Alternative Liste (AL) aus West-Berlin u. a. Zugleich existieren Landesverbände der DSU und der rechtsextremen Republikaner sowie eine Reihe von Splitterparteien unterschiedlicher politischer Couleur. Insgesamt ist jedoch in Berlin – wie auch auf Bundesebene und in anderen Bundesländern – nur ein Bruchteil der Bevölkerung parteipolitisch organisiert.
Das erste Gesamt-Berliner Abgeordnetenhaus wurde für seine 12. Legislaturperiode am 2. Dezember 1990 gewählt. In Übereinstimmung mit den für die Bundestagswahl am gleichen Tag vorgesehenen Regelungen wurde in nach Ost und West getrennten Wahlgebieten gewählt. Die Fünf-Prozent-Klausel wurde regionalisiert und die Möglichkeit von Listenverbindungen konkurrierender Parteien im damaligen DDR-Gebiet eingeräumt, um vor allem den neu entstandenen Parteien und Bürgerbewegungen eine Wahlchance zu geben.
Für die Wahlen wurden die 11 Ost-Berliner Bezirke in 49 Wahlkreise und die 12 West-Berliner Bezirke in 71 Wahlkreise eingeteilt. Jeder Wahlberechtigte konnte zwei Stimmen abgeben; die erste Stimme für einen Wahlkreisbewerber und die Zweitstimme für eine Landes- bzw. Bezirksliste der Parteien. Die Anzahl der Zweitstimmen entschied – getrennt nach Ost- und Westteil der Stadt – über die bei der Wahl errungenen Mandate einer Partei. Die Ergebnisse dieser Wahl (erhaltene Stimmen und Sitzverteilung im Abgeordnetenhaus) zeigt Tabelle 2.1. Danach stellen CDU und SPD die Regierungsparteien, alle anderen Parteien und Gruppierungen bilden die Opposition. Vier Abgeordnete sind

Tabelle 2.1.
Ergebnisse der Wahlen zum Berliner Abgeordnetenhaus am 2. Dezember 1990 (nach den gültigen Zweitstimmen)

	Gesamt-Berlin absolut	%	davon in % in West-	Ost-Berlin	Sitzverteilung im Abgeordnetenhaus (gesamt: 241)
CDU	815 382	40,4	49,0	25,0	101
SPD	614 075	30,4	29,5	32,1	76
PDS	184 820	9,2	1,1	23,6	23
F.D.P.	143 080	7,1	7,9	5,6	18
Grüne/Alternative Liste	100 839	5,0	6,9	1,7	12
Bündnis 90/Grüne/UFV	87 891	4,4	1,3	9,8	11
Republikaner	62 041	3,1	–	–	–
Sonstige	–	0,6	–	–	–
Wahlbeteiligung		80,8	83,7	76,2	

fraktionslos. Sie sind Vertreter des Neuen Forums und der Vereinigten Linken, beides Bürgerrechtsbewegungen im Ostteil der Stadt.

2.2.2. Die Regierung

Die Regierung wird durch den Senat ausgeübt. Der Senat besteht aus dem Regierenden Bürgermeister, dem Bürgermeister als seinem Stellvertreter und maximal 16 Senatoren. Der Regierende Bürgermeister bestimmt im Einvernehmen mit dem Senat die Richtlinien der Regierungspolitik, die zudem der Billigung des Abgeordnetenhauses bedürfen.
Innerhalb der Richtlinien der Regierungspolitik leiten die Senatoren ihren Geschäftsbereich selbständig und in eigener Verantwortung. Die Zahl der Geschäftsbereiche sowie ihre Abgrenzung untereinander wird auf Vorschlag des Regierenden Bürgermeisters vom Abgeordnetenhaus beschlossen.
Dem Senat unterstehen die Hauptverwaltung der Stadt, einschließlich Justizverwaltung und Polizei, die Eigenbetriebe (z. B. Stadtreinigung) und die nichtrechtsfähigen Anstalten (z. B. Museen).
Dem Senat und jedem seiner Mitglieder kann durch das Abgeordnetenhaus das Vertrauen entzogen werden. Bei einem Mißtrauensantrag sind innerhalb von 21 Tagen Neuwahlen durchzuführen.
Der am 24. Januar 1991 gewählte Gesamt-Berliner Senat setzt sich aus Vertretern von CDU und SPD zusammen. Sie bilden eine Koalitionsregierung (sog. Große Koalition). Die Grundlinien ihrer Politik, die Ressortaufteilung und die Geschäftsverteilung sowie die Modalitäten der parlamentarischen Zusammenarbeit zwischen den Koalitionspartnern wurden in einer Koalitionsvereinbarung niedergelegt. Zu den einzelnen Ressorts gehören 1 bis 2 Staatssekretäre, insgesamt 24, die von der CDU bzw. SPD benannt wurden.

2.2.3. Bezirksverordnetenversammlungen und Bezirksämter

Land und Stadt Berlin gliedern sich im 23 Bezirke, deren Verwaltungsorgane die Bezirksverordnetenversammlung und die Bezirksämter sind. Ihnen unterliegen alle bezirklichen Angelegenheiten, insbesondere die örtliche Durchführung der Gesetze und Verordnungen nach den allgemeinen Anweisungen des Senats.
Die Bezirksverordnetenversammlung ist – laut Verfassung – Organ der bezirklichen Selbstverwaltung. Ihr obliegen die Grundlinien der bezirklichen Verwaltungspolitik, die Wahl und Kontrolle des Bezirksamtes, Initiativ-, Aufhebungs- und Entscheidungsrechte, die Ermittlung des jährlichen Finanzbedarfs sowie die Zustimmung zu Bebauungsentwürfen.

Die Bezirksverordnetenversammlung wird von den Wahlberechtigten des Bezirks direkt gewählt; in der Regel zur gleichen Zeit wie das Abgeordnetenhaus. Im Zusammenhang mit der durch die Vereinigung der Stadt bedingten Veränderung der Wahlperiode zum Abgeordnetenhaus wurde festgelegt, daß die laufende Wahlperiode der Bezirksverordnetenversammlungen am 30. Juni 1992 und die darauf folgende wieder mit der des Abgeordnetenhauses enden soll.

Die Bezirksverordnetenversammlung besteht aus 45 Mitgliedern. Zu ihr gehören ein Vorstand und ein Ältestenrat sowie (Fach-)Ausschüsse, in denen die Aufgaben und Beschlüsse der Bezirksverordnetenversammlung beraten und vorbereitet werden. An der Arbeit der Ausschüsse können stimmberechtigt Bürgerdeputierte (sachkundige Bürger) teilnehmen, die auf Vorschlag der Fraktionen gewählt werden.

Das Bezirksamt besteht aus dem Bezirksbürgermeister und den Bezirksstadträten, von denen einer zugleich der Stellvertreter des Bezirksbürgermeisters ist.

Das Bezirksamt vertritt den Bezirk nach außen und nimmt alle bezirklichen Angelegenheiten wahr, insofern keine ausdrückliche andere Zuständigkeit besteht. Es führt die Beschlüsse der Bezirksverordnetenversammlung durch und ist für deren Unterrichtung verantwortlich.

Über den Rat der Bürgermeister, zu dem sich regelmäßig mindestens einmal monatlich der Regierende Bürgermeister und der Bürgermeister mit den Stadtbezirksbürgermeistern bzw. deren Stellvertretern zusammenfinden, können die Bezirksverwaltungen Stellung zu grundsätzlichen Fragen der Verwaltung und der Gesetzgebung beziehen.

Die für das Funktionieren der Stadt notwendige Vereinheitlichung der Verwaltungsstrukturen durch eine Angleichung der östlichen an die im Westteil befindet sich noch am Anfang.

2.3. Rechtsprechung

Die Rechtspflege ist – entsprechend der Verfassung – neben der Legislative und Exekutive die „dritte Gewalt" im Staat. Sie wird von unabhängigen, nur dem Gesetz unterworfenen Gerichten ausgeführt.

Organe der Rechtsprechung sind zur Zeit die im Westteil der Stadt angesiedelten Gerichte. Sie sind – wie im Alt-Bundesgebiet und in den alten Bundesländern – in fünf selbständige Zweige gegliedert.

Dazu gehört – erstens – die ordentliche Gerichtsbarkeit, die für Zivil- und Strafsachen zuständig ist. Sie wird von den 7 Amtsgerichten, dem Landgericht und dem Kammergericht als dem Oberlandesgericht wahrgenommen.

Der zweite Zweig ist die Arbeitsgerichtsbarkeit, die zuständig ist für Streitigkeiten zwischen den Tarifpartnern, den Arbeitnehmern und den Arbeitgebern, sowie für bestimmte Mitbestimmungsangelegenheiten. Die Instanzen hierfür sind das Arbeitsgericht und das Landesarbeitsgericht.

Drittens handelt es sich um die allgemeine Verwaltungsgerichtsbarkeit mit dem Verwaltungsgericht und einem Oberverwaltungsgericht. Sie befassen sich mit öffentlich-rechtlichen Streitigkeiten, soweit sie nicht in einen anderen Zuständigkeitsbereich fallen. In Berlin ist zudem das Bundesverwaltungsgericht angesiedelt.

Als vierter und fünfter Zweig gelten die Finanz- und Sozialgerichtsbarkeit. Das Finanzgericht verhandelt öffentlich-rechtliche Konflikte aus dem Bereich der Finanzverwaltung. Das Sozialgericht und das Landessozialgericht sind für Streitigkeiten der Sozialversicherung im umfassenden Sinne zuständig. Darüber hinaus gibt es in Berlin eine

Spruchkammer als besonderes Verwaltungsgericht und eine Berufungsspruchkammer. Mittlerweile ist auch die Errichtung eines Verfassungsgerichtshofes registriert, der mit bindender Wirkung über die Auslegung der Verfassung entscheiden und Verfassungsbeschwerden verhandeln soll. Er besteht aus neun Mitgliedern (einem Präsidenten, einem Vizepräsidenten und sieben Verfassungsrichtern). Die Mitglieder des Verfassungsgerichtshofes sind durch das Abgeordnetenhaus mit Dreiviertelmehrheit zu wählen. In Übereinstimmung mit der Verfassung werden die Präsidenten der oberen Landesgerichte auf Vorschlag des Senats vom Abgeordnetenhaus gewählt. Die Berufsrichter werden vom Senat ernannt.

Der Neuaufbau von Gerichten im Ostteil steht nach ihrer Schließung am Tag der Einheit noch am Anfang. Vorgesehen ist – entsprechend der Koalitionsvereinbarung des Senats – insbesondere die Errichtung von fünf Amtsgerichten im Ostteil der Stadt.

Charakteristisch für Berlin ist derzeit u. a. als Folge der im Ostteil der Stadt suspendierten Richter und Staatsanwälte, deren Eignungsüberprüfung ein langwieriger Prozeß ist, ein ausgesprochener Mangel an juristisch versiertem Personal. Er wird angesichts allein der stark gestiegenen Zahl von Arbeitsgerichts-Klagen und der zu erwartenden Streitigkeiten über Eigentumsfragen im Ostteil der Stadt über längere Zeit die Rechtspflege belasten.

3. Sozio-ökonomische Strukturen

3.1. Erwerbstätigkeit und Arbeitslosigkeit

Berlin verfügt über ein Erwerbspotential von ca. 1,9 Millionen Menschen – hinzu kommen ca. 80 000 Pendler aus dem Umland. Dies ist ein bedeutsamer Wirtschaftsfaktor und zugleich eine große Herausforderung für den Arbeitsmarkt. Die Erwerbstätigensituation in Berlin wird durch die unterschiedliche politische und wirtschaftliche Entwicklung in West- bzw. Ost-Berlin der Nachkriegszeit geprägt. Die Unterschiede betreffen vor allem die Erwerbstätigenstruktur und die Beteiligung am Erwerbsleben. Im Prozeß des wirtschaftlichen Zusammenwachsens kommt es im Ostteil der Stadt zu einem wirtschaftlichen Umbruch mit tiefen Strukturkrisen und hoher Arbeitslosigkeit. Aber auch in der westlichen Stadthälfte beeinflussen der Abbau struktureller Defizite und von Standortnachteilen sowie der nunmehr offene Arbeitsmarkt die Erwerbstätigensituation.

3.1.1. Struktur und Entwicklung der Erwerbstätigen

Hinsichtlich der Wirtschaftsstruktur sind zwischen beiden Teilen der Stadt gravierende Unterschiede vorhanden. Während im Westteil der Erwerbstätigenanteil im öffentlichen und privaten Dienstleistungsbereich mit ca. 50 Prozent relativ hoch ist, war dieser Anteil in der östlichen Stadthälfte mit ca. 32 Prozent verhältnismäßig gering. Allerdings ist dabei der sogenannte x-Bereich (Armee, Polizei, Staatssicherheit, Zoll) nicht enthalten – die Schätzungen für diesen Bereich liegen zwischen 80 000 und 120 000 Beschäftigten. Im Ostteil Berlins waren der industrielle Sektor (27,7 Prozent), Handel und Verkehr (26,4 Prozent) anteilmäßig stärker vertreten als im Westteil der Stadt (vgl. Abbildung 3.1.1.).

Obgleich Ost-Berlin mit Hauptstadtfunktionen ausgestattet war und zum politischen, wirtschaftlichen und geistig-kulturellen Zentrum der DDR entwickelt wurde, ist ein moderner Strukturwandel in den vergangenen Jahrzehnten ausgeblieben. Aber auch in West-Berlin liegt der Anteil erwerbsorientierter Dienstleistungen unter dem Durchschnitt anderer westdeutscher Ballungsgebiete. Dieser Dienstleistungsbereich wird daher große Entwicklungschancen haben. Dagegen ist im Bereich öffentliche Verwaltungen, gesellschaftliche und staatliche Organisationen sowie im sogenannten x-Bereich von Ost-Berlin ein starker Beschäftigungsrückgang zu verzeichnen. Auch Handel und Verkehr haben in der östlichen Stadthälfte einen größeren Erwerbstätigenanteil als im Westteil und müssen mit weiteren Beschäftigungsverlusten rechnen.

Besonders problematisch ist die Erwerbssituation im industriellen Sektor. Vor dem 2. Weltkrieg war Berlin ein industrielles Ballungsgebiet mit starker Konzentration von Elektrotechnik, Maschinenbau und chemischer Industrie. Während in West-Berlin der Erwerbstätigenanteil in diesen Industriezweigen im Zuge des Strukturwandels zurückging,

Ost-Berlin

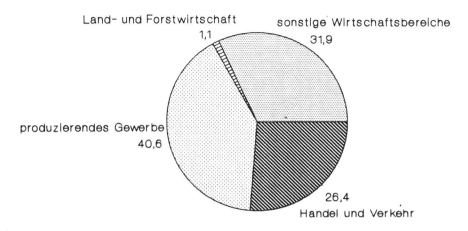

Quelle: Statistisches Amt Berlin (Ost)
Jahrbuch 1990

West-Berlin

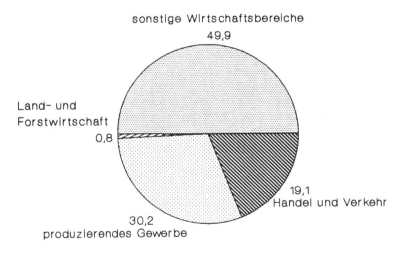

Quelle: Statistisches Landesamt Berlin
Jahrbuch 1990

Abbildung 3.1.1.
Erwerbstätige nach Wirtschaftsbereichen in West- und Ost-Berlin 1989 (in Prozent)

ist er in Ost-Berlin unverändert hoch geblieben. 1989 waren zwei Drittel aller Erwerbstätigen der Industrie in den Industriezweigen Elektrotechnik/Elektronik/Gerätebau sowie im Maschinen- und Fahrzeugbau beschäftigt. Bei diesen Branchen zeichnen sich nunmehr besonders starke Arbeitsplatzeinbußen ab (vgl. Tabelle 3.1.1.).

Tabelle 3.1.1.
Struktur der Industriebeschäftigten West- und Ost-Berlins in den Jahren 1980 und 1988 (in %)

Industriezweig	West-Berlin		Ost-Berlin	
	1980	1988	1980	1988
Baumaterialienindustrie	1,5	1,1	–	–
Energie, Wasser u. Baustoffindustrie	5,3	6,8	7,4	7,2
Chemische Industrie	7,9	10,2	9,0	8,8
Metallurgie	1,3	1,1	1,3	1,3
Maschinen- und Fahrzeugbau	21,8	20,5	28,4	28,4
Elektrotechnik/Elektronik/Gerätebau	36,7	35,5	38,1	38,1
Textilindustrie	2,0	2,1	9,1	9,4
Lebensmittelindustrie	11,4	11,6	0,1	0,1
Leichtindustrie	11,9	10,2	6,5	6,6
Sonstiges	0,1	0,9	–	–
Insgesamt	100	100	100	100
Beschäftigte in 1000	202,3	183,3	184,3	199,5

Quelle: – Statistisches Jahrbuch 1990, Statistisches Landesamt Berlin
– Statistisches Jahrbuch 1990 Berlin (Ost), Statistisches Amt der Stadt Berlin

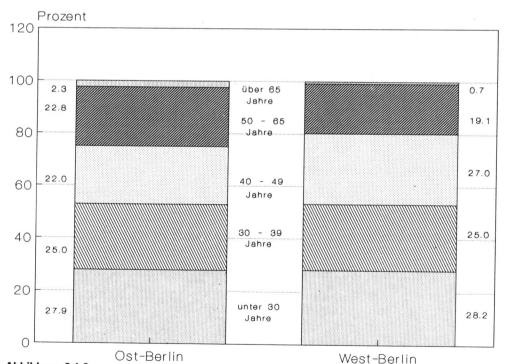

Abbildung 3.1.2.
Altersstruktur der ständig Erwerbstätigen in West- und Ost-Berlin 1989 (in Prozent)
Quelle: Statistisches Landesamt Berlin, 1990

Neben der wirtschaftlichen Zugehörigkeit der Erwerbstätigen sind die Stellung im Beruf, die Berufsausbildung, das Alter und das Geschlecht die wichtigsten Merkmale für eine Strukturanalyse des Erwerbspotentials. Während sich die Altersstruktur in beiden Stadthälften nur unwesentlich unterscheidet, gibt es bei der Berufsstruktur, Qualifikationsstruktur und dem Anteil der weiblichen Beschäftigten erhebliche Unterschiede. In beiden Stadthälften sind ca. 60 Prozent der Erwerbstätigen im Alter zwischen 25 und 50 Jahren. Jedoch ist im Westen der Anteil der Erwerbstätigen unter 25 Jahre höher als im Osten. Der Anteil der Erwerbstätigen über 50 Jahre war dagegen im östlichen Berlin höher als im westlichen. Durch die getroffenen Vorruhestandsregelungen ist allerdings die Relation bei den über Fünfzigjährigen in Ost-Berlin deutlich zurückgegangen, und dieser Trend hält weiter an (vgl. Abbildung 3.1.2.).

Bei einem Vergleich der Erwerbstätigen nach ihrer Stellung im Beruf ist zu berücksichtigen, daß in den Statistiken z. T. unterschiedliche Klassifikationen verwendet werden. Zudem waren Beamte für Ost-Berlin und Mitglieder von Produktionsgenossenschaften für West-Berlin keine zutreffenden Gruppen. Für die östliche Stadthälfte wurden bislang Arbeiter und Angestellte nicht statistisch getrennt ausgewiesen. Nach der letzten Volks- und Berufszählung ergaben sich für die gesamte frühere DDR 59 Prozent Arbeiter und 36 Prozent Angestellte. Beim erstmals im Juni 1990 durchgeführten Sozio-ökonomischen Panel (SOEP-Ost) wurden folgende Relationen ermittelt: 38 Prozent Arbeter und 45 Prozent Angestellte[1]. Da in Ost-Berlin zentrale Verwaltungen konzentriert waren, ist der Anteil der Angestellten eher noch höher zu veranschlagen (vgl. Abbildung 3.1.3.).

Inzwischen haben sich im Ostteil der Stadt Veränderungen in der beruflichen Stellung vor allem zugunsten der Selbständigen vollzogen (entsprechende statistische Angaben liegen indessen noch nicht vor). Die eigentlichen strukturellen Wandlungen stehen aber erst bevor und werden von der traditionellen Aufgliederung nach der Stellung im Beruf nur bedingt widergespiegelt.

Der Anteil der Frauen an den Erwerbstätigen war in Ost-Berlin mit 49,6 Prozent bedeutend höher als in West-Berlin mit 43,4 Prozent. Berücksichtigt man, daß 30,4 Prozent der weiblichen Erwerbstätigen im früheren West-Berlin Teilzeitbeschäftigte sind (in Ost-Berlin

---

[1] Vgl. Wagner, G.; Schupp, J.: Die Sozial- und Arbeitsmarktstruktur in der DDR und in Ostdeutschland – Methodische Grundlagen und ausgewählte Ergebnisse, in: Projektgruppe „Das Sozio-ökonomische Panel" (Hrsg.), Lebenslagen im Wandel. Campus Verlag Frankfurt (M.)/New York, 1991

Tabelle 3.1.2.
Anteil der weiblichen Erwerbstätigen an den Erwerbstätigen insgesamt in West- und Ost-Berlin (in %)

Wirtschaftsbereich	West-Berlin	Ost-Berlin
Land- und Forstwirtschaft, Fischerei	20,3	50,6
Energie- und Wasserversorgung, Bergbau, Verarbeitendes Gewerbe	32,6	37,7
Baugewerbe	11,1	17,9
Handel	54,1	65,1
Verkehr und Nachrichtenübermittlung	25,5	34,4
öffentlicher und privater Dienstleistungsbereich. Sonstige Wirtschaftsbereiche	51,7	62,8

Quelle: – Statistisches Landesamt Berlin. Region Berlin
– Statistische Informationen. Heft 2. Frauen

dagegen 18,3 Prozent), so ergibt sich eine weitere Reduzierung des weiblichen Erwerbspotentials. Auch in der Verteilung des weiblichen Erwerbspotentials auf die verschiedenen Wirtschaftsbereiche sind Unterschiede zwischen beiden Teilen der Stadt vorhanden (vgl. Tabelle 3.1.2.).
Die Qualifikationsstruktur der Erwerbstätigen in den beiden Stadthälften unterscheidet sich in verschiedener Hinsicht. Auffällig ist zunächst, daß der Anteil der Erwerbstätigen mit Hoch- und Fachschulausbildung in Ost-Berlin mit einem Drittel wesentlich höher ist als in

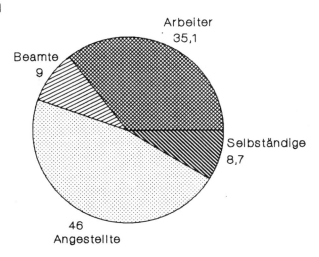

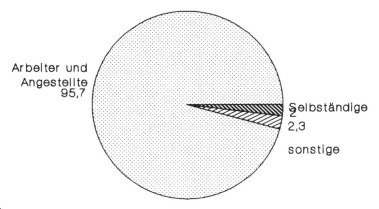

Abbildung 3.1.3.
Erwerbstätige nach Stellung im Beruf in West- und Ost-Berlin (in Prozent)
Quelle: Statistisches Landesamt Berlin, 1990
    Statistisches Amt der Stadt Berlin, 1990

West-Berlin

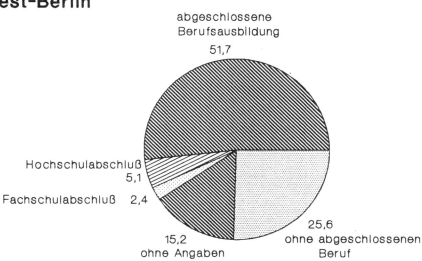

Ost-Berlin

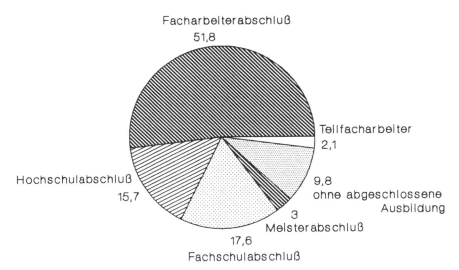

Abbildung 3.1.4.
Ausbildungsabschluß der Erwerbstätigen in West- und Ost-Berlin 1989 (in Prozent)
Quelle: Berliner Statistik, Berichte, Sozialversicherungspflichtige Arbeitnehmer in Berlin (West), 4/1990
Statistisches Amt Berlin (Ost), Jahrbuch 1990

West-Berlin mit 7,5 Prozent. Der Anteil der Erwerbstätigen ohne Berufsausbildung hingegen ist im Westteil mit rund einem Viertel erheblich höher als in Ost-Berlin mit 9,8 Prozent. Der Anteil der Erwerbstätigen mit Berufsausbildung ist in beiden Stadthälften nahezu gleich (West-Berlin: 51,6 Prozent; Ost-Berlin 51,8 Prozent). (Vgl. Abbildung 3.1.4.).
Die Erwerbstätigen mit Hoch- und Fachschulausbildung konzentrierten sich vor allem im öffentlichen Dienst Ost-Berlins. Der starke Arbeitsplatzabbau im dortigen öffentlichen Dienst ist daher auch mit einer Dequalifizierung des Erwerbspotentials verbunden. Ein großer Teil dieser Erwerbspersonen wechselt in den Vorruhestand.
Das eigentliche Problem in der Qualifikationsstruktur in der östlichen Stadthälfte ist indessen die Nichtübereinstimmung von Qualifikation und Anforderungen des Arbeitsplatzes. Bereits in der Vergangenheit waren 17 Prozent der Erwerbstätigen mit Hochschulabschluß, 23,6 Prozent der Beschäftigten mit Fachschulabschluß und ein Drittel der Arbeitnehmer mit Meisterabschluß nicht entsprechend ihres Qualifikationsniveaus eingesetzt.
Ein besonderes Problem ist die Struktur der Auszubildenden in beiden Stadthälften Berlins. Auch hier zeigen sich deutliche Unterschiede (vgl. Tabelle 3.1.3.). Auffällig ist bei den Auszubildenden im Westteil die Dominanz der Dienstleistungsberufe und zwar nicht nur bei den Frauen. Elektroberufe sind allerdings sowohl in West- als auch in Ost-Berlin die führenden Ausbildungsberufe bei den Männern. Jedoch war im Ostteil traditionell ein großer Teil der Auszubildenden später nicht mehr im Ausbildungsberuf tätig.
Die Erwerbstätigenstruktur Berlins wird in der Umbruchphase vor allem durch folgende Entwicklungen beeinflußt:
1. Entwicklung Berlins zu einer modernen Dienstleistungs- und Handelsmetropole mit leistungsfähiger Industrie.
2. Umwandlung der Wirtschaftsstruktur im Ostteil zugunsten von Dienstleistungsunternehmen sowie mittleren und kleineren Betrieben.
3. Reduzierung des Erwerbstätigenanteils im verarbeitenden Gewerbe und Zunahme des Erwerbstätigenanteils im Dienstleistungsbereich.

Tabelle 3.1.3.
Auszubildende in West- und Ost-Berlin nach den zehn am stärksten besetzten Ausbildungsberufen

West-Berlin (Stand: 31. 12. 1989)			Ost-Berlin (Stand: 30. 9. 1989)		
Männer	Frauen	Rangplatz	Männer	Frauen	Rangplatz
Elektroinstallateur	Friseurin	1	Elektromonteur	Fachverkäuferin	1
Maler/Lackierer	Arzthelferin	2	KFZ-Schlosser	FA für Schreibtechn.	2
KFZ-Mechaniker	Kauffrau im Einzelhandel	3	Elektronikfacharbeiter	Wirtschaftskaufmann	3
Gas-/Wasserinstallateur	Bürokauffrau	4	FA für Nachrichtentechnik	Koch	4
Kaufmann	Bankkauffrau	5	Werkzeugmacher	FA für Datenverarbeitung	5
Bankkaufmann	Zahnarzthelferin	6	Koch	Kellner	6
Schlosser	Sozialversicherungsangestellte	7	Maschinen-/Anlagemonteur	Verkehrskaufmann	7
Tischler	Rechtsanwalts-/Notargehilfin	8	FA f. Werkzeugmaschinen	Kleiderfacharbeiter	8
Industriekaufmann	Bürogehilfin	9	Betriebsschlosser	Außenhandelskaufmann	9
Kommunikationselektroniker/ Informationstechnik	Industriekauffrau	10	Ausbaumaurer	Bauzeichner	10

Quelle: Statistisches Landesamt Berlin. Statistische Informationen. Heft 2/1990.

4. Drastische Zunahme der Arbeitslosigkeit durch Betriebsschließungen (vor allem in der Elektroindustrie, der chemischen Industrie sowie dem Maschinen- und Fahrzeugbau), Auflösung von Verwaltungen und Institutionen, Nichtübereinstimmung von Qualifikationsstruktur und entsprechenden Beschäftigungsmöglichkeiten sowie von Berufsstruktur der Erwerbstätigen und sich neu herausbildender Wirtschaftsstruktur in der östlichen Stadthälfte.
5. Abnahme der relativ hohen Erwerbsquote im Ostteil, insbesondere bei Frauen und älteren Erwerbstätigen.
6. Zunehmende Pendlerbewegungen zwischen beiden Stadthälften einerseits sowie Berlin und dem Umland andererseits. Dadurch entsteht eine zunehmende Belastung des Arbeitsmarktes im Westteil der Stadt.

Diese Entwicklungstendenzen werden stark davon abhängen, inwieweit es gelingt, den Großraum Berlin zu einem modernen Ballungsraum zu entwickeln sowie die Hauptstadt- und Regierungsfunktionen rasch in die Realität umzusetzen.

3.1.2. Struktur und Entwicklung der Arbeitslosigkeit

Arbeitslosigkeit ist inzwischen zu einem zentralen Problem für ganz Berlin geworden. Für die Betroffenen und ihre Familien ist es ein schwerwiegendes persönliches Problem, für die Gesellschaft eine große Herausforderung. In West-Berlin ist die Arbeitsmarktsituation seit Mitte der 70er Jahre durch eine anhaltend hohe Arbeitslosigkeit gekennzeichnet[2], wie die Arbeitslosenquote zeigt (%):

1985	1986	1987	1988	1989	1990	1991	1992 (März)
10	10,5	10,5	10,8	10,7	9,4	9,4	10,8

Der Rückgang der Arbeitslosenquote im Jahre 1990 ist der Tatsache geschuldet, daß es nach der Öffnung der Grenzen und besonders nach der Einführung der Wirtschafts- und Währungsunion zu einer starken Nachfrage nach Gütern und Dienstleistungen aus der West-Berliner Wirtschaft kam und dadurch die Konjunktur dort zusätzliche Impulse erhielt. Im Laufe des Jahres 1990 entstanden ca. 50 000 neue Arbeitsplätze. Ein großer Teil dieser Arbeitsplätze wurde allerdings durch Pendler aus der östlichen Stadthälfte bzw. dem Umland besetzt. Dies führte zur Entlastung dieser Arbeitsmärkte, hatte aber auch zur Folge, daß die Zahl der Arbeitslosen im Westteil im Laufe des Jahres 1990 nur um ca. 7 000 sank.

In Ost-Berlin gab es in der Vergangenheit keine offizielle Arbeitslosigkeit – sie existierte jedoch in verdeckter Form als strukturelle Überbeschäftigung. Vollbeschäftigung galt als Hauptmerkmal sozialer Sicherheit. Kaum jemand der heute von Arbeitslosigkeit betroffenen Ost-Berliner ahnte vor der Wende, daß Arbeitslosigkeit für ihn je relevant werden könnte. Auf die meisten Arbeitslosen im Ostteil der Stadt wirkte daher der Verlust des Arbeitsplatzes wie ein Schock. Arbeitslosigkeit führt nicht nur zu erheblichen finanziellen Einbußen, sondern ist als wichtigstes soziales Problem mit großen psychischen Belastungen für die Betroffenen und ihre Familien verbunden.

Die Arbeitslosenstatistik wird für Ost-Berlin seit Februar 1990 geführt, seitdem ist ein ständig steigender Zugang an Arbeitslosen zu verzeichnen. Von Februar 1990 mit 2 681 Arbeitslosen stieg diese Zahl bis August 1990 auf 33 810, was einer Arbeitslosenquote von 4,7 % entspricht. Diese erreichte im Dezember mit 9,3 % die Arbeitslosenquote der westlichen Stadthälfte und ist seither weiter gestiegen:

---

[2] Sämtliche Daten zur Arbeitslosigkeit entstammen den Statistischen Mitteilungen des Landesarbeitsamtes Berlin-Brandenburg

West-Berlin

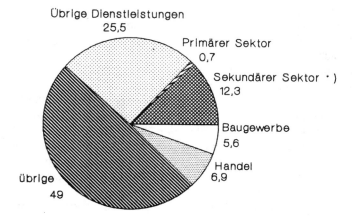

*) ohne Baugewerbe

Ost-Berlin

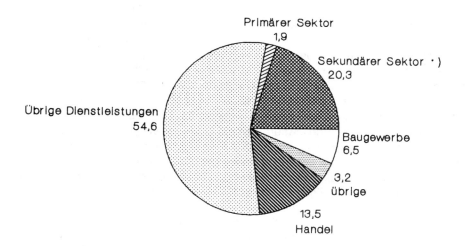

*) ohne Baugewerbe

Abbildung 3.1.5.
Arbeitslose nach Wirtschaftssektoren in West- und Ost-Berlin im April 1991 (in Prozent)

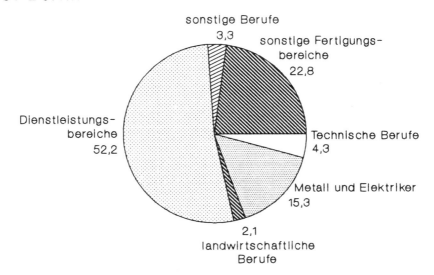

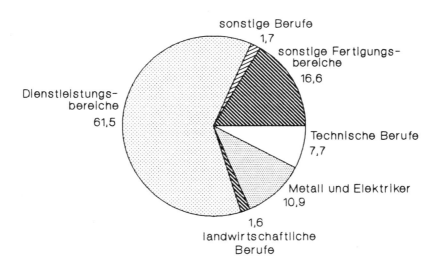

Abbildung 3.1.6.
Arbeitslose nach Berufsgruppen in West- und Ost-Berlin im März 1991 (in Prozent)

1990					1991						1992
Aug.	Sep.	Okt.	Nov.	Dez.	Jan.	März	Juni	Sep.	Dez.	Durchsch.	März
4,7	6,1	7,4	8,4	9,3	10,1	10,7	11,7	14,0	13,9	12,2	15,8

Die differenzierte Struktur der Arbeitslosigkeit in beiden Teilen der Stadt ist natürlich durch die gravierenden Strukturwandlungen in Wirtschaft und Gesellschaft in der östlichen Stadthälfte geprägt(vgl. Abbildung 3.1.5.). Dementsprechend unterschiedlich ist der Anteil der Berufsgruppen an der Arbeitslosigkeit. Der hohe Anteil der Dienstleistungsberufe in den östlichen Bezirken ergibt sich vor allem aus der Tatsache, daß dort zentrale Verwaltungen und Institutionen konzentriert waren, die bereits aufgelöst worden sind oder sich im Auflösungsprozeß befinden. Der relativ geringe Anteil der Fertigungsberufe sowie Metall- und Elektrikerberufe ist der Tatsache geschuldet, daß die Zahl der Kurzarbeiter überwiegend dem verarbeitenden Gewerbe angehörten (vgl. Abbildung 3.1.6.).

Der Anteil der Frauen an den Arbeitslosen war im Durchschnitt 1991 mit 41,1 Prozent im westlichen Teil erheblich niedriger als im östlichen mit 52,3 Prozent. Der Anteil der Arbeiter hingegen ist in den westlichen Bezirken mit 64,2 Prozent weitaus höher als in den östlichen mit 53,5 Prozent. Obgleich keine Arbeitslosenzahlen nach Qualifikationsgruppen vorliegen, kann auf Grund des hohen Qualifikationsniveaus der Angestellten (Hoch- und Fachschulabschluß) im Ostteil geschlußfolgert werden, daß die Akademikerarbeitslosigkeit hier weitaus größer ist als im Westteil. Dabei betrifft die Akademikerarbeitslosigkeit nicht nur sozialwissenschaftliche, sondern auch naturwissenschaftliche Berufsgruppen. So hatten im März 1991 Ingenieure, Chemiker, Physiker und Mathematiker in der westlichen Stadthälfte einen Anteil von 2,3 Prozent (absolut: 2111) und in der östlichen von 4,8 Prozent (absolut: 3 646) an den Erwerbslosen (vgl. Tabelle 3.1.4.). Mit dem Auslaufen der Warteschleifenregelung im Ostteil der Stadt im Sommer 1991 erhöhte sich die Zahl der Arbeitslosen in diesen Gruppen weiter.

Tabelle 3.1.4.
Anteil ausgewählter Dienstleistungsberufe an der Arbeitslosigkeit in West- und Ost-Berlin (Stand: März 1991)

Berufsgruppen	West-Berlin		Ost-Berlin	
	absolut	%	absolut	%
Organisations-, Verwaltungs- und Büroberufe	9 050	9,7	12 110	15,9
Ordnungs- und Sicherheitsberufe	2 482	2,7	3 695	4,8
Publizisten, Dolmetscher, Bibliothekare	540	0,6	1 463	1,9
Künstler und zugeordnete Berufe	1 791	1,9	2 286	3,0
Gesundheitsberufe	2 752	3,0	1 408	1,8
Berufe im Sozial- und Erziehungsbereich sowie im geistes- und naturwissenschaftlichen Bereich	6 451	6,9	4 931	6,5

Das eigentliche Ausmaß der Arbeitslosigkeit ist indessen nur im Zusammhang mit der Kurzarbeit richtig zu bewerten. Bei der Kurzarbeit gibt es zwischen beiden Stadthälften gravierende Niveauunterschiede. Für den Westteil ist die Kurzarbeit kein relevantes Problem, sie erreichte 1991 den niedrigsten Stand seit 1980. Für den Ostteil ist demgegenüber Kurzarbeit ein Übergangsstadium zur Arbeitslosigkeit, solange sich die beschäftigungspolitische Situation nicht tiefgreifend ändert. Ein Vergleich der Kurzarbeit in beiden Teilen der Stadt zeigt die deutlichen Unterschiede:

	1990			1991				
	Okt.	Nov.	Dez.	Jan.	März	Juni	Sep.	Dez.
West-Berlin	1 371	2 272	2 073	3 689	5 610	2 466	1 875	4 900
Ost-Berlin	75 554	70 537	77 332	82 994	88 841	88 492	55 945	42 409

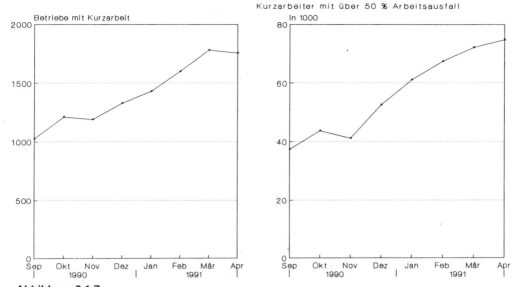

Abbildung 3.1.7.
Zahl der Betriebe mit Kurzarbeit und Kurzarbeiter mit einem Arbeitsausfall von über 50 Prozent von September 1990 bis April 1991 in Ost-Berlin

Seit September 1990 ist in der östlichen Stadthälfte die Zahl der Betriebe mit Kurzarbeitern und die Zahl der Kurzarbeiter mit einem Arbeitsausfall von über 50 Prozent deutlich angestiegen (vgl. Abbildung 3.1.7.).
Die Zahl der Kurzarbeiter mit einem Arbeitsausfall von 10 bis 25 Prozent hingegen verharrte im Zeitraum von September 1990 bis April 1991 auf einem relativ niedrigen Niveau (zwischen 3 000 und 4 000). Die Kurzarbeit konzentriert sich im Ostteil vor allem auf das verarbeitende Gewerbe mit den Schwerpunkten Elektronik/Elektrotechnik, Maschinen- und Fahrzeugbau sowie das Baugewerbe. Dies sind mit Ausnahme des Baugewerbes jene Wirtschaftszweige, in denen mit weiteren Betriebsstillegungen und damit verbundenem Arbeitsplatzabbau zu rechnen ist. Weitere Bereiche, die von fortgesetzten Entlassungen betroffen waren, sind Verwaltungen und Institutionen, deren ehemalige Mitarbeiter sich zunächst in der sog. Warteschleife befanden. Entlastend wirkt, daß im Februar 1992 ca. 50 000 ehemalige Erwerbstätige Vorruhestands- bzw. Altersübergangsgeld beziehen.
Verglichen mit der Dynamik von Arbeitslosigkeit und Kurzarbeit sind die Arbeitsbeschaffungsmaßnahmen im Ostteil der Stadt zunächst nur langsam in Gang gekommen. Günstiger sind die Maßnahmen zur beruflichen Förderung angelaufen. Die Zahl der Arbeitsvermittlungen hat sich seit August 1990 (1086) nur zögerlich entwickelt (vgl. Tabelle 3.1.5.).

Tabelle 3.1.5.
Arbeitsförderungsmaßnahmen in Ost-Berlin

	1990				1991			1992
	Sept.	Okt.	Nov.	Dez.	Jan.	Juni	Dez.	Febr.
Arbeitsvermittlungen	573	798	1 199	832	984	1 593	3 484	5 790
Arbeitsbeschaffungsmaßnahmen	165	269	489	745	1 138	3 947	19 360	23 797
Berufliche Weiterbildung/ Umschulung (Eintritte)	1 932	2 668	3 658	3 334	4 167	6 114	6 113	5 457

Mit dem Regierungsprogramm „Aufschwung Ost" ist seit dem Herbst 1991 in der östlichen Stadthälfte die Zahl der Beschäftigten in Arbeitsbeschaffungsmaßnahmen erheblich angestiegen (vgl. Tabelle 3.1.5.). Langfristig kann das Problem der massenhaften Arbeitslosigkeit aber nur gelöst werden, wenn diese ABM-Stellen in dauerhafte Beschäftigungsmöglichkeiten überführt und durch Investitionen neue Arbeitsplätze geschaffen werden.

3.2. Einkommen und Ausgaben der privaten Haushalte
3.2.1. Zur Datenlage

In wohl fast keinem anderen Bereich kommen die systembedingten Unterschiede zwischen beiden Teilen Berlins deutlicher zum Ausdruck als bei einem Vergleich der Einkommen und der Ausgaben der privaten Haushalte. Besteht in vielen Bereichen die Möglichkeit einer Gegenüberstellung vergleichbarer objektiver Indikatoren, so ist dies bei den Einkommen und Ausgaben durch die unterschiedlichen Verteilungs- und Preisverhältnisse nicht ohne weiteres möglich. Selbst gleiche Werte können etwas völlig unterschiedliches indizieren bzw. die Strukturen verzerren. Berücksichtigt werden muß in dieser Hinsicht, daß durch die Subventionspolitik der DDR in Form von Preisstützungen für Mieten, Energie, Dienstleistungen und sogenannten Waren des Grundbedarfs eine stärkere Umverteilung als im Westen und eine entsprechende Beeinflussung der Ausgabenstruktur der Haushalte erfolgte. Neben dem Einkommen wurde deshalb von einer sogenannten „zweiten Lohntüte" gesprochen. Reste der Subventionspolitik sind noch 1990/91 zu berücksichtigen; Veränderungen von Nahverkehrstarifen traten beispielsweise erst ab August, Mieterhöhungen ab Oktober 1991 in Kraft. Berechnungsprobleme treten u. a. auf, da für Ostberlin durch die Einführung der DM ab Juli 1990 mit zwei Währungen in einem Jahr gerechnet werden muß. Die einheitliche Behandlung der Einkommen und Ausgaben in Ostberlin und Westberlin ist deshalb mit einem fast unüberwindlichen Handikap behaftet. Hinzu kommt die völlig unterschiedliche Datenlage, die nicht nur an Aktualität zu wünschen übrig läßt, sondern sich von der Methodik für den Zeitraum vor 1990 grundlegend unterscheidet. Für Ostberlin liegen nur partielle Informationen zu den Einkommen und Ausgaben der privaten Haushalte vor. Oft sind diese zudem auf Arbeiter- und Angestelltenhaushalte beschränkt. Da die amtliche Statistik der DDR keine detaillierte Darstellung von Daten der Einkommens- und Verbrauchsstrukturen in der Unterscheidung nach Bezirken, wie sie beispielsweise mittels

Tabelle 3.2.1.
Zusammensetzung der Bruttogeldeinnahmen der Bevölkerung in Ost-Berlin 1988 (in %)

Quellen der Geldeinnahmen	1988
Bruttogeldeinnahmen aus Berufstätigkeit	71,2
Geleinnahmen aus gesellschaftlichen Fonds	16,5
darunter:	
– Renten	7,2
– Krankengeld der Sozialversicherung	2,9
– Kindergeld, Geburtenbeihilfe, Schwangerschafts- u. Wochengeld	2,0
– sonstige soziale Leistungen u. Entschädigung	1,1
– weitere Geldeinnahmen aus gesellschaftlichen Fonds	
sonstige Geldeinnahmen	3,0
darunter:	
– Zinsen	1,8
Geldwanderung u. nichterfaßte Einnahmen	9,4
Bruttogeldeinnahmen der Bevölkerung	100,0

Quelle: Bilanz der Geldeinnahmen und -ausgaben der Bevölkerung 1988 Bezirk Berlin, Staatliche Zentralverwaltung für Statistik

der monatlich durchgeführten Haushaltsbudgetstatistik wünschenswert gewesen wäre, vorgenommen hat, muß versucht werden, andere Indikatoren und teilweise auch ältere Datenquellen heranzuziehen. Für 1990 stellt sich außerdem die Situation so dar, daß das alte (DDR-spezifische) statistische System nicht mehr und das statstische System der Bundes- und Landesstatistik noch nicht funktionierte, um über entsprechende einheitliche Daten zu verfügen. Für die Analyse der Einkommen und Ausgaben privater Haushalte wirken außerdem Faktoren wie die wachsende Zahl der Pendler erschwerend, die im Westteil der Stadt einer Beschäftigung mit entsprechenden Löhnen und Gehältern nachgehen, in ihren Ausgaben jedoch von den niedrigeren Mieten, Tarifen usw. im Ostteil der Stadt profitieren.

3.2.2. Einkommen der privaten Haushalte
3.2.2.1. Einkommen nach unterschiedlichen Quellen

Zur Analyse der Herkunft und Höhe der Einkommen muß, wie bereits vermerkt, für den Zeitraum vor 1990 eine unterschiedliche Datenbasis für beide Teile der Stadt verwendet werden. Beziehen sich die Angaben für Ostberlin auf Angaben der Bilanz der Geldeinnahmen der Bevölkerung, so wurde für Westberlin die Herkunft der Haushaltseinkommen über die Einkommens- und Verbrauchsstichprobe und den Mikrozensus ermittelt. Ergebnisse der letztmalig 1988 durchgeführten Erhebung der Einkommens- und Verbrauchsstichprobe liegen allerdings gegenwärtig noch nicht vor, so daß auf die Daten von 1983 zurückgegriffen werden muß.

Die Zahlen sind für Ost- und Westberlin Durchschnittswerte für die Einkommen der Bevölkerung bzw. privaten Haushalte als Gesamtheit. Die Zusammensetzung des Einkommens der Ostberliner Bevölkerung (vgl. Tabelle 3.2.1.) bringt für 1988 den dominierenden Anteil des Einkommens aus Erwerbstätigkeit zum Ausdruck, der im Vergleich zu Westberlin einen um über 10 Prozentpunkte höheren Wert einnimmt (vgl. Tabelle 3.2.2. und Abbildung 3.1.1.). Für 1989 weisen Berechnungen entsprechender Eckzahlen für Ost-Berlin darauf hin, daß sich die Strukturen 1989 nur geringfügig veränderten, der Umbruchprozeß sich erst im folgenden Jahr zeigte.

Bis Ende 1990 verminderte sich der Anteil des Einkommens aus der Erwerbstätigkeit durch die im Verlauf des Jahres zunehmende Zahl der Arbeitslosen. Lag der Anteil der Erwerbstätigen an der Gesamtbevölkerung 1988 noch bei 54,3 Prozent, verringert er sich allein

Tabelle 3.2.2.
Zusammensetzung des Einkommens privater Haushalte in West-Berlin (Ergebnisse der Einkommens- und Verbrauchsstichprobe 1983 in %)

Quellen des Haushaltsbruttoeinkommens	1983
Einkommen aus Erwerbstätigkeit	59,5
darunter:	
– Unselbständige Arbeit	54,1
– Selbständige Arbeit (Unternehmerttätigkeit)	5,4
Vermögen (Zinsen, Dividenden, Einkünfte aus Vermietung u. Verpachtung)	5,6
Staatliche Transferleistungen (Zahlungen aus öffentlichen Kassen)	28,8
darunter:	
– Renten, Pensionen	20,6
Übrige Quellen	6,1
Haushaltsbruttoeinkommen	100,0

Quelle: Berechnungen auf Grundlage der Ergebnisse der Einkommens- und Verbrauchsstichprobe, Statistisches Landesamt Berlin

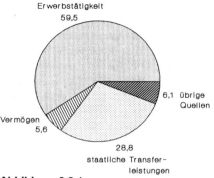 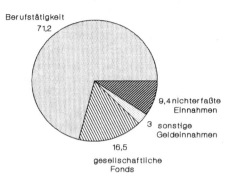

Abbildung 3.2.1.
Haushaltsbruttoeinkommensquellen privater Haushalte in West-Berlin 1983 (links) und Bruttogeldeinnahmequellen der Bevölkerung Ost-Berlins 1988 (rechts) in Prozent
Quelle: Berechnungen auf der Grundlage der Ergebnisse der Einkommens- und Verbrauchsstichprobe 1983. Statistisches Landesamt Berlin
Bilanz der Geldeinnahmen und -ausgaben der Bevölkerung 1988, Bezirk Berlin. Staatliche Zentralverwaltung für Statistik

durch Arbeitslosigkeit bis Ende 1990 um etwa 5 Prozent. Durch die Inanspruchnahme von Vorruhestandsregelungen und den Rückgang von Erwerbstätigkeit im Rentenalter – 1989 war immerhin noch fast jeder zehnte Rentenempfänger im Osten Berlins erwerbstätig – reduzierte sich der Anteil der Einkommen aus Erwerbstätigkeit weiter. Die entsprechenden Werte für die Westberliner Bevölkerung (vgl. Tabelle 3.2.2.) dürften damit allerdings noch immer nicht erreicht werden. Für 1983 sind hier noch unter 60 Prozent des Einkommens aus Erwerbstätigkeit ausgewiesen. Im April 1989 erwarben nach Angaben aus dem Mikrozensus 46,1 Prozent der Westberliner Bevölkerung überwiegend durch Erwerbstätigkeit ihren Lebensunterhalt (vgl. Tabelle 3.2.3.).

Tabelle 3.2.3.:
Westberliner Bevölkerung nach überwiegendem Lebensunterhalt im April 1989
(Ergebnisse des Mikrozensus in %)

Erwerbstätigkeit	46,1
Arbeitslosengeld/-hife	2,7
Rente/Pension	18,4
Unterhalt durch Eltern der Ehepartner	27,7
Vermögen/Zinsen	0,9
Sozialhilfe, sonstige Unterstützung	4,3
Insgesamt	100,0

Quelle: Mikrozensus, Statistisches Landesamt Berlin

Beträchtlich höher als in Ostberlin ist der Anteil am Einkommen, der auf staatlichen Transferleistungen beruht (28,8 Prozent) und der in etwa der Position Geldeinnahmen aus gesellschaftlichen Fonds (16,5 Prozent) entspricht (vgl. Tabelle 3.2.1.). Zu den staatlichen Transferleistungen zählen u. a. solche Positionen wie Renten, Krankengeld, Arbeitslosengeld, Kindergeld, Wohngeld, Mutterschaftsgeld, Arbeitslosenhilfe, laufende Hilfen zum Lebensunterhalt und Pensionen. Als entscheidender Faktor für die Divergenz der staatlichen Transferleistungen bzw. der Geldeinnahmen aus gesellschaftlichen Fonds erweisen sich die unterschiedlichen Quoten der Rente. Sie erreicht in Westberlin fast den dreifachen Wert.

Bezieht man die soziale Stellung der Haushalte in die Betrachtung der Einkommensquellen ein, werden beträchtliche Unterschiede sichtbar. Erwerbstätigenhaushalte bezogen in Westberlin über 80 Prozent ihrer monatlichen Haushaltsbruttoeinkommen aus eigener (selbständiger oder unselbständiger) Arbeit. Leistungen des Staates in Form von Kindergeld, Wohngeld, Sozialhilfe usw. spielten in dieser Gruppe nur eine untergeordnete Rolle. In Ostberlin erreichte der Anteil der Bruttogeldeinnahmen in Arbeiter- und Angestelltenhaushalten aus Berufstätigkeit 1988 (nach Angaben der Einkommensstichprobe) mit etwa 85 Prozent einen noch höheren Wert. Vergleichsweise gering ist hingegen die Bedeutung der Zins- oder anderen Vermögenseinkommen mit 1,5 Prozent. Sie erreichen in entsprechenden Westberliner Haushalten fast den vierfachen Wert. Ursachen sind nicht nur im niedrigeren Zinsniveau, sondern zugleich in der Höhe von Spareinlagen und Geldanlagen zu sehen.

3.2.2.2. Zur Höhe des Einkommens

Das durchschnittliche Haushaltsnettoeinkommen der Ost-Berliner Arbeiter- und Angestelltenhaushalte erreichte 1988[1] fast 2 000 Mark (vgl. Tabelle 3.2.4.). Unter Berücksichtigung der für DDR-Zeiten jährlichen Steigerung zwischen 3 und 4 Prozent für 1989 sowie einer absehbaren überdurchschnittlichen Steigerung von etwa 10 Prozent für das erste Halbjahr 1990 dürfte das Haushaltsnettoeinkommen dieser Gruppe Mitte 1990 bei etwa 2 300 Mark gelegen haben.

Das Haushaltsnettoeinkommen in Ost-Berlin lag 1988 mit weniger als 2 Prozent geringfügig über dem Gesamtdurchschnitt der DDR. Tabelle 3.2.4. vermittelt gleichzeitig, wie sich

Tabelle 3.2.4.
Durschschnittlicher Bruttolohn in Ost-Berlin und der DDR 1988 nach unterschiedlichen Differenzierungsmerkmalen (in M/Monat) – Ergebnisse der Einkommensstichprobe

		Ost-Berlin	DDR-Durchschnitt
1.	Insgesamt	1203	1052
2.	Geschlecht		
	Männer	1373	1214
	Frauen	1028	888
3.	Berufliche Qualifikation		
	ohne Berufsausbildung	896	791
	Facharbeiterabschluß	1059	949
	Meister/Techniker	1353	1223
	Fachschulabschluß	1282	1179
	Hochschulabschluß	1601	1461
4.	Tätigkeiten		
	Primärproduktion	852	969
	Industrieproduktion	1196	1087
	Bauproduktion	1198	1028
	Forschung, Technik	1264	1280
	Transport	1094	1027
	Handel	885	764
	Büro, Verwaltung	1260	1101
	Management, Beratung	1123	1042
	Bildung, Betreuung	1318	1138
5.	Beschäftigungsstatus		
	vollbeschäftigt	1238	1100
	Teilzeit	720	598

Quelle: Einkommensstichprobe, Berechnungen des DIW

[1] Eine Aussage zu allen Haushalten ist infolge der Erhebungsmethodik der Einkommensstichprobe nicht möglich.

weitere Relationen im Bruttolohn bei einzelnen Erwerbstätigengruppen zwischen Ost-Berlin und dem DDR-Durchschnitt gestalteten. Von 1985 bis 1990 stiegen die Bruttomonatsverdienste im DDR-Durchschnitt teilweise stärker als in Ost-Berlin, erreichten dessen absolute Einkommenswerte jedoch nicht. Das etwas höhere Haushaltseinkommen in Ost-Berlin resultiert ausschließlich aus einem höheren Arbeitseinkommen. Als Erklärung kann der größere Anteil von Vollbeschäftigten und das höhere Qualifikationsniveau der Arbeiter und Angestellten herangezogen werden. Unberücksichtigt blieb dabei, daß in der zugrunde liegenden Datenbasis der sogenannte X-Bereich (Militär, Polizei, Staatssicherheit, Ministerien, Funktionäre gesellschaftlicher Organisationen) mit seinen überdurchschnittlichen Arbeitseinkommen nicht enthalten ist und durch die damalige Konzentration dieser Bereiche in Ost-Berlin die Einkommensdifferenz real größer gewesen ist.

Die Einkommen in West-Berlin waren und sind erheblich höher als in Ost-Berlin. Eine wichtige Rolle spielen die unterschiedlichen Bruttoeinkommen aus Erwerbstätigkeit und das deutlich günstigere Rentenniveau. Die jährlichen Bruttoeinkommen aus unselbständiger Arbeit erreichten 1989 in West-Berlin 51749 DM (vgl. Tabelle 3.2.5.). Damit bezog jeder Arbeitnehmer brutto ein durchschnittliches Arbeitsentgelt von 4 312 DM pro Monat. Die vergleichbaren Einkommen in Ost-Berlin erreichten dagegen höchstens ein Drittel dieses Wertes. Für Arbeiter und Angestellte betrug hier 1989 das durchschnittliche monatliche Nettoeinkommen 1214 Mark. Deutlich wird die Differenz unter anderem an einem Vergleich der durchschnittlichen Bruttostundenlöhne bzw. -verdienste (vgl. Tabelle 3.2.6.).

Tabelle 3.2.5.
Jährliche Bruttoeinkommen aus unselbständiger Arbeit je Arbeitnehmer in West-Berlin 1988 und 1989 nach Wirtschaftsbereichen (in DM)

	1988	1989
Alle Bereiche	50 405	51 749
Unternehmen insgesamt	48 755	50 056
Land- und Forstwirtschaft	36 703	37 634
Produzierendes Gewerbe insgesamt	54 169	55 685
Handel und Verkehr insgesamt	43 779	44 982
Dienstleistungsunternehmen	44 798	45 947
Staat	56 369	57 849
Private Haushalte und private Organisationen ohne Erwerbszweck	44 043	46 144

Quelle: Verdiensterhebung, Statistisches Landesamt Berlin

Tabelle 3.2.6.
Durchschnittliche Bruttostundenlöhne/-verdienste in Ost- und West-Berlin 1989 (in M bzw. DM)

Bruttostundenlohn der Arbeiter und Angestellten in Ost-Berlin (M)		Bruttostundenverdienst der Industrie- und Bauarbeiter in West-Berlin (DM)	
Insgesamt	6,66	Insgesamt	19,18
Industrie	6,80	Industrie	18,86
Bauwirtschaft	6,74	Hoch- und Tiefbau (einschließlich Handwerk)	21,27

Quelle: Berufstätigenerhebung, Statistisches Amt; Verdiensterhebung, Statistisches Landesamt Berlin

3.2.2.3. Verteilung der Einkommen

Für West-Berlin liegen für 1989 Angaben zum monatlichen Nettoeinkommen je Einwohner vor (vgl. Tabelle 3.2.7.). Deutlich wird eine breite Streuung über alle Einkommensgruppen. Rund ein Viertel der Einwohner ist in die unteren drei Gruppen (bis unter 1400 DM)

Tabelle 3.2.7.
West-Berliner Bevölkerung nach monatlichem Nettoeinkommen in DM im April 1989 – Ergebnisse des Mikrozensus (in %)

unter 600	6,4
600 bis unter 1000	8,8
1000 bis unter 1400	9,2
1400 bis unter 1800	9,8
1800 bis unter 2200	12,7
2200 bis unter 2500	7,3
2500 bis unter 3000	6,8
3000 oder mehr	11,3
ohne Einkommen	22,3
ohne Angaben	5,3
Insgesamt	100,0

Quelle: Mikrozensus, Statistisches Landesamt Berlin

einzuordnen. Ein weiteres Viertel verfügt über ein Nettoeinkommen von 1400 bis unter 3 000 DM, 11,3 Prozent erzielen ein Nettoeinkommen von 3 000 und mehr DM.

Für Ost-Berlin ist eine Betrachtung von Einkommensdifferenzierungen nur über die Besetzung von Lohnstufen möglich (vgl. Tabelle 3.2.8.). Sie zeigt, daß Unterschiede auch zu DDR-Zeiten bestanden haben, wenn auch mit einer nicht sehr großen Streuung. So gehen in die vier Lohnstufen von 800 bis 1500 Mark 70 Prozent der vollbeschäftigten Arbeiter und Angestellten ein. Hervorzuheben ist, daß die Frauen in den niedrigen Lohnstufen anteilmäßig stärker vertreten sind. Die geringere Entlohnung von Frauenerwerbstätigkeit trifft, wie Tabelle 3.2.9 verdeutlicht, für West-Berlin ebenfalls zu.

In beiden Teilen der Stadt ähnliche Proportionen zeigen ebenfalls die Verdienste nach Wirtschaftsbereichen (vgl. Tabellen 3.2.9. und 3.2.10.). Industrie und Bauwirtschaft heben sich demnach recht deutlich durch höhere Arbeitseinkommen ab. In Ost-Berlin weist allerdings der Bereich der staatlichen Verwaltung und gesellschaftlichen Organisationen mit einer Besetzung der höchsten Lohnstufe von fast 50 Prozent einen absoluten Spitzenwert auf.

Tabelle 3.2.8.
Anteile der vollbeschäftigten Arbeiter und Angestellten nach Lohnstufen 1988 in Ost-Berlin (in Prozent)

Bereich	400 bis unter 500	500 bis unter 600	600 bis unter 700 Mark	700 bis unter 800	800 bis unter 900	900 bis unter 1000	1000 bis unter 1200	1200 bis unter 1500	ab 1500
Insgesamt	0,2	1,0	3,7	5,8	9,0	12,1	24,4	24,5	19,2
darunter: Frauenanteil	55,1	69,1	69,8	69,5	66,9	60,9	45,9	34,5	21,9
Industrie	0,4	0,7	2,1	4,8	8,5	12,3	26,8	26,6	17,7
Bauwirtschaft	0,1	0,7	2,0	3,1	3,9	7,3	31,7	37,7	13,5
Land- und Forstwirtschaft	0,5	2,2	4,8	9,9	10,5	10,8	27,5	20,5	13,3
Verkehr, Post und Fernmeldewesen	0,1	0,4	1,4	3,7	7,8	11,5	24,2	29,0	21,8
Handel	0,3	2,2	10,5	11,3	14,6	15,5	20,6	16,7	8,4
Wohnungs- und Kommunalwirtschaft, Geld- und Kreditwesen	0,6	0,8	2,7	4,4	9,4	19,7	29,2	21,4	11,9
Wissensch., Bildung, kulturelle und soziale Bereiche	0,1	1,3	4,5	7,0	9,3	11,2	23,0	22,0	21,5
Staatliche Verwaltungen, gesellschaftliche Organisationen	0,1	0,2	1,0	3,7	5,0	6,4	15,5	19,2	48,8

Quelle: Berufstätigenerhebung, Staatliche Zentralverwaltung für Statistik

Tabelle 3.2.9.
Durchschnittlicher[1] Bruttoverdienst der Arbeiter und Angestellten nach ausgewählten Bereichen 1989 und 1990 in West-Berlin (in DM)

	1989	1990
Durchschnittliche Brutto*wochen*verdienste der Arbeiter in der Industrie einschließlich Hoch- und Tiefbau (mit Handwerk)		
Alle Arbeiter	745	777
Männliche Arbeiter	797	829
Industrie (ohne Hoch- und Tiefbau)	790	821
Hoch- und Tiefbau (mit Handwerk)	828	859
Weibliche Arbeiter	588	616
Durchschnittliche Brutto*monats*verdienste der Angestellten in Industrie einschließlich Hoch- und Tiefbau (mit Handwerk), Handel, Kreditinstitute und Versicherungsgewerbe		
Alle Angestellten	4 208	4 413
Männliche Angestellte	4 821	5 050
Industrie (einschl. Hoch- und Tiefbau, mit Handwerk)	5 186	5 413
Handel, Kreditinstitute u. Versicherungsgewerbe	4 013	4 248
Weibliche Angestellte	3 360	3 527
Industrie (einschl. Hoch- und Tiefbau, mit Handwerk)	3 689	3 862
Handel, Kreditinstitute und Versicherungsgewerbe	3 124	3 289

[1] Durchschnitt aus den Erhebungsmonaten Januar, April, Juli, Oktober

Tabelle 3.2.10.
Durchschnittliches monatliches Nettoarbeitseinkommen der vollbeschäftigten Arbeiter und Angestellten nach ausgewählten Wirtschaftsbereichen 1989 in Ost-Berlin (in M)

Insgesamt	1214
Ausgewählte Wirtschaftsbereiche:	
Industrie	1238
Bauwirtschft	1242
Land- und Forstwirtschaft	1197
Verkehr, Post und Fernmeldewesen	1301
Handel	1125

Quelle: Berufstätigenerhebung, Statistisches Amt

Ein etwas anderes Bild vermitteln die durchschnittlichen monatlichen Nettoarbeitseinkommen der vollbeschäftigten Arbeiter und Angestellten für 1989 in Ost-Berlin nach Wirtschaftsbereichen (vgl. Tabelle 3.2.10.). Die höchsten Einkommen hatten demnach die Beschäftigten im Bereich Verkehr, Post- und Fernmeldewesen. Als Ursache kann die überdurchschnittliche Zahl von Überstunden in diesem Bereich angesehen werden. Die niedrigsten Einkommen wiesen die Beschäftigten im Handel auf. Allerdings blieben die Unterschiede zwischen den Bereichen gering, die größte Differenz beträgt lediglich 175 Mark.

3.2.3. Ausgaben der privaten Haushalte

Über die Ausgabenstruktur der Berliner privaten Haushalte können zur Zeit nur Angaben von 1988 herangezogen werden. Diese vermitteln ein eindrucksvolles Bild von den damaligen Zuständen. Währungsunion und Vereinigung Deutschlands haben die Ausgabenstruktur und das Ausgabenverhalten besonders der im Ostteil der Stadt lebenden Bevölkerung grundlegend verändert. Durch den freien Zugang zu Gütern, die bisher nur schwer oder mit langen Anmelde- und Wartezeiten (Auto, technische Haushaltsgüter) zu erwerben waren, kam es zu verstärkten Warenkäufen. Diese setzten bereits Ende 1989 und im ersten Halbjahr 1990 unter dem Druck wachsender Unsicherheit und einem befürchteten

Tabelle 3.2.11.
Struktur der Geldausgaben der Ost-Berliner Bevölkerung 1988 (in %)

Warenkäufe	75,5
Strom, Gas, Wasser	1,1
Produktive und unproduktive Leistungen	10,0
Tourismus/Kauf ausländischer Währungen	2,2
Sonstige Geldausgaben	5,5
darunter:	
Steuern und Versicherungsbeiträge	3,2
Gebühren, Beiträge, AWG-Eigenleistungen	1,8
Spareinlagen, sonstige Guthaben, Bargeld	5,7
Insgesamt	100

Quelle: Bilanz der Geldeinnahmen und -ausgaben der Bevölkerung Bezirk Berlin, Staatliche Zentralverwaltung für Statistik

Tabelle 3.2.12.
Privater Verbrauch, Struktur der Käufe privater Haushalte (im Inland) 1988 und 1989 in West-Berlin nach Verwendungsart in jeweiligen Preisen (in %)

	1988	1989
Nahrungsmittel, Getränke, Tabakwaren	22,9	23,1
Bekleidung, Schuhe	7,7	7,4
Wohnungsmieten	16,1	16,4
Energie (ohne Kraftstoffe)	5,7	5,6
Möbel und Güter zur Haushaltsführung	11,8	11,7
Gesundheits- und Köprerpflege	4,3	4,0
Verkehr und Nachrichtenübermittlung	12,5	12,8
Bildung, Unterhaltung, Freizeit	8,3	8,4
Persönliche Ausstattung, Beherbergung, Sonstige Güter	10,7	10,6
Insgesamt	100	100

Quelle: Berechnung nach Volkswirtschaftliche Gesamtrechnung, Statistisches Landesamt Berlin

Währungsverlust ein. Die unzureichende Bereitstellung von Waren 1989/90 setzte diesen Kaufwünschen Grenzen, so daß die Struktur der Ausgaben nur partiell beeinflußt wurde. Sie führte dennoch zu einem leichten Anstieg der Geldausgaben für Warenkäufe und Leistungen sowie zu einem Rückgang der Spareinlagen. Erst nach der Währungsunion im Juli 1990 sind durch das breite Marktangebot und die Verfügbarkeit der entsprechenden Währung sowie die Erhöhung von Tarifen und Preisen für Leistungen größere Veränderungen zu erwarten. Von besonderem Gewicht wird die ab Oktober 1991 erfolgte Anhebung der Mieten sein.

Die Gegenüberstellung der Geldausgaben in beiden Stadthälften (vgl. Tabelen 3.2.11. und 3.2.12.) bringt auch bei unterschiedlichen Ausgangskategorien zum Ausdruck, daß die größten Unterschiede in den Ausgaben für Mieten und für Energie bestehen. Der hohe Aufwand von 21 Prozent, den die West-Berliner für diese beiden Kategorien aufbrachten, hebt sich stark von den anteilmäßigen Ausgaben der Ost-Berliner für Strom, Gas, Wasser sowie produktive und unproduktive Leistungen – die Mietkosten sind in dieser Position enthalten – in Höhe von 11,1 Prozent ab. Allein die Aufwendungen der West-Berliner für Verkehr und Nachrichtenübermittlung (12,5 Prozent) überstieg den Anteil der Ost-Berliner Ausgaben für produktive und unproduktive Leistungen.

3.2.4. Tendenzen der Einkommens- und Verbrauchsentwicklung seit 1990

Die Einführung der Währungs-, Wirtschafts- und Sozialunion Mitte 1990 und die Vereinigung beider Teile Deutschlands und Berlins haben die institutionellen Rahmenbedingungen weitgehend einheitlich gestaltet, ohne bereits die unterschiedlichen Ausgangsbedingungen der Lebensverhältnisse ausgleichen zu können. Die Unterschiede im Einkommensniveau und in der Einkommensverteilung zwischen Ost- und West-Berlin reflektieren diesen Zustand prägnant. Diese Einschätzung trifft ungeachtet der nicht unbeträchtlichen Einkommensdynamik in Ost-Berlin seit 1990 zu.

Das durchschnittliche verfügbare Haushaltseinkommen erreichte in Ostdeutschland Anfang 1991 etwas über die Hälfte des Betrages in den alten Bundesländern[2]. Unter Berücksichtigung von Preisunterschieden (Subventionierung von Mieten, Energiepreisen, Verkehrstarifen, Nachrichtenübermittlung, Gütern und Leistungen aus den Verwendungsbereichen Gesundheit, Freizeit und Bildung vor allem noch im ersten Halbjahr 1991) und der damit verbundenen höheren durchschnittlichen Kaufkraft kann von geringeren Realeinkommensabständen ausgegangen werden. Entsprechende Berechnungen weisen auf einen Abstand bei ostdeutschen Arbeitnehmerhaushalten von fast 40 Prozent und bei Rentnerhaushalten von über 50 Prozent (54 Prozent) zu entsprechend vergleichbaren Haushalten in den alten Bundesländern für das erste Quartal 1991 hin[3]. Mit dem verstärkten Abbau von Subventionen, spätestens mit dem Wirken der beträchtlich höheren Mieten ab Oktober, steht abermals eine Verschlechterung dieses Verhältnisses bevor.

Kurzarbeiter, Arbeitslose und Personen im Vorruhestand, deren Zahl ständig gestiegen ist, hatten an der Einkommensentwicklung keinen oder nur in geringem Umfang Anteil.

Die folgenden Daten aus der Verdienststatistik, die sich auf die Erhebung bei Vollzeitbeschäftigten beschränkt, können deshalb die Einkommensverhältnisse nur bedingt reflektieren. Die einbezogenen Arbeitnehmer verfügen durch die Vollzeitbeschäftigung in der Regel über relativ stabile Beschäftigungsverhältnisse und ein hohes Verdienstniveau. Der insgesamt starke Anstieg der Ost-Berliner Verdienste im ersten Halbjahr 1990 vollzog sich gleichzeitig mit einem unterschiedlichem Entwicklungstempo in den einzelnen Wirtschaftsbereichen. Die durchschnittlichen Verdienste in der Industrie, im Baugewerbe und im Handel veränderten sich im Gegensatz zum Verkehrswesen im ersten Quartal 1990 nur geringfügig, hatten danach allerdings deutlichere Steigerungsraten aufzuweisen. Der Vergleich der Verdienste im Oktober 1990 mit den durchschnittlichen Verdiensten vor einem Jahr zeigt, daß im Baugewerbe mit einer Steigerung von 65 Prozent die höchste relative Steigerungsrate erreicht wurde. Die Steigerungsraten in der Industrie und im Verkehrswesen lagen im gleichen Zeitraum bei etwa 30 Prozent. Der Handel, obwohl mit dem niedrigsten Ausgangsniveau belastet, verzeichnete mit rund 25 Prozent die geringste Zunahme.

Die Neuregelung der Lohnsteuersätze, die erhöhten Beiträge zur Kranken- und Rentenversicherung sowie die Einführung der Arbeitslosenversicherung im Ostteil der Stadt führte gleichzeitig zu einer Verringerung des Nettolohnanteils. Belief sich 1989 der Anteil des Nettolohnes am Bruttolohn im Durchschnitt zwischen 83 bis 85 Prozent, betrug er im zweiten Halbjahr 1990 nur noch 74 bis 77 Prozent.

---

[2] Vgl. Bedau, K.-D.; Schmidt, J.; Vortmann, H.; Boje, J.; Gladisch, D.; Grunert, R.: Gutachten im Auftrag des Bundesministers für Wirtschaft. Berlin 1991 (als Manuskript vervielfältigt).
[3] vgl. ebenda.

Tabelle 3.2.13.
Durchschnittliche Bruttostundenverdienste der Arbeiter und durchschnittliche Bruttomonatsverdienste der Angestellten in Berlin nach ausgewählten Bereichen im Januar und April 1991

	Januar 1991			April 1991		
	West in DM	Ost in DM	Relation Ost/West in %	West in DM	Ost in DM	Relation Ost/West in %
Arbeiter (Bruttostundenverdienst)						
Industrie (einschließlich Hoch- und Tiefbau)	20,22	9,53	47,1	20,85	11,91	53,7
Industrie (ohne Hoch- und Tiefbau)	19,95	8,88	44,5	20,49	10,13	49,4
Hoch- und Tiefbau	22,40	12,14	54,2	23,21	15,32	66,0
Angestellte (Bruttomonatsverdienst)						
Industrie (einschließlich Hoch- und Tiefbau)	5 006,–	1 924,–	38,4	5 083,–	2 193,–	43,1
Industrie (ohne Hoch- und Tiefbau)	4 990,–	1 831,–	36,7	5 062,–	2 075,–	41,0
Hoch- und Tiefbau	5 231,–	2 654,–	50,7	5 379,–	3 164,–	58,8
Großhandel	3 964,–	1 901,–	48,2	4 152,–	2 042,–	49,2
Einzelhandel	3 131,–	1 562,–	49,9	3 113,–	1 616,–	51,9

Quelle: Verdiensterhebung, Statistisches Landesamt Berlin

Im Oktober 1990 erreichten die Ost-Berliner Arbeiter in den einzelnen Wirtschaftsbereichen eine Annäherung auf etwa 40 Prozent des Verdienstniveaus vergleichbarer Bereiche in West-Berlin. Von Januar bis April 1991 setzte sich dieser Prozeß durch die tariflichen Erhöhungen in Ost-Berlin fort (vgl. Tabelle 3.2.13.). Bei den Angestellten wurde das Angleichungsniveau von ca. 40 Prozent erst im zweiten Quartal 1991 erreicht, wie die gleiche Tabelle zeigt.

Vom Januar bis April 1991 wurden in Ost-Berlin beachtliche Steigerungsraten erreicht. Sie lagen im Durchschnitt bei den Arbeitern in der Industrie bei 17,5 Prozent; der Hoch- und Tiefbau wies mit 26,2 Prozent die stärksten Veränderungen auf, während sie in der Verbrauchsgüterindustrie und Investitionsgüterindustrie mit rund 12 Prozent am niedrigsten waren. Die Veränderungen bei den Angestellten erreichten dieses Niveau nicht. Im April wurde gegenüber dem Januar 1991 eine Steigerungsrate von 14 Prozent in der Industrie (19,2 Prozent im Hoch- und Tiefbau), im Großhandel von 7,4 und im Einzelhandel von 3,4 Prozent erreicht. In diesem Zeitraum verzeichneten die West-Berliner Arbeitnehmer nur geringe oder keine Zuwächse der Bruttomonatsverdienste. Sie lagen bei den Arbeitern in der Industrie bei 3 Prozent, bei den Angestellten bei 1,6 Prozent.

3.3. Der Berliner Wohnungsmarkt

Neben der Arbeit, der Bekleidung und der Ernährung ist das Wohnen ein elementares Grundbedürfnis menschlicher Existenz. Daher läßt sich der Wohnungsmarkt nicht wie jedweder andere Warenmarkt ausschließlich mit ökonomischen Kategorien hinreichend beschreiben. Die Entwicklung des Wohnungsmarktes auf der Grundlage ökonomischer Marktmechanismen ist aus prinzipiellen humanitären Gründen mit dem übergreifenden sozialen Ziel, Wohnen für jeden Bürger sicher und bezahlbar zu machen, fest zu verbinden.

3.3.1. Der Wohnungsbestand und seine Struktur

Im Zusammenhang mit der vorhandenen Bodenfläche steht der Berliner Bevölkerung ein Wohnungsbestand zur Verfügung wie ihn Tabelle 3.3.1. zeigt. Im Hinblick auf eine künftige

Tabelle 3.3.1.
Fläche, Bevölkerung und Zahl der Wohnungen Berlins (1990, 1989 bzw. 1987) nach Bezirken

Bezirk	Fläche km²	Bevölkerung	Zahl der Wohnungen
Ost-Berlin gesamt	405,7	1 272 579	631 338
Mitte	10,7	78 645	45 305
Prenzlauer Berg	10,9	143 269	91 061
Friedrichshain	9,8	108 131	66 950
Treptow	40,6	100 961	52 212
Köpenick	127,3	110 111	56 482
Lichtenberg	26,4	170 318	79 691
Weißensee	30,1	51 720	27 080
Pankow	61,9	106 942	54 933
Marzahn	32,0	169 493	64 633
Hohenschönhausen	26,0	118 180	47 414
Hellersdorf	30,0	145 806	45 577
West-Berlin gesamt	480,1	2 147 540	1 096 744
Tiergarten	13,4	94 914	50 977
Wedding	15,4	162 056	83 548
Kreuzberg	10,4	153 733	75 211
Charlottenburg	30,3	184 138	101 752
Spandau	86,4	213 291	103 760
Wilmersdorf	34,4	147 064	82 576
Zehlendorf	70,6	100 736	45 643
Schöneberg	12,3	155 171	83 184
Steglitz	32,0	188 779	98 441
Tempelhof	40,8	186 855	93 871
Neukölln	44,9	307 855	155 513
Reinickendorf	89,2	255 948	122 268

Erweiterung der Wohnbevölkerung, z. B. durch Zuwanderung, sind in folgenden Bezirken – bezogen auf die Stadtgebietsfläche – bereits problematische Grenzwerte bei der Bevölkerungsdichte und Wohnbebauung erreicht (30. 6. 1990):

	Einwohner/km²	Wohnungen/km²
Kreuzberg	15 221	7 232
Prenzlauer Berg	13 266	8 354
Schöneberg	12 616	6 763
Friedrichshain	12 288	6 832
Wedding	10 804	5 425

Die Berliner Wohngebäude weisen eine sehr heterogene Altersstruktur auf. Die Gebäude in den traditionellen Innenstadtbezirken wurden zu großen Teilen während der Gründerjahre und vor 1945 erbaut. Es gibt jedoch auch große Areale neuer Wohngebiete. Einen groben Eindruck von der Altersstruktur der Wohngebäude einiger in dieser Hinsicht herausragender Bezirke vermittelt Abbildung 3.3.1.

Obwohl in den zurückliegenden Jahren im Ostteil der Stadt Wohnungswirtschaft und Wohnungspolitik „planmäßig" gestaltet wurden, dominieren hier die Extreme. Auf der einen Seite ist die Wohnbausubstanz in diesem Teil durch die rationell verfertigten, vielgeschossigen neuen „Mietsilos" in den „Satelliten"-Städten Marzahn, Hellersdorf und Hohenschönhausen charakterisiert, andererseits bietet die historische Altbausubstanz in den Bezirken Prenzlauer Berg, Weißensee, Friedrichshain oder Mitte ein makabres Bild des baulichen Verfalls und Niedergangs (ein anschauliches Beispiel stellt das historische Scheunenviertel im Bezirk Mitte dar).

Eine wesentlich ausgewogenere Altersstruktur der Wohngebäude ist im Westteil Berlins festzustellen. Mit einem noch beachtlichen Anteil sehr alter Wohngebäude sind die Bezirke

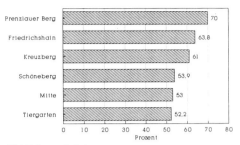
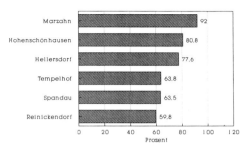

Abbildung 3.3.1.
Disparitäten im Alter der Berliner Wohngebäude

Kreuzberg, Schöneberg, Tiergarten und Wedding ausgestattet. Dennoch liegen sowohl das Niveau des bau- und ausstattungstechnischen Zustands dieser Gebäude als auch ihr optischer Eindruck weit über dem vergleichbarer Bezirke des östlichen Teils.

Der Wohnungsneubau hat in den beiden Stadthälften nach 1949 eine unterschiedliche Entwicklung genommen. Die Wohnbautätigkeit in der Gesamtstadt Berlin weist in zeitlicher wie in regionaler Hinsicht eine wechselvolle Geschichte auf. In Ost-Berlin war es bis zum Anfang der 70er Jahre zu einem massiven Rückgang des Wohnungsbaus gekommen. Seit dem Wohnungsbauprogramm-Beschluß 1971 in der DDR ist eine absolute Konzentration der Baukapazitäten auf Ost-Berlin festzustellen, und es kam zu einer schnellen Schaffung der „Schlafstädte" Marzahn, Hellersdorf und Hohenschönhausen. Parallel hierzu setzte in den traditionellen Bezirken infolge grober Vernachlässigung von Erhaltungs- und Modernisierungsmaßnahmen eine Verrottung der Wohnungs-Altbausubstanz ein.

Selbst Gebäude, die nach 1949 errichtet wurden, stellen sich heute als dringende, großflächige Sanierungsobjekte dar. Fassaden und die Gebäudetechnik der Wohngebäude in der Karl-Marx-Allee (Bezirk Friedrichshain) können hierfür als Beispiel dienen. Gleichzeitig war es seit 1986 auch zu einem kontinuierlichen Rückgang in den ehrgeizigen Bauproduktions-Zahlen in Ost-Berlin gekommen. Im Jahre 1990, mit dem Wegfall der Grenze, wurde die Wohnungsbautätigkeit extrem eingeschränkt; die Zahl der neugebauten Wohnungen ging im Vergleich zum Vorjahr um 60 Prozent zurück (Neubau 1990 = 6107 Wohnungen im Ostteil).

Trotz berechtigter Vorbehalte gegenüber der Wohnungsbau-Konzeptualisierung kann im Ostteil von einem großzügigen Verhältnis von Wohnungsneubau und Bevölkerungsentwicklung in den siebziger und achtziger Jahren gesprochen werden. Einzuräumen ist, daß es auch einen großen Nachholebedarf, bezogen auf den absoluten Stand der Bevölkerung, als Kriegsfolge gab.

Ein Blick auf die komplexe Wohnungswirtschaft und Wohnungspolitik in Ost-Berlin zeigt jedoch schwerwiegende Defizite auf. Die völlig einseitig orientierte, ökonomische Gesetzmäßigkeiten mißachtende Wohnungspolitik führte – neben dem Gebäudeverfall – zu folgendem Erbe:

1. Erreichung der höchsten Zahlen im Wohnungsleerstand in den letzten Jahrzehnten; 70 000 Wohnungsanträgen stehen rd. 30000 leerstehende Wohnungen gegenüber.

Tabelle 3.3.2.
Entwicklung des Wohnungsneubaus und der Bevölkerung 1983 bis 1989 in Berlin

Jahr	Ost-Berlin		West-Berlin	
	Neugebaute Wohnungen	Bevölkerungsentwicklung zum Vorjahr	Neugebaute Wohnungen	Bevölkerungsentwicklung zum Vorjahr
1983	11 837	+ 12 500	7 650	− 15 084
1984	12 655	+ 11 400	11 343	− 5 900
1985	22 620	+ 18 700	7 116	+ 11 500
1986	21 678	+ 20 600	5 290	+ 19 100
1987	16 283	+ 24 700	4 964	+ 149 500
1988	17 803	+ 23 600	4 588	+ 39 600
1989	14 867	− 5 300	4 897	+ 62 200

2. Kontinuierliches Wachstum der Mietrückstände bis gegenwärtig auf rd. 10 bis 15 Millionen DM (die Tendenz wird seit der Währungsunion, den strukturellen Änderungen in der Wirtschaft und in den Einkommensverhältnissen durch weitere Faktoren unterstützt).
3. Entwicklung einer lebhaften Schattenwirtschaft auf dem Wohnungsmarkt (Ausstattung mit mehreren Wohnungen, illegale Weitervermietung, illegaler Maklermarkt).

Im Westteil der Stadt stellen wir eine vergleichsweise andersartige Entwicklung fest. Bei erheblicher Bevölkerungszunahme seit Mitte der achtziger Jahre ist hier ein stetiger und schneller Rückgang des Wohnungsneubaus zu verzeichnen (vgl. Tabelle 3.3.2. und Abbildung 3.3.2.). Damit verschärften sich die bereits vorhandenen Disproportionen zwischen Angebot und Nachfrage auf dem Wohnungsmarkt. Dies führte über die Preis-

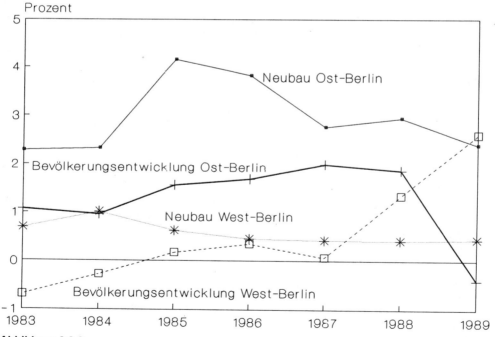

Abbildung 3.3.2.
Entwicklung des Wohnungsneubaus und der Bevölkerung 1983 bis 1989 in Berlin

gestaltung zu Strukturverschiebungen dahingehend, daß ein empfindlicher Wohnungsmangel vor allem bei mietpreisgünstigen Wohnungen zutage trat. Eine zusätzlich weitere Verstärkung erfuhr diese Tendenz dadurch, daß der Anteil der geförderten Sozialwohnungen insgesamt reduziert wurde:

	Fertiggestellte Wohnungen	davon Sozialwohnungen
1978	7 931	76 %
1988	4 588	49 %

Mit dieser Entwicklung ging auch der Anteil von Sozialwohnungen am Gesamt-Wohnungsbestand zurück. Betrug dieser Anteil 1978 noch die Hälfte, so waren es 1988 rd. 40 Prozent. Das vermieterfreundliche Mietpreisrecht trägt zur weiteren Zuspitzung des Widerspruchs zwischen dem sozialen Mindestanspruch des Mieters und seinen realen ökonomischen Möglichkeiten bei (z. B. Auslaufen und Aufheben von Mietpreisbindungen, Umlagen von Instandsetzungs- und Modernisierungskosten auf den Mieter usw.). Es steht zu befürchten, daß sich die angespannte Marktlage für den Durchschnitts-Einkommensbezieher in den nächsten Jahren keineswegs entlasten wird, eher das Gegenteil erscheint wahrscheinlich: Bis zum Jahre 1995 verlieren weitere etwa 90 000 Wohnungen ihre Sozialbindung.

So können auch im Westteil der Stadt nicht ausschließlich sozial positive Wirkungen des Wohnungsmarktes konstatiert werden, sondern es werden erhebliche Defizite sichtbar:
1. Ein stetig steigender Nachfrage-Überhang beherrscht den Wohnungsmarkt; der gegenwärtig dringendste unbefriedigte Bedarf beträgt rd. 60 000 Wohnungen.
2. Durch Wohnungsspekulation und Mietpreiswucher wird der Bezieher von Durchschnitts-Einkommen zunehmend vom Wohnungsmarkt verdrängt, so z. B. ist der „Luxus" eines Zimmers für Studenten kaum noch erschwinglich.

Tabelle 3.3.3.
Wohnungs- und Belegungsdichte 1989 bzw. 1987 in den Berliner Bezirken

Bezirk	Anzahl der Wohnungen pro km^2	Einwohner pro Wohnung
Ost-Berlin gesamt	1 565	2,03
Mitte	4 233	1,74
Prenzlauer Berg	8 354	1,59
Friedrichshain	6 832	1,64
Treptow	1 286	1,97
Köpenick	444	1,97
Lichtenberg	3 019	2,16
Weißensee	900	1,94
Pankow	887	1,98
Marzahn	2 052	2,63
Hohenschönhausen	1 824	2,49
Hellersdorf	1 622	2,40
West-Berlin gesamt	2 284	1,86
Tiergarten	3 804	1,70
Wedding	5 425	1,80
Kreuzberg	7 232	1,85
Charlottenburg	3 358	1,73
Spandau	1 200	1,96
Wilmersdorf	2 400	1,70
Zehlendorf	647	2,11
Schöneberg	6 763	1,76
Steglitz	3 076	1,86
Tempelhof	2 301	1,93
Neukölln	3 464	1,87
Reinickendorf	1 371	1,98

3. Den sozial Schwachen, den unteren Einkommensbeziehern und den Sozialhilfeempfängern droht in zunehmendem Maße Obdachlosigkeit. Schätzungen zum gegenwärtigen Umfang der Obdachlosigkeit liegen zwischen 7000 und 15 000 Betroffenen.

3.3.2. Qualität des Wohnungsbestandes

Rückschlüsse auf die Qualität des Wohnens lassen sich bereits anhand der Wohnungsdichte (Wohnungen pro km^2) und der Belegungsdichte (Einwohner pro Wohnung) ziehen (vgl. Tabelle 3.3.3.).

Die insgesamt sehr hohe Wohnungsdichte im Westteil der Stadt zeugt von dem jahrzehntelangen Standortnachteil und den fehlenden Ausweichmöglichkeiten ins Umland. Die Bezirke mit der höchsten Bevölkerungsdichte – Prenzlauer Berg, Kreuzberg, Friedrichshain und Schöneberg – sind zugleich die wohnungsintensivsten. Die Wohnungsdichte in den einzelnen Bezirken zeigt sich im Westteil alles in allem ausgeglichener als im Ostteil. Während die größte Differenz in der Dichte der Wohnbebauung in der östlichen Stadthälfte 7910 Wohnungen pro km^2 beträgt (Differenz zwischen Prenzlauer Berg und Köpenick), sind es im Westteil 6 585 Wohnungen pro km^2 (zwischen Kreuzberg und Zehlendorf).

In Hinblick auf die anzutreffende Wohnungsdichte kristallisieren sich drei Wohnungsdichte-Typen innerhalb des Stadtgebietes Berlin heraus:

1. Gruppe:
Kompakte innerstädtische Wohngebiete ohne größere Freiflächen mit überwiegender Altbausubstanz; große Gebäudeteile entstammen der Zeit der Gründerjahre. (Prenzlauer Berg, Kreuzberg, Friedrichshain, Schöneberg, Wedding und Mitte).

2. Gruppe:
Wohngebiete, die den Durchschnitt der Berliner Wohnbebauungsdichte repräsentieren. Sie dürften – ausschließlich bezogen auf diese Kennziffer – (was schon sehr deutlich wird durch die ganz verschiedenartige Architektur der betreffenden Bezirke) die realistischen Ziele zukünftiger Wohnbebauungsplanung enthalten. Diese Gruppe rekrutiert sich aus den Bezirken Lichtenberg, Marzahn, Hohenschönhausen, Hellersdorf, Tiergarten, Charlottenburg, Wilmersdorf, Steglitz, Tempelhof, Neukölln.

Obwohl die östlichen Neubau-Bezirke Marzahn, Hohenschönhausen und Hellersdorf fast ausschließlich aus hochgeschossigen Wohnhäusern bestehen, ergibt sich die relativ geringe und akzeptable Wohnungsdichte (z. B. im Vergleich zu Prenzlauer Berg oder Kreuzberg) aus einer flächenmäßig außerordentlich weiträumigen Bebauung. Eine dichtere Bebauung mit „Betonsilos" würde zu einer bedrückenden Wohnungsenge führen.

3. Gruppe:
Es handelt sich um großzügig bebaute Wohngebiete, vielfach durchsetzt mit Ein- und Zweifamilienhäusern und Villen. Zwischen den Wohngebäuden existieren z. T. relativ ausgedehnte Freiflächen (einschließlich Wald, Seen und Parks). Diese Gruppe umfaßt die Bezirke Köpenick, Zehlendorf, Pankow, Weißensee, Spandau, Treptow und Reinickendorf.

Die Belegungsdichte der Wohnungen liegt im Ostteil Berlins mit durchschnittlich 2,03 Einwohner pro Wohnung im internationalen Trend, erweist sich jedoch verglichen mit West-Berlin, wo sie 1,86 beträgt, als spürbar höher. Die beiden wesentlichen Faktoren, die einen Einfluß auf diese Kennziffer ausüben, sind:
– Der Grad der Übereinstimmung der Struktur der Wohnungen (Größe und Zahl der Räume) mit den Familienstrukturen und dem Altersaufbau der Bevölkerung.

– Der tatsächliche Nutzungsgrad der vorhandenen Wohnungen und Wohnräume.

Die Belegungsdichte im östlichen Teil ist im Vergleich der Bezirke untereinander sehr differenziert. Der geringste Wert wird in Prenzlauer Berg mit 1,59 Einwohner pro Wohnung erreicht, der höchste in Marzahn mit 2,63 Einwohner pro Wohnung. Diese Differenz charakterisiert den Unterschied zwischen Bezirken mit traditioneller Wohngebäudestruktur (Innenstadtbezirke) und ausgesprochenen Neubaubezirken. Gründe für die hohe Belegungsdichte in den Neubau-Bezirken Marzahn, Hohenschönhausen und Hellersdorf sind:
– Ein hoher Anteil von 2- bis 4-Raumwohnungen und die Konzentration junger Familien,
– die bevorzugte Zuweisung von Neubauwohnungen an kinderreiche Familien in den zurückliegenden Jahren.

Demgegenüber ist die geringe Belegungsdichte der Wohnungen in den Altbau-Bezirken zurückzuführen auf:
– Einen hohen Anteil von 1- und 2-Raumwohnungen und die Konzentration vieler hier lebender alleinstehender älterer Menschen,
– eine ungenügende Auslastung der Wohnungen und Leerstand.

Die unterschiedliche Belegungsdichte innerhalb des westlichen Stadtgebietes muß daraus erklärt werden, daß in den Innenstadtbezirken – ähnlich wie im Osten – der Ein- und Zwei-Personenhaushalt vergleichsweise verbreitet ist. Auch dürften Familien mit Kindern – soweit ökonomisch erschwinglich – ihren Wohnsitz vorrangig in den Außenbezirken Spandau, Reinickendorf oder Zehlendorf nehmen. Eine nicht untergeordnete Rolle dürfte aber auch eine real geringere Auslastung der Wohnung – begründet durch ein höheres Anspruchsniveau und die solventen Vorraussetzungen der Mieter im Westteil – spielen.
Neben der Wohnungs- und Belegungsdichte wird die Qualität des Wohnens insbesondere

Tabelle 3.3.4.
Wohnfläche und Zahl der Wohnräume pro Einwohner 1989 bzw. 1987 in den Berliner Bezirken

Bezirk	Wohnfläche pro Einwohner (m^2)	Anzahl der Wohnräume pro Einwohner
Ost-Berlin gesamt	30,4	1,23
Mitte	35,0	1,38
Prenzlauer Berg	37,5	1,32
Friedrichshain	36,2	1,28
Treptow	30,8	1,32
Köpenick	31,7	1,32
Lichtenberg	28,2	1,16
Weißensee	31,6	1,29
Pankow	31,9	1,31
Marzahn	24,3	1,03
Hohenschönhausen	25,6	1,08
Hellersdorf	26,6	1,13
West-Berlin gesamt	37,4	1,34
Tiergarten	38,0	1,29
Wedding	34,0	1,22
Kreuzberg	35,7	1,24
Charlottenburg	41,4	1,45
Spandau	34,3	1,33
Wilmersdorf	43,8	1,53
Zehlendorf	41,3	1,56
Schöneberg	40,0	1,42
Steglitz	38,9	1,45
Tempelhof	35,9	1,35
Neukölln	35,2	1,28
Reinickendorf	35,8	1,36

durch die Größe der Wohnfläche und die Zahl der Wohnräume, die zur Verfügung steht, bestimmt (vgl. Tabelle 3.3.4.). Im Hinblick auf das Wohnflächenangebot und hinsichtlich der Zahl der Wohnräume wird anhand der Aufstellung ein west-östliches Gefälle deutlich. Der Berliner wohnt in der westlichen Stadthälfte ungleich großzügiger. Das großzügigste Flächen- und Raumangebot steht dem Bewohner der Rangfolge nach in folgenden Bezirken zur Verfügung:

Östliche Bezirke	Westliche Bezirke
1. Mitte	Wilmersdorf
2. Köpenick	Zehlendorf
3. Prenzlauer Berg	Charlottenburg
4. Weißensee	Steglitz
5. Treptow/Pankow	Schöneberg

Am beengtesten wohnt man der Reihe nach in folgenden Bezirken:

Östliche Bezirke	Westliche Bezirke
1. Marzahn	Kreuzberg
2. Hohenschönhausen	Wedding
3. Hellersdorf	Neukölln
4. Lichtenberg	Tiergarten
5. Friedrichshain	Spandau/Reinickendorf

Wesentliche Indikatoren für die Qualität des Wohnens sind darüber hinaus zweifellos die Größe und der Ausstattungsgrad der Wohnung. In den zurückliegenden Jahrzehnten hat sich eine Modernisierung des Wohnungsbestandes in ganz Berlin vollzogen (das Ausmaß fällt im östlichen Teil jedoch weit bescheidener aus): Altbauwohnungen wurden saniert und technisch moderner ausgestattet, die errichteten Neubauwohnungen sind mit Bad, IWC, Warmwasser und überwiegend mit einem modernen Heizsystem ausgerüstet. Während sich dieser technische Wandel im Westteil auf einem fortgeschrittenen internationalen Niveau vollzog, konnte die technologische und apparative Umsetzung im Ostteil mit der technischen Entwicklung nicht Schritt halten.

Ein Vergleich der räumlichen Aufteilung der Wohnungen – eine Kennziffer, die isoliert wenig über die Qualität des Wohnens aussagt – läßt zwischen der östlichen und westlichen Hälfte der Stadt keinen Unterschied erkennen. In beiden Teilen weisen die Wohnungen im Durchschnitt 2,5 Räume auf. Aussagekräftiger sind die durchschnittliche Größe und die Ausstattung der Wohnung. Die Tabelle 3.3.5. gibt die Werte hierfür wieder.

Im Hinblick auf die Qualität der Wohnungen heben sich also die Bezirke Wilmersdorf, Steglitz und Charlottenburg als eine privilegierte Gruppe eindeutig heraus. In diesen Bezirken wohnt der Berliner nicht nur am großzügigsten, sondern, gemessen an der technischen Ausstattung, auch gleichzeitig am komfortabelsten. Als zweite Gruppe folgen nach den genannten Kennziffern die Bezirke Tempelhof, Schöneberg und Reinickendorf. Die geringste Wohnungsqualität und den geringsten technischen Komfort in der gesamten Stadt weisen die Wohnungen in den Bezirken Friedrichshain, Prenzlauer Berg und Treptow auf.

Die überwiegend günstigeren statistischen Werte in der Wohnungsgröße und -qualität im Westteil der Stadt werden sicher auch durch den Besitz von Eigentumswohnungen (etwa 10 Prozent der Wohnungen), Häusern und Villen beeinflußt. Hier bestehen im Gegensatz zur früheren zentralistischen Wohnungspolitik in Ost-Berlin, aber auch zum sozial geförderten Mietwohnungsbau im Westteil, außer den individuellen ökonomischen Möglichkeiten des Besitzers keine Grenzen für Größe und Ausstattung von Wohnungen. Beschränkun-

Tabelle 3.3.5.
Durchschnittliche Größe und Ausstattungsgrad der Wohnungen 1989 bzw. 1987 in den Berliner Bezirken

Bezirk	Größe der Wohnung, m²	von 100 Wohnungen verfügen über		
		Bad/Dusche	IWC	Modernes Heizsystem
Ost-Berlin gesamt	61,3	89	95	63
Mitte	60,7	87	91	55
Prenzlauer Berg	59,4	75	89	41
Friedrichshain	59,2	73	91	42
Treptow	60,2	91	96	53
Köpenick	61,7	89	94	57
Lichtenberg	60,6	96	99	72
Weißensee	60,4	91	95	48
Pankow	62,8	92	97	58
Marzahn	63,5	99	99	97
Hohenschönhausen	63,0	98	97	89
Hellersdorf	63,6	96	98	88
West-Berlin gesamt	69,5	92	98	88
Tiergarten	64,5	84	96	81
Wedding	61,4	81	98	80
Kreuzberg	66,0	80	96	70
Charlottenburg	71,7	94	98	91
Spandau	67,4	96	99	86
Wilmersdorf	74,6	99	100	95
Zehlendorf	87,2	96	98	94
Schöneberg	71,0	92	98	92
Steglitz	72,5	98	99	95
Tempelhof	69,4	98	99	92
Neukölln	65,8	87	98	83
Reinickendorf	70,9	97	99	86

gen ergeben sich nur dann, wenn es sich um sozial geförderten Bau oder Erwerb von Wohneigentum handelt.

3.3.3. Die Eigentumsverhältnisse im Wohnungsbestand

Wie sich das Wohnungseigentum in West-Berlin gliedert, zeigt Tabelle 3.3.6.
Im Ostteil der Stadt vollzieht sich in den Eigentumsverhältnissen des Wohnungsbestandes gegenwärtig ein tiefgreifender Wandel. Die Gliederung des Wohnungseigentums muß daher vorerst noch anderen Kriterien folgen (Tabelle 3.3.6.).

Tabelle 3.3.6.
Gliederung des Wohnungseigentums in West-Berlin und Ost-Berlin 1989

Art des Eigentums	Anzahl der Wohnungen	Anteil (%) am Gesamtbestand
West-Berlin		
Einzelpersonen einschl. Ehepaare und Erbengemeinschaften	520 700	47,5
Gemeinschaften von Wohnungseigentümern	78 000	7,1
Gemeinnützige Wohnungs-Unternehmen	340 000	31,0
Freie Wohnungsunternehmen	71 000	6,5
Sonstige Eigentümer	87 000	7,9
Wohnungen West-Berlin gesamt	1 096 700	100,0
Ost-Berlin		
Genossenschaftliches Eigentum	106 268	16,8
Volkseigentum	374 811	59,4
Privates Wohnungseigentum	150 259	23,8
staatlich bzw. zivilrechtlich verwaltet	80 418	
verwaltet durch Eigentümer oder private Hausverwaltung	69 814	
Wohnungen Ost-Berlin gesamt	631 338	100,0

Die Veränderung und rechtliche Klärung dieser Eigentumsverhältnisse ist eine Grundbedingung für jeden weiteren Fortschritt in der Versorgung der Menschen mit angemessenem Wohnraum. Die eingetretenen negativen Folgen auf dem Ostberliner Wohnungsmarkt sind ein Stück weit auch auf ein falsches Eigentumsverständnis zurückzuführen. Die Überwindung der Fehler sollte einer Konzeption folgen, die an dem Ziel der Befriedigung des Grundbedürfnisses nach menschenwürdigem Wohnen für alle Bürger festhält. Dazu bedarf es nach demokratischem Rechts- und Sozialstaatsverständnis einer Gestaltung dieser Verhältnisse, die das private Eigentum respektiert, das eigenverantwortliche persönliche Handeln der Bürger motiviert und die staatliche und kommunale Mitverantwortung zur Erreichung des humanistischen Ziels akzeptiert.

Der soziale Wohnungsbau in West-Berlin weist im Vergleich zum früheren staatlichen und genossenschaftlichen Wohnungsbau in Ost-Berlin, aber auch im Vergleich zu anderen westeuropäischen Ländern, Unterschiede auf. Dazu gehört, daß Privatpersonen oder private Unternehmen (einschließlich gemeinnütziger Gesellschaften) mit Hilfe staatlicher Subventionen und mit privatem Kapital auf privatem Grund und Boden Sozialwohnungen errichten und bewirtschaften können. In anderen westlichen Ländern (Österreich oder Holland) werden im kommunalen Grundbesitz und im kommunalen Wohnungsbau wesentliche Elemente einer sozial orientierten Wohnungspolitik gesehen.

In West-Berlin gilt das Prinzip, die Wohnungsbauförderung nicht nur auf sozial- und einkommensschwache Bevölkerungsgruppen zu konzentrieren, sondern die Bildung von Wohnungseigentum zu fördern.

Bei Beachtung internationaler und nationaler Erfahrungen und Entwicklungen sind die Eigentumsstrukturen als Voraussetzung für einen einheitlichen Wohnungsmarkt in Berlin übereinstimmend zu gestalten. Dazu bedürfen besonders die Strukturen im Ostteil der Veränderung. Die Veränderungen sollten sich auf der Grundlage folgender Prämissen vollziehen:

1. Schuldenfreie Übergabe der Wohngebäude und des Grund und Bodens an die Wohnungsbaugenossenschaften; strikte Durchsetzung des Prinzips Entschädigung vor Rückgabe; Übernahme von Bürgschaften durch das Land bzw. die Treuhandverwaltung. Hiermit würde sich ein Wohnungs-Eigentum im Sinne des westlichen Modells „Gemeinschaften bzw. Genossenschaften von Wohnungseigentümern" konstituieren. Das betrifft 106 268 Wohnungen, die auf 28 bestehende Genossenschaften verteilt sind.
2. Entsprechend dem Einigungsvertrag wurde das volkseigene Wohnungseigentum den Kommunen übergeben, die es den vorhandenen 11 gemeinnützigen Wohnungsbaugesellschaften übertrugen. Bei Forderungen durch private Eigentümer sollte – sofern berechtigt – eine zügige Rückübertragung erfolgen. Dies hat im Einklang mit rechtsstaatlichen Prinzipien und unter Berücksichtigung konkreter Umstände zu geschehen. Gegebenenfalls sind auch Entschädigungen vorzunehmen. Nach Lösung dieser Kategorie von Wohnungs-Eigentumsfragen verbleiben mindestens 250 000 Wohnungen bei den gemeinnützigen Wohnungsbaugesellschaften. Damit wäre eine Art des Eigentums geschaffen, das dem der „gemeinnützigen Wohnungsunternehmen" im Westteil entspricht. Es würde 40 Prozent des Gesamt-Wohnungsbestandes im Osten betragen und einer strikten Sozialbindung unterliegen müssen. Der Anteil dieser Kategorie beträgt in West-Berlin 31 Prozent.
3. Unter Berücksichtigung des bereits vorhandenen privaten Wohnungseigentums (70 000 Wohnungen), der Rückgabe staatlich verwalteten Eigentums auf Forderung (ca. 40 000 Wohnungen) und der Klärung der Eigentumsrechte im volkseigenen

Wohnungssektor (Rückübertragung an private Eigentümer rd. 100 000 Wohnungen) würde sich eine Form des Wohnungseigentums im Sinne von „Einzelpersonen einschließlich Ehepaare und Erbengemeinschaften" etablieren. Es umfaßt insgesamt 210 000 Wohnungen und damit ein Drittel des Gesamt-Wohnungsbestandes in Ost-Berlin (im Westteil 47,5 Prozent).

Komplikationen treten in jenen Fällen auf, in denen Eigentümer von Grund und Boden sowie von baulichen Anlagen nicht identisch sind. Sofern es sich nicht um Ein- oder Zweifamilienwohnhäuser handelt (hier kommen ausschließlich Einzelfallösungen in Betracht), sollte ebenfalls das Prinzip Entschädigung vor Rückgabe Anwendung finden. Ein Moratorium in Wohnungsbau und Wohnungssanierung bis zur abschließenden Klärung aller strittigen Eigentumsfälle kann der Berliner Wohnbevölkerung und namentlich den Wohnungssuchenden nicht zugemutet werden.

4. Rückgabeforderungen an das ehemals volkseigene und staatlich verwaltete Wohnungseigentum wurden mit insgesamt 165 000 Wohnungen – im Vergleich zu den vorliegenden Anträgen – großzügig geschätzt. Ein möglicher Überhang, der sich in der Größenordnung von etwa 65 000 Altbauwohnungen andeutet, könnte der Schaffung von individuellem oder Gruppen-Wohnungseigentum (z. B. Hausgemeinschaften) für im Ostteil Berlins lebende Bürger dienen. Es sollte ihnen kostenlos übergeben werden, sofern Interesse vorliegt. Das wäre eine Gewähr für eine zügige Sanierung eines Teils der maroden Wohngebäude. Der Anteil dieser Eigentumsform würde sich auf 10 Prozent des Gesamtbestandes an Wohnungen belaufen und entspräche damit dem Anteil der Eigentumswohnungen in der westlichen Stadthälfte.
5. Durch Verkauf von Grund und Boden an private Personen ist freien Wohnungsunternehmen der Zugang zum freien Wohnungsmarkt in einer Größenordnung von rd. 50 000 Wohnungen zu eröffnen.

Die Lösung der Eigentumsfrage und die Herstellung einer Übereinstimmung im Wohnungseigentum zum West-Berliner Wohnungsmarkt ist nicht nur als eine ganz entscheidende Voraussetzung für eine Weiterführung und Intensivierung des Wohnungsneubaus zu sehen, sondern ist auch unverzichtbar für die Bewältigung der enormen Sanierungsaufgaben im Osten Berlins.

3.3.4. Niveau der Wohnraumversorgung

In allen Bezirken Berlins ist das Angebot-Nachfrage-Verhältnis auf dem Wohnungsmarkt unausgeglichen; die Nachfrage übersteigt bei weitem das Angebot. Von dieser Konstellation profitiert ausschließlich der Vermieter, dem sich eine breite Palette von Handlungsalternativen im Vermietungsprozeß eröffnet.

Der akute Wohnungsbedarf beläuft sich auf rund 150 000 fehlende Wohnungen:
– rund 70 000 Wohnungen im Ostteil der Stadt
– rund 60 000 Wohnungen im Westteil
– rund 10 000 Obdachlose

Die Gründe für diese Negativ-Bilanz sind unterschiedlicher Natur. Im Westteil sind dafür der in den zurückliegenden Jahren völlig ungenügende Wohnungsneubau und die überzogenen Mietpreise verantwortlich. Im Ostteil ist die Situation den zu niedrigen Mietpreisen und der staatlich-zentralistischen Bevormundung der Wohnungseigentümer geschuldet. Als entscheidender Regulator zur Befriedigung des Wohnbedürfnisses funktioniert in der westlichen Stadthälfte der Preis, während es im Ostteil der Stadt ein einseitig gehandhabtes

unbestimmtes Ideal war. Beide Vorgehensweisen führten nicht zum erklärten Ziel der Gewährleistung bezahlbaren und sicheren Wohnens für jeden Bürger.
Für die Versorgung der Bürger mit Wohnraum bestehen im Osten noch erhebliche Reserven in einer effizienten Nutzung des vorhandenen Wohnungsbestandes; im Westen sind die Möglichkeiten hierfür fast ausgeschöpft. In der östlichen Stadthälfte werden folgenden begrenzten Handlungsstrategien Relevanz eingeräumt:
– Beseitigung des Leerstandes,
– Ausbau von Dachgeschoß- und Souterrainwohnungen.
Vorraussetzung für die Wirksamkeit ist, daß die solvente West-Nachfrage nicht ungebremst auf den Ost-Berliner Wohnungsmarkt drängt. Diese Nachfrage sollte über einen beschleunigten umfangreichen Wohnungsneubau gedeckt werden. Für den Ostteil muß unter Einbeziehung aller Eigentumsformen von einem aktuellen Leerstand in Höhe von rd. 30 000 Wohnungen ausgegangen werden. Allein in der Kategorie des „volkseigenen Wohnungsbestandes" (ca. 59 Prozent des Gesamtbestandes) ist per März 1991 ein Leerstand von 15 320 Wohnungen zu verzeichnen (vgl. Tabelle 3.3.7.).

Tabelle 3.3.7.
Wohnungsleerstand bei „volkseigenen Wohnungen" in Ost-Berlin (nach Berliner Zeitung vom 4. April 1991, S. 11)

Bezirk	Leerstehend	Vermietungsfähig	Besetzt	Sanierungsbedürftig
Mitte	1 975	49	341	1 585
Prenzlauer Berg	4 496	1 449	333	2 714
Friedrichshain	3 335	63	173	3 099
Treptow	862	169	3	690
Köpenick	1 527	32	–	1 495
Lichtenberg	1 170	193	30	947
Weißensee	318	14	–	304
Pankow	1 168	2	–	1 166
Marzahn	77	–	–	77
Hohenschönhausen	17	4	–	13
Hellersdorf	175	6	–	169
Ost-Berlin gesamt	15 320	1 981	880	12 459

Bei vielen Wohnungssuchenden der jüngeren Generation im Ostteil besteht eine große Bereitschaft, diese Wohnungen eigenverantwortlich auf privater Basis mit erheblichen eigenen finanziellen Aufwendungen instandzusetzen. Dieser allgemeinen Tendenz steht entgegen, daß die früheren Kommunalen Wohnunsverwaltungen (KWV) der ehemaligen Stadtbezirke, jetzt gemeinnützige Wohnungsbaugesellschaften, noch keine exakte Vermietungs- und Geschäftstätigkeit entwickeln konnten, die den neuen strukturellen und sozialen Anforderungen entspricht. Offenbar wirken hierauf auch ungelöste Eigentumsfragen erschwerend ein.
Es bedarf eines enormen Verwaltungsfortschritts und einer großzügigen finanziellen Förderung solcher privaten Initiativen durch das Land bzw. den Bund. Das Land bzw. die Kommunen sollten sich klare Interventionsmöglichkeiten, die rechtlich zu fixieren sind, bezüglich der Arbeitsweise der gemeinnützigen Wohnungsbaugesellschaften in ganz Berlin offenhalten. Das betrifft vor allem ein Vorschlags- und Vetorecht an den sozialen Nahtstellen des Vermietungsprozesses, wie z. B. Vergabe von Wohnraum, Kündigung durch den Vermieter gegen den Willen des Mieters oder Zwangsräumung von Mietern.
Die weitere zeitweilige Strategie zur Wohnraumversorgung – Ausbau von Dachgeschoß- und Souterrainwohnungen – ist wegen des maroden Zustandes mit erheblichen finanziellen und materiellen Aufwendungen verbunden. Sofern entsprechende Mittel durch Land und

Bund aufgebracht werden (die im Abschnitt „Mieten" vorgestellte schrittweise Erhöhung der Mietpreise ist vorerst nicht ausreichend, um die erforderlichen Leistungen zu decken), könnten bis zum Ende 1994 rd. 50 000 Wohnungen in Ost-Berlin durch die beiden vorübergehenden Handlungsvarianten erschlossen werden.

Natürlich handelt es sich bei diesen Handlungsvarianten nur um flankierende Maßnahmen zur Lösung des Gesamtproblems in der Stadt. Die erforderlichen Generalstrategien
– wesentliche extensive Erweiterung des Wohnungsbestandes durch massiven Neubau,
– großflächige Sanierung im Ostteil,
sind davon unberührt.

Eine besondere Rolle zur Wahrung des sozialen Inhalts von Wohnungsbau und -wirtschaft spielt eine wirksame demokratische Kontrolle durch die Bürger. Obwohl von der früheren politischen Führung in Ost-Berlin ständig verlautbart, wurde den Bürgerhinweisen zur Lösung der Wohnungsfrage kein Gehör geschenkt, an den wirklichen Bedürfnissen der Menschen wurde vielfach „vorbeigebaut". Gegenwärtig festzustellende Wohnunzufriedenheiten in Gebieten wie Altglienicke oder Hellersdorf sind dafür Belege. Für künftige Planungen wird der Mißachtung der Bürgerinteressen durch Anwendung verwaltungsrechtlicher Regeln der alten Bundesrepublik vorgebeugt. Die administrativen Einrichtungen sollten den Mieter-Interessengruppen bzw. -initiativen (z. B. Arbeitskreis „Wohnungsnot") Mitsprachemöglichkeiten einräumen.

Ein noch weithin ungelöstes Problem stellt die Wohnraumversorgung sozial benachteiligter Menschen in der Stadt dar. Die Bereitstellung angemessenen Wohnraums für alte und kranke Menschen, behinderte Bürger, Rehabilitanden oder „Randgruppen" der Gesellschaft (wie z. B. Strafentlassene) ist eine menschliche und gesellschaftliche Pflicht. Positive Erfahrungen und Ansätze in beiden Stadtteilen sollten in Zukunft für verbesserte Varianten genutzt werden.

Die weitere rechtliche Ausgestaltung der sozialen Verantwortung des Staates und der Gesellschaft für die Versorgung jedes Einzelnen mit Wohnraum steht noch aus. Die Aufnahme eines allgemeinen sozialen Grundrechts auf Wohnen oder eines entsprechenden Staatszieles in die Länderverfassung und das Grundgesetz würde den Staat stärker in die Verantwortung nehmen und das Sozialstaatsgebot das Artikels 20 des Grundgesetzes präzisieren. Die Hauptrichtung der punktuellen Ausgestaltung des Sozialstaatsgebots unterhalb der Verfassungen bestünde darin,
– den Umfang des Wohnungsbaus der Art zu bemessen, daß er dem realen Bedarf entspricht,
– ein Strukturverhältnis zwischen frei finanziertem Wohnungsbau, sozial gestütztem Wohnungsbau und individuellem Eigenheimbau zu gewährleisten, das ausgewogen und bedarfsorientiert ist,
– die Balance zwischen Mietpreisgestaltung des Vermieters einerseits und seiner sozialen Verantwortung andererseits zu sichern,
– eine Ausgewogenheit in der Festsetzung von Rechten und Pflichten des Vermieters und des Mieters zu wahren.

Widersprüche zwischen einem ausschließlich gewinnorientierten Wohnungsbau- und Vermietungsprozeß und einer ungenügenden Ausgestaltung des Sozialstaatsgebots zeigen in einigen Bezirken Berlins privatwirtschaftliche Betreiber von Obdachlosenasylen, die ein einträgliches Geschäft mit der Armut auf Kosten des Steuerzahlers machen können.

3.3.5. Mieten

Die Mietpreise pro m² Wohnfläche betrugen in Ost-Berlin bis zum 30. 9. 1991:
0,80 bis 1,25 DM/m² Kaltmiete
1,20 bis 1,65 DM/m² für beheizte Wohnungen.
Diese Mietpreissituation erzeugte folgende Wirkungen:
- Privatwirtschaftliche individuelle und kollektive Initiativen zur Schaffung von Wohnraum, zur Sanierung und Instandhaltung wurden verhindert.
- Die Wertzumessung für eine Wohnung im Bewußtsein der Menschen wurde negativ beeinflußt.
- Eine effiziente Nutzung vorhandenen Wohnraums wurde in keiner Weise stimuliert.
- Ein Wohnungsmarkt als ökonomische Kategorie konnte sich nicht entwickeln.

Die Tatsache, daß diese Mietpreise im gesamten Gebiet von Ost-Berlin – unabhängig von Alter, Zustand, Ausstattung und Lage der Wohnung – einheitlich waren, verstärkte die negativen Tendenzen.

Im Ostteil Berlins wurden ab 1. 10. 1991 neue Mietpreisregelungen wirksam. Danach betragen die durchschnittlichen Mietpreise für den Ostteil:
- 4,15 DM/m² Kaltmiete (Miet-Grundpreis + kalte Betriebskosten)
- 7,15 DM/m² Warmmiete (Miet-Grundpreis + kalte Betriebskosten + Heizung + Warmwasser)

Diese einschneidende Reduzierung der Subventionierung des Wohnens bedeutet die höchste Mietpreissteigerung in Deutschland nach dem 2. Weltkrieg (400 bis 500 Prozent).
Die Ökonomisierung des Wohnungsmarktes hat positive Wirkungen
- auf eine effektive Nutzung des vorhandenen Wohnungsfonds,
- auf die Instandsetzung der maroden Bausubstanz.

Gleichzeitig ist mit dieser Entwicklung die ökonomische Belastbarkeit vieler Ost-Berliner Haushalte bereits erreicht. Das betrifft insbesondere Arbeitslosenhaushalte, Alleinerziehende mit mehreren Kindern, Heimbewohner u. a.

Im Westteil der Stadt betragen die durchschnittlichen Mietpreise:
- 6,50 DM/m² Kaltmiete
- 8,50 DM/m² für beheizte Wohnungen.

Da die Mietpreisgestaltung hier seit jeher sehr differenziert gehandhabt wird, werden auch Werte von 10,00 DM/m² Kaltmiete und 15,00 DM/m² für beheizte Wohnungen erreicht. Erwartungsgemäß werden die höchsten Werte in den bereits genannten „Nobelbezirken" Zehlendorf, Wilmersdorf, Charlottenburg und Steglitz erreicht. Die preiswertesten Wohnungen befinden sich in den Bezirken Wedding, Kreuzberg, Neukölln und Tiergarten. In diesen Bezirken sind Wohnungen besonders gefragt.

Der Tatsache, daß sich die Einkommensverhältnisse der Menschen im östlichen und westlichen Teil noch erheblich unterscheiden und daß bezüglich des Einkommens das Wohnortprinzip gilt, müssen auch die Mietpreisentwicklung und der Wohnungsmarkt folgen. Unter dieser Voraussetzung wird davon ausgegangen, daß der noch getrennte Wohnungsmarkt im Zeitraum eines Jahrzehnts zusammenwachsen kann und ab diesem Zeitpunkt als einheitlicher Markt funktioniert.

Den Besonderheiten in beiden Teilen der Stadt und der erforderlichen schrittweisen Angleichung ist auch administrativ Rechnung zu tragen. Umfangreicher Veränderungen wird es vor allem in der Wohnungspolitik und -wirtschaft der Osthälfte Berlins bedürfen. Unter Einbeziehung und Berücksichtigung
- der Erwerbstätigkeit und der Einkommen in beiden Teilen,

- der Entwicklung der Arbeitslosigkeit im Ostteil und
- der finanziellen Grenzen personengebundener Subventionierung (Wohngeld) für Ost-Berliner

kann als optimale Zeit- und Mietpreis-Achse für den Angleichungsprozeß in der Stadt Berlin folgende Entwicklung der Mietpreise im Ostteil Berlins prognostiziert werden (DM/m²):

	Oktober 1989	Oktober 1991	Oktober 1993	Oktober 1995
Kaltmiete (DM/m²)	1,00	4,15	5,80	7,55
Warmmiete (DM/m²)	1,50	7,15	9,30	11,20
% zur Vorstufe (kalt/warm)	–	415/475	40/30	30/20

Diese Mietpreisentwicklung bedeutet eine Steigerung bis zum Jahre 1995 auf rd. 750 Prozent, sie orientiert sich an marktwirtschaftlichen Erfordernissen und ist an eine entsprechend prognostizierte allgemeine Wirtschafts- und Einkommensentwicklung gekoppelt.

Bereits im Oktober 1991 haben sich in den Ost-Berliner Haushalten die Relationen zwischen dem Einkommen und den Wohnaufwendungen erheblich verschoben. Nach Berechnungen des Mieterbundes ist der Anteil des Haushaltseinkommens, der für die Wohnungsmiete aufzuwenden ist, schlagartig von ehedem 4 Prozent auf 20 Prozent im Durchschnitt gestiegen. In den alten Bundesländern betrug dieser Anteil 1988 15 Prozent. Die Wohnkosten werden zur absoluten Spitzenposition in der Ausgabenstruktur der Ost-Berliner Hauhalte. Damit werden auch in der Wertzumessung für eine Wohnung entscheidende geistige Umorientierungen erwartet.

Der Prozeß der Mietpreisangleichung in beiden Stadthälften bis 1995 ist sozial zu begleiten. Dazu müssen die im Westteil geltenden Mietpreisbindungen bei Neuvermietungen bestehen bleiben und ab 1995 auf den Ostteil ausgedehnt werden. Die im Einigungsvertrag vereinbarten Regelungen zur Zurückstellung von Eigenbedarfsklagen im Ostteil sind ebenfalls bis zu diesem Termin zu prolongieren. Nicht zuletzt dürfte eine Nachbesserung der Wohngeldregelungen bis 1995 für die Osthälfte unumgänglich sein.

In der westlichen Stadthälfte bereits bewährte Instrumentarien der öffentlichen Verwaltung zur Gewährleistung erschwinglicher Mieten auch für die Zukunft sollten erhalten bleiben, weiter vervollkommnet und ab 1995 für die gesamte Stadt einheitlich, konsequent und gleichzeitig differenziert angewandt werden. Solche Maßnahmen sind:

Zur Intensivierung von Neubau und Sanierung:
- Objektförderung (in Form von Aufwands- und Kapitalsubventionen)
- Steueranreize
- Ausschreibungen

Im Rahmen der Mietpreisgestaltung:
- Gewinnbeschränkung/Mietpreisobergrenzen
- Belegungsbindung
- Vorgaben von Wohnungsgröße und Ausstattung
- personengebundene Stützungen (Wohngeld)

Zur sozialen Abfederung des Vermietungsprozesses:
- Vergabe sozialer Dringlichkeiten
- Benennungs- und Vetorecht bei Vergabe, Kündigung und Zwangsräumung im gemeinnützigen Bereich.

Die in Ost-Berlin durchgeführten Mietpreissteigerungen sind auch an Verpflichtungen der Vermieter zu binden. So z. B. sind schrittweise elementare Standard-Wohnforderungen in den Altbauten – z. T. auch in Neubauten – durchzusetzen (Dach- und Außenhaut-

sanierungen, normgerechte technische Installationen in den Wohnungen, Sicherheitserfordernisse an den Eingängen usw.).
Bei einer rascheren und umfangreicheren Mietpreissteigerung in kürzeren zeitlichen Abständen – über den dargestellten finanziellen und zeitlichen Rahmen hinaus – ist von einer umfangreichen Flut von Zwangsräumungen, die sozial und verwaltungstechnisch nicht beherrschbar wäre, auszugehen. Auch dürften die erforderlichen Wohngeld-Aufwendungen nicht mehr erschwinglich sein. Per März 1991 sind bei noch extrem niedrigen Mietpreisen in den östlichen Bezirken bereits Mietrückstände in Höhe von insgesamt rd. 10 bis 15 Millionen DM zu verzeichnen. Etwa 50 Prozent dieser Rückstände dürften vorrangig bereits der jüngsten Arbeitsmarkt- und Einkommensentwicklung geschuldet sein.
In engem Zusammenhang mit dem Mitpreisniveau steht als sozialer Aspekt das Problem des Kündigungsschutzes der Mieter. Hier gingen die früheren Ost-Berliner Regelungen sehr weit zugunsten des Mieters. Das bürgerliche Mietrecht sieht einen so weitreichenden Mieterschutz nicht vor. Bei Mietrückständen in Höhe von zwei Monatsmieten kann nach Abmahnung gekündigt werden. Eventuelle Räumungsklage und Durchsetzung der Zwangsräumung sind für den Vermieter relativ unkompliziert, sofern er das Recht zu handhaben weiß. Von diesen neuen rechtlichen Regelungen werden in den nächsten Jahren durchaus Mieter aus dem Osten in praxi vergleichsweise stark betroffen sein. Ökonomische Gründe spielen hierbei eine herausragende Rolle. Im Interesse einer Schadensbegrenzung sind den Sozialämtern Einwirkungsmöglichkeiten auf Vermietungsprozesse im Zusammenhang mit den gemeinnützigen Wohnungsbaugesellschaften einzuräumen.

3.3.6. Wohnraumbedarf und Wohnungspolitik – ein Ausblick

Schon heute läßt sich feststellen, daß der Stadt Berlin eine zweite große Gründerzeit bevorsteht. Wirtschaftsunternehmen und Banken werden in die Spreemetropole drängen, sie wird zum Magnet für Versicherungen, Handels- und Dienstleistungsunternehmen. Große Zuwanderungsströme werden einsetzen. Mit dieser Entwicklung werden auch die Bodenpreise und Mieten in die Höhe schnellen.
Die Geschichte dieser Stadt beweist, daß angesichts solcher Aufbruchzeiten das Wohnungsproblem in den Hintergrund trat und nie bewältigt wurde. Die steinernen Zeugen solcher historischer Versäumnisse sind die dunklen Wohngebäude der Gründerjahre im Prenzlauer Berg und in Kreuzberg oder die Einheits-Neubauten am nordöstlichen Stadtrand aus der Zeit der aufstrebenden „sozialistischen Hauptstadtmetropole". Damit steht Berlin bislang in einer Reihe mit den anderen expandierenden Großstädten der Welt, die ebenfalls nicht in Anspruch nehmen können, eine zukunftsträchtige, an menschlichen Maßstäben orientierte Wohnungsbaupolitik verwirklicht zu haben.
Für Berlin ist zum Zeitpunkt 1991/1992 von einem Wohnungsfehlbestand von rd. 200 000 Wohnungen auszugehen. Unter dieser Voraussetzung bedarf es langfristiger Leitlinien, um die enorme Wirtschaftsentwicklung einerseits und die Lösung des Wohnungsproblems andererseits in Einklang zu bringen und sozialverträglich zu gestalten. Der Drang des Industrie- und Finanzkapitals in die Metropolen und der hier herrschende Wohnraummangel führten in den großen Städten der Erde zu radikalen und tiefen Differenzierungen in den Wohnbedingungen der Menschen, wie sie auch der Stadt Berlin bevorstehen könnten:
– Gentryfikation der Innenstadtbereiche, noble Miet- und Eigentumswohnungen sowie Appartements für den erfolgreichen Aufsteiger.

- Ausdehnung der Villensiedlungen an der Peripherie für das gestandene und solvente Management und den Top-Politiker.
- Preiswertere Wohnungen und bescheidene Eigenheime im unmittelbaren Umland bzw. Neubauwohnungen im Innenbereich für den Durchschnitts-Verdiener.
- Niedergang der großen Neubau-Areale am Rande zu „Behältnissen" für sozial Schwache wie Rentner, Arbeitslose, Studenten und Aussiedler.
- Container-Plätze für die zugewanderten kleinen Leute, für Ausländer und Asylbewerber.

Der Stadt Berlin ist die Chance gegeben, diese Fehler nicht zu wiederholen, sondern die Prozesse präventiv zu beeinflussen und sozial verträglich zu gestalten. Dazu sollten sich alle diejenigen, die Verantwortung für Wohnungsbau und -politik in dieser Stadt tragen, aber auch die Einwohner folgenden Prämissen künftiger Wohnungsbaupolitik verpflichtet fühlen:

1. Verhinderung von Abriß vorhandener historischer Wohnungsbausubstanz.
2. Erschließung aller Wohnungsreserven durch Herstellung einer lückenlosen Verwaltung und Kontrolle der Wohnungen und Beseitigung der Wohnungs-Vermittlungskriminalität.
3. Großflächige Sanierung der Altbau-Wohnungssubstanz, Beseitigung des Leerstandes, Ausbau von Dachgeschoß- und Souterrain-Wohnungen, Schließung innerstädtischer Lücken durch behutsam eingepaßte kombinierte Wohn-/Geschäftshäuser.
4. Wohnungs-Neubau vor allem am innerstädtischen Rand der Bezirke Treptow, Köpenick, Weißensee, Pankow, Spandau, Zehlendorf und Reinickendorf unter Beachtung der natürlichen Gegebenheiten und der gewachsenen historischen Gebäudestrukturen.
5. Umweltschonender Wohnungs-Neubau entlang der S-Bahn-Achsen in das Umland.
6. Erhaltung des wertvollen historischen Berliner Stadtkerns im Bezirk Mitte. Die einmalige Bausubstanz zwischen Brandenburger Tor, Potsdamer Platz bis jenseits des Alexanderplatzes ist zum großflächigen Baudenkmal zu erklären. Gigantische, schmucklose Finanztempel und Wolkenkratzer entsprächen nicht dem geschichtlichen Charakter dieses Gebietes. Das gesamte Viertel sollte als lebenswerte und ansprechende, gesunde Wohngegend erhalten bzw. weiter vervollkommnet werden.

Die Zahlenangaben in diesem Abschnitt 3.3. über den Berliner Wohnungsmarkt sind fortgeschriebene Ergebnisse der Wohnraumzählungen 1981 (Ost) und 1987 (West) durch die amtliche Landesstatistik.

4. Die Wirtschaft

Der Prozeß des Zusammenwachsens beider Stadthälften Berlins und seines Umlandes zu einem homogenen Wirtschaftsgebiet eröffnet langfristig Perspektiven einer dynamischen, ökologisch und sozial verträglichen Wirtschaftsentwicklung in dieser Region. Ihr Kern wird die Metropole Berlin sein, die sich zu einem modernen Wirtschaftszentrum mit einer ausgewogenen arbeitsteiligen Struktur von know-how-intensiven, intelligenten, umweltfreundlichen Produktionen und im Umfeld angesiedelten unternehmensnahen Diensten entfalten kann. Damit wird an die Traditionen Berlins als industrielles und Dienstleistungszentrum mit überregionaler Ausstrahlungskraft, als Verkehrsknotenpunkt sowie Stätte wirtschaftlicher Begegnungen, des geistig-kulturellen und wissenschaftlichen Austausches – immer auch mit Blick auf Osteuropa – angeknüpft. Mehr noch: Berlin kann Startplatz werden für Initiativen zur ökonomischen Erneuerung auch der östlichen Nachbarstaaten.[1]
Hierfür weist die Stadt eine Vielzahl von endogenen Potentialen in Wirtschaft, Wissenschaft, Kultur sowie in der Infrastruktur auf, die – wengleich in den westlichen und östlichen Bezirken unterschiedlich ausgeprägt – genutzt werden können.
Die wirtschaftliche Verschmelzung beider Teile Berlins und seines Umlandes sowie ihre ökonomische Gesundung hat im Vergleich zu anderen ostdeutschen Regionen eine Spezifik, denn hier kann die Wirtschaft im Westteil der Stadt eine „Lokomotivfunktion" für den gesamten Raum übernehmen. Das heißt, sie kann als Nachfrager nach Vorleistungen sowie als Anbieter von Arbeitsplätzen Hilfestellung bei der Bewältigung der ökonomischen und sozialen Auswirkungen der strukturellen Umbruchprozesse in den östlichen Teilen der Region geben. Sie bringt insgesamt ein höheres Effektivitätsniveau ihrer Produktion, eine größere Vielfalt der Produktpalette, darunter verschiedene Spezialfertigungen, sowie günstigere infrastrukturelle Voraussetzungen – ein ausgebautes Netz wissenschaftlicher Einrichtungen, qualifizierte Dienstleistungskapazitäten und eine entwickelte Kommunikationsinfrastruktur – in die Vereinigung der wirtschaftlichen Potentiale ein, also einen Vorsprung für die Entwicklung des östlichen Wirtschaftsraumes.
Dennoch werden auch hier in der ersten Phase des Zusammenwachsens tiefgreifende Probleme offensichtlich. Zum einen hat die Wirtschaft in den westlichen Bezirken selbst – gemessen am Niveau westdeutscher Ballungsregionen – gewisse strukturelle Defizite zu überwinden, die auf die jahrzehntelange Loslösung vom natürlichen ökonomisch-sozialen Hinterland und auf die periphere Lage zum Wirtschaftsgebiet Westdeutschlands und der EG zurückgehen. Hierzu zählen:

---

[1] Mitzscherling, P.: Neue wirtschaftliche Perspektiven für Berlin, in: 19. Bericht über die Lage der Berliner Wirtschaft, Hrsg.: Senatsverwaltung für Wirtschaft, Berlin, vom November 1990, S. 5 ff.

– Der hohe Anteil flacher Massenfertigungen, die sich in nur wenigen Arbeitsgängen erschöpfen (z. B. reine Montagearbeiten von Zulieferteilen) und vergleichsweise geringere Anforderungen an die fachliche Qualifikation der Arbeitnehmer stellen. Sie sind durch den Abbau der Subventionen nach dem Berlinförderungsgesetz in besonderem Maße von Stillegung oder Verlagerung bedroht. Nach Einschätzungen des in Berlin ansässigen Deutschen Instituts für Wirtschaftsforschung (DIW) und der Industrie- und Handelskammer zu Berlin sind hierdurch 30 000 Arbeitsplätze gefährdet.
– Die Unterrepräsentation von wissenschafts- und know-how-intensiven Produktionen, Verwaltungsabteilungen sowie industrieller Forschung und Entwicklung großer Konzerne.[2]
– Der vorerst noch geringe Grad der für industrielle Ballungsgebiete typischen Arbeitsteilung zwischen Zentrum und Peripherie.
– Die mit hohen Kosten verbundene vorrangige Orientierung auf weit entfernte Bezugs- und Absatzmärkte. Zwei Drittel der Berliner Lieferungen und Bezüge gehen nach wie vor in den westdeutschen Wirtschaftsraum bzw. kommen von dort.

Andererseits hat sich im Verlaufe des Jahres 1991 im Ostteil der Stadt und im Brandenburger Umland die akute Anpassungskrise ehemals zentralistisch-planwirtschaftlicher Strukturen an die marktwirtschaftlichen Erfordernisse zunächst noch verschärft. Die Entwicklung der östlichen Bezirke war im Jahresdurchschnitt 1991 gekennzeichnet durch einen deutlichen Rückgang der gesamten wirtschaftlichen Leistung, die weitere Einschränkung und Stillegung von Kapazitäten, vornehmlich in der Industrie, eine Abnahme der Beschäftigung in nahezu allen Bereichen der Wirtschaft und hohe Arbeitslosenzahlen.

Zur Bewältigung dieser Probleme sind nach wie vor spezifische, auf die Besonderheiten der Region abgestimmte strukturpolitische Maßnahmen und die Gewährleistung eines investitionsfreundlichen Wirtschaftsklimas notwendig, die sich zugleich in längerfristige konzeptionelle Entwicklungslinien einpassen. Dabei hat die Wirtschaftspolitik für Berlin immer auch die Interessen und die Entwicklungschancen des Umlandes zu berücksichtigen.

4.1. Industrie

Berlin und der nähere Verflechtungsraum im Umland verkörpern auch heute noch eines der größten europäischen Wirtschaftszentren und die größte industrielle Ballungsregion Deutschlands. Der sich vollziehende grundlegende wirtschaftliche Wandel in den östlichen Teilgebieten und die Herausbildung einheitlicher Strukturen werden dazu führen, daß die Vorzüge eines solchen Ballungsraumes wieder reaktiviert werden können. Sie bestehen hauptsächlich in
– der Vielfalt der Produktions-, Wissenschafts- und Arbeitsplatzstruktur,
– der räumlichen und fachlichen Disponibilität der Arbeitnehmer,
– dem hohen Konzentrationsgrad industrieller, baulicher und infrastruktureller Kapazitäten,
– den nahräumlichen Verflechtungen von Wissenschaft, Produktion und Verbrauch.[3]

---

[2] Vgl. Strukturelle Defizite im verarbeitenden Gewerbe von Berlin (West), in: DIW-Wochenbericht (Hrsg.: Deutsches Institut für Wirtschaftsforschung), Berlin, Nr. 13, vom 29. 3. 1990, S. 156 ff.; Forschung und Entwicklung im verarbeitenden Gewerbe von Berlin (West), in: DIW-Wochenbericht, Nr. 19, vom 10. 5. 1990, S. 257 ff.
[3] Dazu: Ostwald, W. (Hrsg.): Raumordnungsreport '90 – Daten und Fakten zur Lage in den ostdeutschen Ländern, Verlag Die Wirtschaft GmbH Berlin 1990, S. 188

Die folgenden Darstellungen werden sich auf die Vereinigung der ökonomischen Potentiale innerhalb Berlins, deren Ausgangsbedingungen, gegenwärtige und künftige Entwicklungsmerkmale konzentrieren, ohne dabei die Bedeutung des Umlandes für die Metropole Berlin verkennen zu wollen.

4.1.1. Struktur und Standorte

1989 arbeiteten im industriellen Bereich Berlins 340 149 Beschäftigte, davon 164 200 in den westlichen Bezirken und 175 949 in den östlichen. Dabei war der Beschäftigungsanteil in der Industrie bezogen auf die Gesamtzahl der Erwerbstätigen im östlichen Berlin deutlich höher als im westlichen (24,4 gegenüber 18,3 Prozent). Während sich in der westlichen Stadthälfte in den 70er und 80er Jahren bedeutende Strukturverschiebungen von der Industrie zu den Dienstleistungen vollzogen haben, sind die Relationen zwischen den einzelnen Wirtschaftsbereichen im Ostteil Berlins in diesen beiden Jahrzehnten relativ konstant geblieben.

Zwei Zweige dominieren traditionell die Industriestruktur der Stadt – die elektrotechnisch/elektronische Industrie mit einem Anteil von mehr als einem Drittel an der Zahl aller Industriebeschäftigten sowie der Maschinen- und Fahrzeugbau, in dem ein Viertel aller Industriearbeiter tätig sind (vgl. Tabelle 4.1.1.). Zwischen den Industriezweigen hat es im ehemaligen Ost-Berlin in den Jahren von 1980 bis 1988 kaum Anteilsveränderungen gegeben.[4] Demgegenüber waren im Westteil der Stadt im Zusammenhang mit strukturellen Anpassungsprozessen an neue wissenschaftlich-technische Erfordernisse im vergangenen Jahrzehnt eine Schrumpfung beim überwiegend mittelständisch geprägten Maschinenbau sowie eine Gewichtsverlagerung von der elektrotechnischen zur elektronischen Industrie zu verzeichnen. An Bedeutung gewonnen hat dort die chemische Industrie, hingegen wurden die Kapazitäten der Textil- und Bekleidungsindustrie weiter eingeschränkt.

Tabelle 4.1.1.
Struktur der Industriebeschäftigten nach Zweigen, 1989 (in Prozent der insgesamt in der Industrie Beschäftigten)

	Berlin West*	Berlin Ost
Baumaterialienindustrie	1,1	0,0
Energie, Wasser, Brennstoffindustrie	6,8	7,1
Chemische Industrie	10,2	8,8
Metallurgie	1,1	1,3
Maschinen- und Fahrzeugbau	20,5	28,4
Elektrotechnik/Elektronik, Gerätebau	35,5	37,7
Leichtindustrie	12,3	10,5
Lebensmittelindustrie	11,6	6,3

* Jahresdurchschnitt 1988
Quellen: Statistisches Jahrbuch Berlin (Ost), Berlin 1990 sowie Großraum Berlin, in: DIW-Wochenbericht (Hrsg.: Deutsches Institut für Wirtschaftsforschung), Berlin, Nr. 20, vom 31. 5. 1990, S. 299

---

[4] Strukturdaten Großraum Berlin, Hrsg.: Deutsches Institut für Wirtschaftsforschung (DIW) in Zusammenarbeit mit dem Institut für angewandte Wirtschaftsforschung (IAW), Berlin, vom November 1990, S. 21

Aufgrund der ähnlich gelagerten Produktionsprofile in beiden Teilen der Stadt bestehen gute Voraussetzungen für die Restrukturierung Berlins als modernes Zentrum der Elektroindustrie mit ausgeprägten arbeitsteiligen Beziehungen zwischen großen Fertigungsstätten und in ihrem Umfeld angesiedelten gewerblichen Zulieferern. Die in Berlin ausgeprägte Zweigvielfalt kann im strukturellen Wandlungsprozeß durch marktkonforme Spezialisierung effiziente Fertigungen hervorbringen und damit zu einer neuen Quelle der Wertschöpfung werden. Zudem ist in der hiesigen Wirtschaft ein großer Bedarf an ressourcenschonenden Werkstoffen, Umweltschutzausrüstungen und Beratungsleistungen zur Prävention von Umweltschäden vorhanden. Das ist von besonderer Bedeutung für die Sicherung Berlins als Standort lohnenswerten wirtschaftlichen Engagements und als attraktiver Wohnort mit hohem Freizeit- und Erholungswert. Die Entwicklung und Produktion auf diesem Gebiet kann zu einer gewinnträchtigen Expansionssphäre vornehmlich für mittelständische Unternehmen werden.

Bedeutende, von ehemaligen Großunternehmen geprägte Standorte im Ostteil Berlins waren bzw. sind:
— im Bezirk Köpenick TRO Transformatoren- und Schaltgerätegesellschaft mbH, KWO Kabelwerk GmbH – von AEG erbaut, Werk für Fernsehelektronik GmbH, Funkwerk Köpenick GmbH, Wärmegeräte und Armaturenwerk Berlin sowie Fotochemische Werke GmbH;
— im Bezirk Treptow Elektro-Apparate-Werke – EAW Berlin GmbH, Spezialfahrzeuge Berlin, Kühlautomat Berlin, Medizinische Geräte Berlin und Berlin-Chemie;
— im Bezirk Weißensee NILES-Werkzeugmaschinen GmbH Berlin und Isokond GmbH (Elektrotechnik);
— im Bezirk Lichtenberg Elektrokohle AG, Gießerei- und Maschinenbau GmbH, Berliner Lufttechnische Anlagen und Geräte GmbH, ehemaliges Metalleichtbaukombinat, Asol-Chemie und Becon Classic GmbH (Bekleidung);
— in Bezirk Marzahn Industrieelektronik- und Anlagenbau – ELPRO AG, Stern-Radio jetzt Gewerbegebiet und Berliner Werkzeugmaschinenfabrik GmbH;
— im Bezirk Pankow AAB Bergmann-Borsig GmbH und NILES-Preßluftwerkzeuge GmbH;
— im Bezirk Mitte Berlin-Kosmetik GmbH und Dampferzeugerbau Berlin GmbH;
— im Bezirk Prenzlauer Berg Funk- und Fernmeldeanlagenbau sowie Steremat GmbH (Herstellung von Metallbearbeitungsmaschinen);
— im Bezirk Friedrichshain der alleinige Glühlampenhersteller im Gebiet der früheren DDR Narva Berliner Glühlampenwerk GmbH – vormals Osram und Meßelektronik Berlin GmbH.

Diese Unternehmen waren mit Ausnahme von Elektrokohle zugleich die wichtigsten Exportbetriebe Ost-Berlins.

Gemessen an der Zahl der Industriebeschäftigten je 1000 Einwohner befinden sich die Industrieschwerpunkte im östlichen Berlin in den Bezirken Köpenick, Treptow und Weißensee (vgl. Tabelle 4.1.2.).

Im Gegensatz zum Ostteil der Stadt, wo in der Vergangenheit vor allem wenige Großbetriebe die Industriestruktur in den Bezirken prägten, gibt es in der westlichen Stadthälfte eine wesentlich höhere Zahl von Ansiedlungen mittelständischer Unternehmen – hauptsächlich der Branchen elektrotechnische/elektronische Industrie, Maschinenbau sowie Nahrungs- und Genußmittelherstellung. Wichtige Konzentrationsräume der Industrie sind in den Bezirken Spandau, Tempelhof, Reinickendorf und Neukölln lokalisiert.

Im folgenden sind vornehmlich Standorte größerer Firmen genannt:

Bezirk	Unternehmen
Reinickendorf	Waggon Union GmbH (Schienenfahrzeugbau)
	OTIS GmbH (Maschinenbau, Fördermittel, Hebezeuge)
	Deutsche Babcock-Borsig AG (Maschinenbau)
	Kabelwerke Reinshagen Werk Berlin GmbH (Elektrotechnik, Kabel, Leitungen, Drähte)
	J2T Video (Berlin) GmbH (Elektrotechnik, Rundfunk-, Fernseh-, Phonogeräte)
	Thyssen Bandstahl Berlin GmbH (Eisenschaffende Industrie, Stahlwalzwerke)
	Herlitz AG (Bürobedarf)
	R. J. Reynolds Tobacco GmbH (Tabakwaren)
	Storck-Schokoladen GmbH & Co. (Süßwaren)
Spandau	AEG Westinghouse Transport-Systeme GmbH (Schienenfahrzeugbau)
	Bayerische Motoren Werke AG – Sparte Motorrad –
	Bosch-Siemens Hausgeräte GmbH (Elektrohaushaltsgeräte)
	O & K Baumaschinen, Zweigniederlassung der O & K Orenstein & Koppel AG
	Bergmann Kabel und Leitungen GmbH (Elektrotechnik, Kabel, Leitungen, Drähte)
	HUDSON-Textilwerke GmbH, Werk Berlin
	B.A.T. Cigarettenfabrik GmbH
Tempelhof	Schindler Aufzügefabrik GmbH (Maschinenbau, Fördermittel, Hebezeuge)
	BEKUM Maschinenfabriken GmbH (Maschinenbau für Nahrungsmittelindustrie und Chemie)
	Willy Vogel AG (Maschinenbau)
	Fritz Werner Werkzeugmaschinen AG (Maschinenbau, Metallbearbeitungsmaschinen)
	Mercedes-Benz AG Werk Berlin-Marienfelde (Kraftfahrzeugteile)
	Standard Elektrik Lorenz AG – SEL – (Elektrotechnik, Fernmelde-, Meß-, Regel-, Medizintechnik)
	IBM Deutschland GmbH (Büro- und Datentechnik, DV-Geräte)
	Gilette Deutschland GmbH & Co. (Eisen-, Blech-, Metallwaren, Schneidwaren)
	Nestlé Deutschland AG (Süßwaren) Chocoladen-Werk Berlin
Neukölln	AEG Kabel Aktiengesellschaft Werk Berlin (Elektrotechnik, Kabel, Leitungen, Drähte)
	Auergesellschaft GmbH (Feinmechanik, betriebliche Meß- und Regelgeräte)
	Eternit Aktiengesellschaft (Steine und Erden)
	Philip Morris GmbH (Tabakwaren)
Wedding	Siemens Nixdorf Informationssysteme AG (Büro- und Datentechnik, DV-Geräte)
	Deutsche Vergaser Gesellschaft, Zweigniederlassung Berlin der PIERBURG GmbH in Neuss (Kraftfahrzeugteile)
	Schering AG (Chemie, Pharmazie)
Steglitz	H. Berthold AG (Maschinenbau, Papier- und Druckmaschinen)
	Ford-Werke AG und Co. KG (Kraftfahrzeugteile)
	KRONE AG (Elektrotechnik, Fernmelde-, Meß-, Regel- und Medizintechnik)
	Ikon AG Präzisionstechnik (Feinmechanik und Optik)
Wilmersdorf	AEG Aktiengesellschaft (Elektrotechnik, Kabel, Leitungen, Drähte)
	Robert Bosch GmbH, Geschäftsbereiche Mobile Kommunikation (Elektrotechnik, Fernmelde-, Meß-, Regel- und Medizintechnik)
	H. F. & Ph. F. Reemtsma GmbH & Co. (Tabakwaren)
Kreuzberg	DeTeWe Deutsche Telephonwerke (Elektrotechnik, Fernmelde-, Meß-, Regel- und Medizintechnik)
Tiergarten	Siemens AG Unternehmensbereich KWU (Maschinenbau)
	Martin Brinkmann AG (Tabakwaren)

4.1.2. Betriebsgrößengliederung

Im Ergebnis der in der Vergangenheit gegensätzlichen sozialökonomischen Entwicklung und der hierdurch begründeten unterschiedlichen wirtschaftspolitischen Orientierungen hat sich in beiden Teilen der Stadt eine voneinander abweichende Betriebsgrößenstruktur herausgebildet.

In der westlichen Stadthälfte ist die Wirtschaftsstruktur von mittelständischen Firmen dominiert. Diese Unternehmen verkörpern ein beträchtliches Entwicklungspotential, denn sie sind häufig flexibler als Großbetriebe und rascher in der Lage, neue Produkte in kleinen Serien zu fertigen und zu testen, Zulieferungen in kurzer Zeit bereitzustellen und auf Marktlücken zu reagieren. 1988 hatten von den 2 026 im damaligen West-Berlin gelegenen Industriebetrieben knapp drei Viertel weniger als 50 Mitarbeiter und etwas mehr als ein

Tabelle 4.1.2.
Industrie in den östlichen Berliner Stadtbezirken am 31. 12. 1987

Bezirk	Arbeits-stätten	Beschäf-tigte	Beschäf-tigte je 1000 Ein-wohner	Grund-mittel, Bruttowert in Mio M	Grund-stücks-flächen in ha	Grund-mittel- in 1000 M je Beschäftigten	Grund-stücks-fläche in m²
Mitte	200	14 885	186	2 238,4	43,0	150,4	29
Prenzlauer Berg	161	15 200	100	2 623,9	34,5	172,6	23
Friedrichshain	218	20 411	177	4 002,2	90,3	196,1	44
Treptow	116	21 655	205	2 829,9	200,9	130,7	93
Köpenick	181	30 719	268	5 411,5	213,3	176,2	69
Lichtenberg	133	21 125	119	4 569,3	170,4	216,3	81
Weißensee	126	12 433	227	1 833,4	77,8	147,5	63
Pankow	106	11 135	98	1 458,5	134,5	131,0	121
Marzahn	46	14 283	82	3 363,9	108,3	235,5	76
Hohenschönhausen	33	3 069	27	747,8	43,0	243,7	140
Hellersdorf	26	1 795	21	120,4	23,6	67,1	131
Insgesamt	1346	166 710	130	29 199,2	1139,6	175,1	68

Quelle: Stukturdaten Großraum Berlin, Hrsg.: Deutsches Institut für Wirtschaftsforschung (DIW) in Zusammenarbeit mit dem Institut für angewandte Wirtschaftsforschung (IAW), Berlin, vom November 1990, S. 33 und 37

Fünftel zwischen 50 und 500 Beschäftigte. Nur 1,4 Prozent der Unternehmen hatten mehr als 1000 Beschäftigte (vgl. Tabelle 4.1.3.).
Demgegenüber hat sich der Konzentrationsprozeß in der Industrie im östlichen Berlin, wo vor allem große Betriebe und Kombinate die Struktur bestimmten, in den 80er Jahren noch verstärkt (vgl. Tabelle 4.1.4.). So hatten 1985 noch 12,9 Prozent der dortigen Unternehmen weniger als 100 Mitarbeiter und 34 Prozent mehr als 1000. Bis 1988 verringerte sich dann der Anteil der Betriebe in der Größenklasse mit unter 100 Beschäftigten auf 5,4 Prozent; parallel erhöhte sich der der Unternehmen mit über 1000 Mitarbeitern auf 42,3 Prozent.

Tabelle 4.1.3.
Betriebe im verarbeitenden Gewerbe nach Beschäftigten-Größenklassen, Berlin-West 1988

Größenklasse	absolut	in Prozent
1 bis 19	994	49,0
20 bis 49	504	24,9
50 bis 99	245	12,1
100 bis 499	232	11,5
500 bis 999	22	1,1
1000 und mehr	29	1,4
Insgesamt	2 026	100,0

Quelle: Berliner Wirtschaftsdaten, Hrsg.: Senatsverwaltung für Wirtschaft, Berlin, Tabelle 30, von August 1989

Tabelle 4.1.4.
Industriebetriebe nach Beschäftigten-Größenklassen in Berlin-Ost 1985 und 1988

Größenklassen	1985 absolut	in Prozent	1988 absolut	in Prozent
1 bis 25	4	2,6	0	0,0
26 bis 50	7	4,5	4	3,1
51 bis 100	9	5,8	3	2,3
101 bis 500	60	38,4	49	37,7
501 bis 1000	23	14,7	19	14,6
1001 und mehr	53	33,9	55	42,3
Insgesamt	156	100,0	130	100,0

Quelle: Strukturdaten Großraum Berlin, Hrsg.: Deutsches Institut für Wirtschaftsforschung in Zusammenarbeit mit dem Institut für angewandte Wirtschaftsforschung, Berlin, vom November 1990, S. 28 f.

4.1.3. Exportrentabilität und Anlagevermögen

Mit der Realisierung der Währungs- und Wirtschaftsunion im Sommer 1990 sind schlagartig die Differenzen in der Produktivität und Konkurrenzfähigkeit der industriellen Produktion sowie der qualitativen Struktur der Gebäude und Ausrüstungen zwischen beiden Stadthälften offengelegt worden.

Eine vorläufige Bewertung der Wettbewerbsfähigkeit von Unternehmen in den neuen Bundesländern und dem östlichen Berlin hat ergeben, daß zunächst nur 30 bis 40 Prozent der Betriebe, in denen etwa ein Viertel der Industriearbeiter beschäftigt ist, international konkurrieren können. Rund 30 Prozent mit etwa einem Drittel der Arbeitnehmer der Industrie sind sanierungsbedürftig. Ein Drittel der Unternehmen ist unmittelbar konkursgefährdet. Das könnte den Verlust von nahezu der Hälfte aller industriellen Arbeitsplätze bedeuten.

In der Metall- und Elektrobranche der östlichen Stadthälfte hatte die IG Metall zu Jahresbeginn 1991 prognostiziert, daß jeder zweite Arbeitnehmer seine Beschäftigung verlieren wird. Sie schätzte die Zahl der Entlassungen in der metallverarbeitenden Industrie im östlichen Berlin für das laufende Jahr auf 45 000 der damals noch beschäftigten 118 000 Arbeitnehmer (Ende Dezember 1990 waren es 160 000), davon allein 28 000 aus Großbetrieben. Massive Freisetzungen sind bei der Fernsehelektronik GmbH (WF GmbH), dem Kabelwerk Oberspree (KWO), der Transformatoren- und Schaltgerätegesellschaft (TRO), dem Funkwerk Köpenick (FWK), den Berliner Metallhütten und Halbzeugwerken (BMHW), der BAE Batterie GmbH, den Elektro-Apparate-Werken Treptow, in der Narva BGW GmbH, bei Stern-Radio Berlin, bei der ELPRO AG, beim Dampferzeugerbau und in der Berliner Werkzeugmaschinen Fabrik GmbH zu verzeichnen. Hiervon besonders betroffen ist das Industriegebiet Oberschöneweide. In den dort angesiedelten Produktionsstätten WF GmbH, KWO, TRO, FWK, BMHW und BAE mußten nach Angaben der Bezirksleitung Berlin/Brandenburg der IG Metall 1991 12 300 ineffiziente Stellen abgebaut werden. 1992 beabsichtigen diese Unternehmen eine weitere Reduzierung des Personals um voraussichtlich 6 500. Damit kann nur gut ein Fünftel (= 5 065) der 1990 vorhandenen Beschäftigungsmöglichkeiten (= 24 000) erhalten werden.

Auch im Westteil der Stadt, errechnete die IG, könnte 1991 jeder fünfte der Beschäftigten in 34 Betrieben der Metall- und Elektroindustrie die Kündigung erhalten. 35 von 93 befragten Betrieben erklärten, daß ihre Arbeitnehmer mit negativen Auswirkungen des Abbaus der Berlinförderungen rechnen müßten. Vier Betriebe mit 3 440 Beschäftigten – Thyssen Bandstahl, Mecron, SEL und Kabelmetall Messing – schließen eine Stillegung oder Gesamtverlagerung nicht aus, 18 Betriebe mit 16 900 Mitarbeitern sprechen von einer möglichen Teilstillegung.[5]

In der Exportproduktion für das westliche Wirtschaftsgebiet konnten die Ost-Berliner Unternehmen vor dem 1. Juli 1990 lediglich eine durchschnittliche Rentabilität von 4,5 : 1 zwischen Aufwand und Ergebnis erreichen. Die Devisenertragskennziffer (Verhältnis des Devisenerlöses zum Inlandspreis der Exportwaren) war während des vergangenen Jahrzehnts deutlich gesunken (vgl. Tabelle 4.1.5.). Am stärksten ausgeprägt war dieser Rückgang im Maschinen- und Fahrzeugbau sowie in der Lebensmittelindustrie. Berücksichtigt werden muß aber, daß neben den damaligen inländischen Preisvorschriften (Preiskalkulationsrichtlinien), der technischen Politik (Strukturfragen, internationale Kooperation) sowie der mangelnden Marktattraktivität vieler Produkte und Dienstlei-

---

[5] Nach Angaben des 1. Bevollmächtigten der Berliner IG Metall, M. Foede, in: Berliner Zeitung, vom 12. 2. 1991

Tabelle 4.1.5.
Verhältnis des Devisenerlöses (zu Valutagegenwert) zum Exportvolumen (in Betriebspreisen) nach Industriezweigen in Berlin-Ost

Industriezweig	Warenverkehr mit östlichem Wirtschaftsgebiet*		westlichen Ländern	
	1980	1988	1980	1988
Industrie gesamt	1,03	1,13	0,40	0,22
Energie	0,98	0,97	0,00	1,80
Chemie	0,83	1,12	0,37	0,19
Metallurgie	0,74	0,57	0,27	0,26
Baumaterial	0,00	0,00	0,00	0,00
Wasserwirtschaft	0,00	0,00	0,00	0,00
Maschinen- und Fahrzeugbau	1,36	1,35	0,45	0,21
Elektrotechnik/Gerätebau	1,01	1,10	0,39	0,23
Leichtindustrie	0,82	0,67	0,40	0,23
Textilindustrie	0,00	0,00	0,00	0,33
Lebensmittelindustrie	1,14	1,04	0,46	0,17

* Länder Osteuropas sowie Länder mit „sozialistischer Orientierung" anderer Kontinente, wie Korea, Laos, Kambodscha, China, Angola, Äthiopien, Mocambique
Quelle: Strukturdaten Großraum Berlin, Hrsg.: Deutsches Institut für Wirtschaftsforschung, Berlin, vom November 1990, S. 71

stungen auch die politisch motivierten Währungsparitäten zum westlichen Ausland ungünstig auf die Devisenertragskennziffer wirkten. 1 DM = 1 Valutamark galt seit 1950 unverändert als politische Entscheidung. Sie konnten damit – im Gegensatz zu den Währungsparitäten im ehemals „sozialistischen Wirtschaftsgebiet" – die Aufwendungen nicht real widerspiegeln. Die eingetretenen Exportverluste wurden in der Regel im Staatshaushalt mittels der durch hohe Importabgabepreise bedingten Gewinne der Außenhandelsbetriebe bei der Einfuhr ausgeglichen. In der Kosten- und Gewinnabrechnung der Exportbetriebe fand dies seinen Niederschlag in einem sogenannten Richtungskoeffizienten, der in den 80er Jahren von 2,6 auf 4,4 pro Valutaeinheit angehoben wurde.

Infolge der früheren zentral festgelegten Investitionspolitik weist das Anlagevermögen im Ostteil der Stadt im Vergleich zum Niveau in der westlichen Stadthälfte einen teilweise höheren Verschleißgrad und einen Nachholebedarf im technischen Niveau der Grundmittel aus. Dies zieht zunächst erhebliche Wettbewerbsnachteile nach sich, denn die Standortbedingungen einer Region werden entscheidend bestimmt durch die Leistungsfähigkeit des territorial vorhandenen Anlagekapitals der Industrie sowie des Innovationspotentials zur Förderung und Ansiedlung wissenschaftsintensiver Branchen.

Die ausrüstungsintensivsten Industriezweige in den östlichen Bezirken Berlins sind
- die Energie- und Grundstoffindustrie (mit einem Anteil von rund 33 Prozent am Gesamtvolumen der Ausrüstungen),
- die Branche Elektrotechnik/Elektronik/Gerätebau (= 27,5 Prozent),
- der Maschinen- und Fahrzeugbau (= 14 Prozent).[6]

Bei den Ausrüstungen[7] waren in der Ost-Berliner Industrie 1988 40 Prozent älter als 10 Jahre (davon 20 Prozent älter als 20 Jahre – vgl. Tabelle 4.1.6.). Die durchschnittliche

---

[6] Strukturdaten Großraum Berlin, a. a. O., S. 77 f.
[7] Als Ausrüstungen werden die maschinellen und technischen Einrichtungen eines Betriebes bzw. Investitionsvorhabens erfaßt (Maschinen, Anlagen, Geräte und Werkzeuge, Transportmittel, Inventar, Geschäftsausstattungen). Der Bruttowert der Ausrüstungen ist der im Verlauf der Nutzungsdauer der Ausrüstungen abzuschreibende Geldbetrag. Als Bewertungsgrundlage für die Ermittlung des Bruttowertes können sowohl der Anschaffungs- als auch der Wiederbeschaffungspreis gelten.

Tabelle 4.1.6.
Bruttowert der Bauten und Ausrüstungen nach Altersgruppen in Berlin-Ost, 1988

Altersgruppe	Bauten		Ausrüstungen	
	1000 M	%	1000 M	%
Insgesamt	17 649 389	100,0	21 758 113	100,0
bis 5 Jahre	3 107 576	17,6	7 376 431	33,9
6 bis 10 Jahre	3 651 387	20,7	5 097 811	23,4
11 bis 20 Jahre	3 303 792	18,7	5 000 414	23,0
21 bis 50 Jahre	2 970 855	16,8	4 283 457*	19,7
50 Jahre und mehr	4 615 779	26,2		

* 21 Jahre und mehr

Quelle: Strukturdaten Großraum Berlin, Hrsg.: Deutsches Institut für Wirtschaftsforschung in Zusammenarbeit mit dem Institut für angewandte Wirtschaftsforschung, Berlin, vom November 1990, S. 80 f.

Nutzungsdauer der Ausrüstungen betrug im Gebiet der vormaligen DDR 20 Jahre – im Vergleich hierzu im Durchschnitt der Alt-Bundesländer nur 14 Jahre.

Ein Vergleich der Altersstruktur der einzelnen Industriezweige im östlichen Berlin zeigt allerdings ein differenzierteres Bild. So hebt sie sich im Zweig Elektrotechnik/Elektronik/Gerätebau deutlich von der anderer Branchen ab, was seiner dominierenden Stellung innerhalb der Industrie des östlichen Berlins entspricht. 40 Prozent aller in der Ost-Berliner Industrie vorhandenen Ausrüstungen mit einem Alter unter 5 Jahren waren 1988 hier eingesetzt. Damit war die Hälfte der Ausrüstungen in diesem Industriezweig nicht älter als 5 Jahre, insgesamt knapp drei Viertel nicht älter als 10 Jahre. Dieser Umstand ist insbesondere der Förderung der Mikroelektronik seit Anfang der 80er Jahre und der hiermit im Zusammenhang stehenden Erweiterung und Neuerrichtung elektronischer Betriebe – wie z. B. Stern-Radio Berlin und Werk für Fernsehelektronik – zuzuschreiben.[8]

Die Betrachtung der Altersstruktur der Ausrüstungen allein läßt noch keine eindeutigen Schlüsse auf die Modernität und Effizienz der Produktion zu. Hierzu müssen auch das wissenschaftlich-technische Niveau der gesamten Fertigung – angefangen von den Maschinen und Anlagen bis hin zu den Erzeugnissen – sowie der Anteil der nichtproduktiven Tätigkeiten in Betracht gezogen werden. Das teilweise technische Zurückbleiben hinter den Anforderungen des Marktes, fehlendes Marketing und das oft mangelhafte Produktdesign sowie der verhältnismäßig hohe Anteil von Beschäftigten mit Leitungs- und Verwaltungsfunktionen führten deshalb selbst in Unternehmen mit einer günstigen Altersstruktur der Ausrüstungen zu umfangreichen Stillegungen von Kapazitäten, wie die Recorder-Produktion bei Stern-Radio Berlin, bei der Farbbildröhrenherstellung in der Fernsehelektronik GmbH und der Computer-Produktion in der EAW Berlin GmbH. Ein erheblicher Teil der Ost-Berliner Maschinenbaukapazitäten und der Erzeugnislinien der elektrotechnischen/elektronischen sowie der Leichtindustrie muß daher neu strukturiert werden.

Das größte wertmäßige Volumen der Gebäude[9] in der östlichen Stadthälfte weisen die Zweige Elektrotechnik/Elektronik/Gerätebau sowie der Maschinen- und Fahrzeugbau aus. Mehr als ein Viertel der Gebäude ist bereits älter als 40 Jahre (vgl. Tabelle 4.1.6.).

---

[8] Strukturdaten Großraum Berlin, a. a. O., S. 78 f.
[9] Unter Gebäuden sind hier sowohl auf Dauer oder für einen vorübergehenden Zweck errichtete überdachte und in sich geschlossene Bauten als auch infrastrukturelle Anlagen (Verkehrs-, Tief- und Wasserbauten, Meliorationen und sonstige Bauwerke, die nicht zu den Gebäuden zählen) erfaßt. Der Bruttowert der Gebäude weist den Teil des Einheitswertes vom Gesamtvermögen aus, der auf die Gebäude und baulichen Anlagen entfällt.

Im Vergleich mit der Altersstruktur der industriellen Ausrüstungen des Umlandes zeigt sich für die Ost-Berliner Wirtschaft ein günstigeres Bild. Waren in Ost-Berlin 1988 etwa ein Drittel der Ausrüstungen nicht älter als 5 Jahre, so betrug dieser Anteil im Umland nur 22,2 Prozent. 56,5 Prozent der Maschinen und Anlagen waren dort älter als 10 Jahre (davon 23,1 Prozent älter als 20 Jahre). Dies resultierte aus dem „jüngeren Durchschnittsalter" der Ausrüstungen in den Ost-Berliner Branchen Elektrotechnik/Elektronik/Gerätebau, Maschinen- und Fahrzeugbau sowie Ernährungsgewerbe.[10]

Eine konkrete Gegenüberstellung der Alterszusammensetzung der Bauten und Ausrüstungen in beiden Stadthälften ist nicht möglich, da für den Westteil keine aktuellen Angaben verfügbar waren. Verschiedene verbale Einschätzungen von Vertretern der West-Berliner Wirtschaft lassen jedoch den Schluß zu, daß sich auch hier bei einer getrennten Betrachtung nach Industriezweigen und Größe der Betriebe Unterschiede ergeben. Insbesondere einige kleinere Unternehmen arbeiten noch mit einem teilweise veralteten Maschinenpark. Gemessen an der in der Bundesrepublik Ende 1988 bestehenden Situation stellt sich die Altersstruktur der Industriebauten in den östlichen Stadtregionen noch relativ günstig dar. Wurde hier ein Anteil von 38,3 Prozent für Gebäude mit einem Alter von unter 10 Jahren ausgewiesen, so waren es in der Bundesrepublik nur 28,9 Prozent.[11]

4.1.4. Warenverkehr

Die in der Vergangenheit unterschiedliche Einbindung beider Teile Berlins in das östliche und westliche Wirtschaftssystem und deren Institutionen haben eine entsprechende Ausrichtung ihrer Handelsbeziehungen nach sich gezogen.

1988 gingen 63,5 Prozent der Warenlieferungen des damaligen West-Berlins in das Gebiet der alten Bundesländer, 2,5 Prozent in die frühere DDR und rund ein Drittel ins Ausland. Bei den Bezügen kamen knapp 70 Prozent aus dem westdeutschen Wirtschaftsraum, 5 Prozent aus der DDR und ein Viertel aus dem Ausland. In diesen Relationen widerspiegeln sich die Auswirkungen der politisch bedingten Teilung der Stadt und der Loslösung der westlichen Stadthälfte von ihrem Umland. Infolge der dadurch unterbrochenen natürlichen arbeitsteiligen Verflechtungen war die West-Berliner Wirtschaft gezwungen, sich auf weit entfernte Absatz- und Bezugsmärkte zu orientieren. Das war mit hohen Kosten verknüpft und zog Wettbewerbsnachteile für den Wirtschaftsstandort Berlin-West nach sich. Zum Ausgleich dessen hatte die Bundesregierung das Instrumentarium der Berlinförderung geschaffen. Auf seiner Grundlage wurden Kürzungen der Umsatzsteuerschuld, steuerfreie Investitionszulagen, verschiedene Abschreibungsvergünstigungen und die Arbeitnehmerzulage zum Bruttolohn gewährt.

Nunmehr kann die Arbeitsteilung zwischen beiden Stadthälften und ihrem ökonomischen Umfeld im Land Brandenburg zum Nutzen aller Beteiligten wiederbelebt werden, und die in Jahrzehnten der Spaltung verzerrten Strukturen in Wirtschaft, Verkehr, Kommunikation, Energie, Abfallentsorgung und Naherholung können sich mittelfristig normalisieren und wieder ergänzen. Für einen Übergangszeitraum bedarf diese Region dennoch einer besonderen wirtschaftspolitischen Förderung (einschließlich der Maßnahmen des Berlinförderungsgesetzes, deren Abbau nur schrittweise erfolgen kann, und der Bundeshilfe für den Berliner Haushalt), denn der Prozeß des Zusammenwachsens vollzieht sich mit dem

---

[10] Strukturdaten Großraum Berlin, a. a. O., S. 78 und 81
[11] ebenda, S. 79

Tabelle 4.1.7.
Entwicklung des Außenhandels von Berlin-West 1980, 1985 und 1989

	1980	1985	1989
Export in Millionen DM	5 314	9 914	10 627
davon (in Prozent)			
westliche Industrieländer	70,8	78,5	84,7
darunter EG-Länder	41,5	50,4	55,8
Entwicklungsländer	25,5	16,7	11,7
Staatshandelsländer	3,7	4,8	3,6
Import in Millionen DM	4 386	7 900	8 244
davon (in Prozent)			
westliche Industrieländer	64,9	65,6	71,2
darunter EG-Länder	41,4	43,7	45,1
Entwicklungsländer	21,5	24,9	18,8
Staatshandelsländer	13,6	9,5	10,0

Quelle: 19. Bericht über die Lage der Berliner Wirtschaft, Hrsg.: Senatsverwaltung für Wirtschaft, Berlin, vom November 1990, S. 110

Tabelle 4.1.8.
Anteil des Exports (zu Betriebspreisen) an der Industrieproduktion nach Zweigen in Berlin-Ost 1980 und 1988 in Prozent

Industriezweig	Östliches Wirtschaftsgebiet		Westliche Länder	
	1980	1988	1980	1988
Energie- und Brennstoffindustrie	8,4	5,8		0,3
Chemische Industrie	15,9	13,5	4,0	8,1
Metallurgie	3,1	1,7	1,1	2,4
Maschinen- und Fahrzeugbau	7,8	11,6	2,3	5,6
Elektrotechnik/Elektronik/Gerätebau	14,9	14,1	7,0	4,8
Leichtindustrie	11,8	14,4	10,7	18,3
Textilindustrie				3,5
Lebensmittelindustrie	0,4	0,5	1,2	1,7
Industrie insgesamt	10,2	10,1	4,1	5,1

Quelle: Strukturdaten Großraum Berlin, Hrsg.: Deutsches Institut für Wirtschaftsforschung in Zusammenarbeit mit dem Institut für Angewandte Wirtschaftsforschung, Berlin, vom November 1990, S. 69

Wegfall der Mauer nicht im Selbstlauf und wird sich über einen Zeitraum von mehreren Jahren erstrecken.
Einen Überblick über die Entwicklung und territoriale Aufgliederung des Außenhandels der West-Berliner Wirtschaft gibt Tabelle 4.1.7. Die ohnehin geringe Bedeutung der Staatshandels- und Entwicklungsländer in den außenwirtschaftlichen Beziehungen der westlichen Stadthälfte hatte in den 80er Jahren noch abgenommen.
Demgegenüber orientierten sich die Ost-Berliner Industriebetriebe in ihren Außenhandelsbeziehungen in der Vergangenheit vorrangig auf die osteuropäischen Länder. Bei einem Anteil des Exports von 15 Prozent an der Industrieproduktion gingen zwei Drittel in das damalige „sozialistische Wirtschaftsgebiet" und nur ein Drittel in die westlichen Länder (vgl. Tabelle 4.1.8.). Mit der Einführung der DM als allgemeines Zahlungsmittel im Gebiet der früheren DDR ist dieser Markt wegen der damit verbundenen Zahlungsschwierigkeiten für die östlichen Staaten zunächst weitgehend zusammengebrochen. Die sich daraus ergebenden Absatzprobleme auf Grund fehlender Diversifizierungsmöglichkeiten und mangelnder Wettbewerbsfähigkeit auf den westlichen Märkten hat in zahlreichen Ost-Berliner Betrieben zu Produktionseinbrüchen und Arbeitskräftefreisetzungen geführt.
Perspektivisch bietet jedoch die spezifische Lage Berlins in der Mitte Europas und die umfangreichen Erfahrungen beider Teile der Stadt sowohl im West- als auch im Osthandel

eine besondere Entwicklungschance. Berlin kann dabei einerseits eine Mittlerrolle als Koordinations- und Kooperationszentrum für westliche und östliche Märkte übernehmen. Der wachsende Dienstleistungsbereich in der Stadt mit neu entstehenden Dienstleistungszentren bietet eine Basis für sich ergänzende Kooperationen überregionaler produktionsorientierter Dienste. Durch die weitgehende Modifizierung der COCOM-Liste eröffnen sich zugleich neue Chancen für die Zusammenarbeit im Hochtechnologiebereich. Darüber hinaus stellt das zunehmende Bewußtsein der osteuropäischen Wirtschaft für ökologische Notwendigkeiten ein Expansionsfeld für die Umweltindustrie und -dienstleister Berlins dar. Nicht zuletzt ergeben sich durch den Ausbau von Finanzdienstleistungen für die Ost-West-Kooperation gute Möglichkeiten für Berlin, wieder an seine frühere Position als internationales Finanzzentrum anzuknüpfen.

Diese Mittlerrolle wird auch durch Aktivitäten der Ost-West-Wirtschaftsakademie (OWWA) unterstützt. Die Akademie trägt dazu bei, die Qualifizierungsmöglichkeiten der osteuropäischen Wirtschaft zu fördern. Sie bietet für Fachleute aus Ost und West Aus- und Weiterbildungsveranstaltungen an und hilft, insgesamt den Dialog zu intensivieren. Andererseits ist der Standort Berlin bei fortschreitender europäischer Integration für in- und ausländische Firmen generell interessant geworden, um von hier aus den östlichen Markt zu erschließen. Dies setzt allerdings Hilfe bei der Lösung der dortigen Finanzierungsprobleme voraus.

4.1.5. Konjunkturelle Entwicklung

Die Wirtschaftslage in Berlin zeigt nach der Wiedervereinigung zunächst ein sehr unterschiedliches Bild. Im Westteil der Stadt setzt sich der lang andauernde Wachstumsprozeß fort. Dabei sind erhebliche Impulse aus dem Zusammenwachsen der beiden Teile Berlins und des Umlandes gekommen. Das reale Bruttoinlandsprodukt war 1990 um 6,4 Prozent höher als im Vorjahr, die Zahl der Beschäftigten stieg um rund 33 000. 1991 flachte sich die gesamtwirtschaftliche Expansion vor allem als normale Reaktion auf den vorangegangenen Wachstumsschub zwar etwas ab (+ 5,5 Prozent), dennoch konnte die Beschäftigung erneut kräftig um 46 500 auf 1 020 000 Personen ausgeweitet werden. Der Personalbestand wurde vornehmlich in den Dienstleistungsbereichen (einschließlich des Handels), aber auch im verarbeitenden Gewerbe und im Baugewerbe deutlich erhöht.

Die Entwicklung in der östlichen Stadthälfte steht hingegen noch unter dem Einfluß der mit dem wirtschaftlichen Wiederaufbau verbundenen Umbrüche. Dennoch dürfte der Abstand in der wirtschaftlichen Entwicklung zwischen beiden Teilen Berlins nach der Jahresmitte 1991 nicht größer geworden sein. Seit dem Sommer 1991 mehren sich in den östlichen Bezirken der Stadt die Anzeichen dafür, daß sich die Wirtschaftstätigkeit auf dem inzwischen erreichten niedrigen Niveau zu stabilisieren beginnt. Einzelbereiche – wie Teile des Baugewerbes und des Handels – tendieren zudem bereits aufwärts. Dies schlägt sich vorläufig allerdings noch nicht in einer Besserung der Situation auf dem Arbeitsmarkt nieder. Bislang verringert sich lediglich das Ausmaß des beabsichtigten Stellenabbaus der Unternehmen. Damit ist der Tiefpunkt der Arbeitslosigkeit noch nicht erreicht.

Das verarbeitende Gewerbe in den westlichen Bezirken konnte seine Leistung 1991 um 9 Prozent steigern (nach 8 Prozent Wachstum im Vorjahr), die Zahl der Beschäftigten wuchs um 3 Prozent (1990: + 4 Prozent) – vgl. Abbildung 4.1.1. Dabei war bereits 1990 deutlich mehr investiert worden als ursprünglich geplant gewesen war.

Ausschlaggebend für diese Expansion war die zusätzliche Nachfrage ostdeutscher Kunden, insbesondere nach Konsumgütern. Dieser Impuls kommt für die Industrie im Westteil

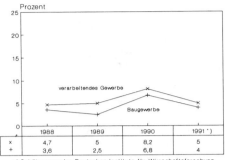
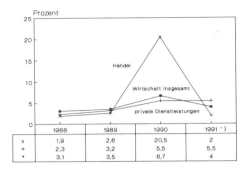

*) Schätzungen des Deutschen Instituts für Wirtschaftsforschung

Abbildung 4.1.1.
Entwicklung der West-Berliner Wirtschaft (Bruttowertschöpfung der Wirtschaftsbereiche zu Preisen von 1980, Veränderung gegenüber dem Vorjahr in Prozent)

Berlins stärker zum Tragen als im Durchschnitt der alten Bundesländer. Das hat zum einen seine Ursache in der räumlichen Nähe West-Berlins zum neuen Absatzmarkt. Das ist andererseits aber auch in der spezifischen Produktionsstruktur der West-Berliner Industrie begründet, in der Massenprodukte für Konsumzwecke, vor allem Nahrungs- und Genußmittel, ein vergleichsweise hohes Gewicht haben.[12]

In den östlichen Bezirken hingegen sank die Industrieproduktion kurz nach der Wirtschafts- und Währungsunion um nahezu die Hälfte ihres vorherigen Volumens. Bis zum Frühjahr 1991 hat sich die Leistung zwar in etwa stabilisiert. Der Auftragsbestand, der ebenfalls rapide zurückgegangen war, hatte sich jedoch bis Dezember 1990 – verglichen mit dem Stand zur Jahresmitte – halbiert. Im Durchschnitt aller Industriezweige reichte er – bezogen auf den Umsatz – nur noch für zweieinhalb Monate.[13]

Die Arbeitskräftezahl wurde seit Jahresmitte 1990 um knapp ein Viertel (40 000) reduziert. Im Dezember 1990 waren in den Ost-Berliner Industriebetrieben nur noch 139 600 Personen beschäftigt.[14] Bis zum Frühjahr 1991 sank ihre Zahl auf 113 984 ab (= – 18,4 Prozent). Vom gesamten Industrieumsatz erbrachten die Ost-Berliner Betriebe zu Beginn des Jahres 1991 lediglich 8,1 Prozent, obwohl hier 40 Prozent aller Industriebeschäftigten der Stadt arbeiteten. Auf einen Arbeitnehmer entfiel in den östlichen Bezirken ein Industrieumsatz von durchschnittlich 3 515 DM, in den westlichen dagegen von 26 830 DM.[15]

In einigen Wirtschaftsbereichen des Ostteils zeichnet sich jedoch seit Mitte 1991 eine Besserung ab. In der Bauwirtschaft werden Anstöße der Sonderprogramme spürbar, die der Bund Berlin und den ostdeutschen Ländern für investive Ausgaben zur Verfügung stellt. Darüber hinaus gehen von der anhaltenden Hochkonjunktur im Westteil der Stadt zugleich positive Wirkungen hinsichtlich der Beschäftigung und der Nachfrage von Zulieferungen in der östlichen Stadthälfte aus. Rund 140 000 Arbeitnehmer aus dem näheren Verflechtungsraum und aus dem Ostteil der Stadt haben als Pendler eine Beschäftigung in der West-Berliner Wirtschaft gefunden. Jedes dritte West-Berliner Industrieunternehmen bezieht

---

[12] Vgl. Grundlinien der Wirtschaftsentwicklung von Berlin, in: DIW-Wochenbericht, Nr. 14, vom 9. 4. 1991, S. 171 ff.
[13] ebenda, S. 173
[14] Monatszahlen Dezember 1990, 3. Folge, Hrsg.: Gemeinsames Statistisches Amt der Länder Brandenburg, Mecklenburg-Vorpommern, Sachsen, Sachsen-Anhalt und Thüringen, Berlin, vom 20. 2. 1991, S. 10
[15] Landespressedienst Berlin vom 5. Dezember 1991

bereits Vorleistungen aus der östlichen Stadthälfte und der Umgebung, wenngleich erst in einem bescheidenen Umfang von zumeist weniger als 10 Prozent.

4.2. Bauwirtschaft

Die Rückgewinnung der Hauptstadtfunktion und die bevorstehende Rückverlegung des Regierungssitzes nach Berlin, die Notwendigkeit des Ausbaus der verkehrlichen Infrastruktur und die Beseitigung der hier durch die Trennung entstandenen Schäden sowie der angesichts prognostizierter steigender Einwohnerzahlen weiter wachsende Wohnungsbedarf – dies alles läßt einen Bauboom für Berlin erwarten. Im Zusammenhang mit der Erbringung unmittelbarer Leistungen durch die Bauwirtschaft werden zugleich Zustellungen von verschiedenen Handwerksgewerben nachgefragt, die eine intraregionale Vorleistungsverflechtung begünstigen und auf diese Weise positive ökonomische Effekte hinsichtlich des Einkommens und der Beschäftigung auslösen können. Generell wird die Bedeutung des Baugewerbes für den wirtschaftlichen Erneuerungsprozeß im östlichen Berlin und seinem Umland zunehmen.

Das Berliner Bauhauptgewerbe umfaßte Ende Juni 1991 insgesamt 2 519 Betriebe mit nahezu 60 000 Beschäftigten. Wie eine vom Statistischen Landesamt jeweils zur Jahresmitte in diesem Wirtschaftssektor durchgeführte Bestandsaufnahme ergab, waren in den 2 234 im Westteil ansässigen Unternehmen 37 400 Personen (= 62,7 Prozent) und in den 285 Betrieben im Ostteil der Stadt 22 250 Personen (= 37,3 Prozent) erwerbstätig. Zudem bestanden zum Berichtszeitpunkt 225 Arbeitsgemeinschaften, Zusammenschlüsse von mehreren Unternehmen zu rechtlich und steuerlich selbständigen Einheiten bei überwiegend größeren Bauprojekten. Davon war nur eine in der östlichen Stadthälfte gemeldet.

In den westlichen Bezirken verstärkte sich nach der Wiedervereinigung Berlins der Aufschwung des Bauhauptgewerbes deutlich, der bereits Mitte der 80er Jahre begonnen hatte (vgl. Abbildung 4.2.1.). Zunächst hatte das Baugeschehen dort Impulse aus dem industriellen und gewerblichen Bereich erhalten, wo geplante Bauvorhaben vorgezogen wurden. Grund hierfür war die Reduzierung der im Rahmen des Berlinförderungsgesetzes gewährten Investitionszulagen für gewerblich sowie Forschungs- und Entwicklungszwecke genutzte Gebäude, die nach dem 31. 3. 1988 in Auftrag gegeben wurden, von 20 auf 10 bzw. von 25 auf 15 Prozent. Dennoch sind die Leistungen der heimischen Bauindustrie in den 80er Jahren hinter dem Zuwachs der Bauinvestitionen zurückgeblieben. Dies deutet darauf hin, daß zunehmend auswärtige Firmen von der gestiegenen hiesigen Baunachfrage profitieren; das gilt hauptsächlich für den in kapitalintensiver Fertigungsweise erstellten Gewerbebau, der zudem auf Grund des hohen Rationalisierungseffektes auch nicht zu den erhofften Anregungen für den Beschäftigungssektor führte.

Im Jahre 1989 hatte der Senat neue baupolitische Akzente gesetzt, deren Bilanz positiv ist. Der Wohnungsneubau erhielt Priorität und der ökologische Stadtumbau wurde zu einem wirtschaftpolitischen Schwerpunkt. Daraufhin weitete sich die Auftragslage im Tiefbau beträchtlich aus (1989: + 16 Prozent). Aufträge für den öffentlichen Personennahverkehr mit der Fortführung der U-Bahnlinie 8 (Leinestraße – Paracelsusbad) und der S-Bahnlinie 2 (Lichtenrade – Gesundbrunnen) sowie der Ausbau des Klärwerkes Ruhleben gaben Signale für eine verbesserte Umwelt, verbunden mit Wachstumsmöglichkeiten bei Beschäftigung und Arbeitsplätzen.

Der Bau von Wohnungen hat sich in der westlichen Stadthälfte seit Ende 1989 durch eine intensivierte öffentliche Wohnungsbauförderung etwas belebt, nachdem 1988 die niedrigste Zahl bezugsfertig gewordener Wohnungen seit 1949 registriert werden mußte. Insge-

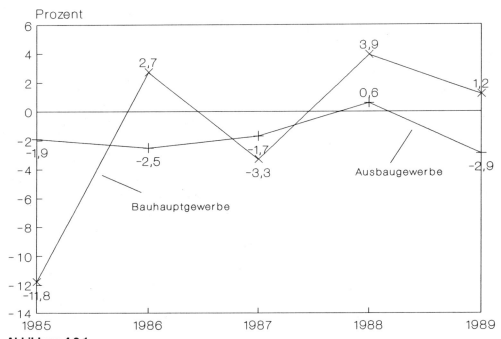

Abbildung 4.2.1.
Entwicklung des Baugewerbes (geleistete Arbeitsstunden), Veränderung gegenüber dem Vorjahr in Prozent

samt bestehen im Wohnungsbau erhebliche Auftragsüberhänge, so daß die heimischen Kapazitäten stärker ausgelastet werden dürften. Das gesamte 1990 in der West-Berliner Wirtschaft ausgeführte Bauvolumen belief sich auf 11,1 Milliarden DM (nach 10,2 Milliarden DM 1989). Das entsprach einer Steigerung um 9 Prozent im Vergleich zum Vorjahr (1989: + 5,7 Prozent).[16]

Die Leistung im Bauhauptgewerbe – gerechnet in Stunden – stieg 1990 insgesamt um 5,9 Prozent an. Die Belegschaft im Bauhauptgewerbe vergrößerte sich um 4,1 Prozent auf 35 758 Personen. Die Umsätze wuchsen um 12,5 Prozent und die Auftragseingänge um 11,5 Prozent. Die bauhauptgewerblichen Umsätze summierten sich auf 5,4 Milliarden DM, und der Wert der Auftragseingänge bei Unternehmen mit mehr als 20 Mitarbeitern betrug 4,1 Milliarden DM. Die Auftragsbestände erhöhten sich damit im Dezember 1990 im Vergleich zum Vorjahr um 9,5 Prozent auf 2,3 Monate, wobei jedoch im öffentlichen Tiefbau die Auftragsbestände von 1,8 auf 1,4 Monate (= 22 Prozent) sanken.

Zu vermerken ist auch, daß größere Unternehmen, die im wesentlichen auf die Ausführung von Ingenieurbauaufträgen der öffentlichen Hand und umfangreicheren gewerblichen Bauaufträgen spezialisiert sind, nur unterdurchschnittlich an der Zunahme der Bauleistung partizipierten. Ebenso waren andere Betriebe, die schwerpunktmäßig für öffentliche Auftraggeber bauen, benachteiligt. Der öffentliche Hochbau ging – gemessen an der Stundenleistung – um 0,5 Prozent zurück und die Auftragseingänge lagen hier 1990 um 5

---

[16] 19. Bericht über die Lage der Berliner Wirtschaft, a. a. O., S. 46 ff. und Berlin in Zahlen 1991, Hrsg.: Industrie- und Handelskammer zu Berlin, 1991

Prozent unter dem Niveau des Vorjahres. Diese insgesamt sehr positiven Tendenzen in der Entwicklung des West-Berliner Bauhauptgewerbes verstärkten sich im Verlauf des Jahres 1991 noch. Umsatz und Auftragseingang erhöhten sich von Monat zu Monat, wobei der Schwerpunkt des Umsatzes im öffentlichen und Verkehrs-Bau lag, der des Auftragseingangs hingegen im gewerblichen und industriellen Bau.

Weniger günstig verlief die Entwicklung bis in das Jahr 1991 hinein in den östlichen Bezirken Berlins. Das Baugewerbe steht hier wie die Industrie zum einen vor einer Umstrukturierung seiner bisherigen Produktionsweise. Dabei werden Großbetriebe durch die Bildung kleinerer Bauhandwerksbetriebe und Baugesellschaften dezentralisiert und entflochten, und der überdimensionierte Verwaltungsapparat wurde abgebaut. Zugleich kehrten die ehemals aus den bezirksgeleiteten Baukombinaten nach Berlin abgestellten Arbeitnehmer in ihre Heimatorte zurück. Hierdurch verringerte sich die Zahl der Beschäftigten in der Ost-Berliner Bauwirtschaft seit 1989 beträchtlich. Waren damals im Jahresdurchschnitt noch rund 52 000 Arbeiter und Angestellte im Bauwesen tätig[17], so wies die amtliche Statistik im 2. Halbjahr 1990 nur mehr 29 600 Erwerbstätige aus.

Bis zum Juni 1991 sank die Beschäftigtenzahl nochmals um 7 350 Personen auf 22 250 ab. 46,8 Prozent der Arbeitnehmer (= 10 400 Personen) arbeiteten noch immer in den 6 größten Betrieben mit mehr als 500 Belegschaftsmitgliedern, nur knapp ein Fünftel in kleinen und mittleren Unternehmen mit weniger als 100 Mitarbeitern. Im Vergleich hierzu sind in den westlichen Bezirken Berlins fast 60 Prozent der Arbeitskräfte des Bauhauptgewerbes in mittelständischen Firmen tätig und nur 5,2 Prozent in Unternehmen mit mehr als 500 Beschäftigten. Die Angestelltenquote, die im Westen zur Jahresmitte 1991 bei 16,5 Prozent lag, ist im Ostteil der Stadt von 29 (1989) auf 19,5Prozent zurückgeführt worden.

Zum anderen war die Lage vorerst dadurch erschwert, daß staatliche Bauaufträge bis in das Jahr 1991 hinein stockten oder storniert wurden. Der Auftragseingang im Ost-Berliner Bauhauptgewerbe war im Verlauf des Jahres 1990 deutlich gesunken. Im Juli hatte er noch einen Umfang von 92 Millionen DM, im Dezember betrug er lediglich 47 Millionen DM. Damit verringerte sich auch die Reichdauer des Auftragsbestandes von 7,9 Monaten im Juli auf einen Monat im Dezember 1990.[18] Der Umsatz des Bauhauptgewerbes hatte sich im zweiten Halbjahr 1990 auf 897 Millionen DM belaufen, wohingegen nur für 366 Millionen DM neue Aufträge hinzukamen. Besonders drastisch wurde 1990 der Wohnungsneubau reduziert. Die Entwicklung wird in Tabelle 4.2.1. veranschaulicht.[19]

Seit dem Sommer 1991 zeichnet sich auch bei den Ost-Berliner Unternehmen eine Belebung der Bautätigkeit ab. Umsatz und Auftragseingang tendieren aufwärts. Dennoch betrug der Anteil der in den östlichen Bezirken ansässigen Baubetriebe am gesamten Berliner baugewerblichen Umsatz und am Auftragseingang erst knapp ein Viertel (bei den Beschäftigten = 37 Prozent). Mitte 1991 erwirtschafteten die Baufirmen im Westteil der Stadt je Erwerbstätigen rund 14 600 DM, im Ostteil 6 600 DM.

Veränderungen waren auch in den bauwirtschaftlichen Fertigungsprozessen erforderlich, die mit Umstellungen in der Baumaterialienindustrie einhergingen. In der DDR wurden seit den 60er Jahren die Wohnungsneubauten größtenteils in Plattenbauweise ausgeführt, was die Struktur der Wohnungen prägte und eine Monotonie im äußeren Erscheinungsbild der Gebäude bewirkte.

Jetzt müssen die Baubetriebe flexiblere Fertigungsstrukturen schaffen und sich auf neue

---

[17] Berlin in Zahlen 1990, Hrsg.: Statistisches Amt der Stadt Berlin, Berlin-Ost 1990, S. 20
[18] Monatszahlen Dezember 1990, 3. Folge, a. a. O., S. 35
[19] ebenda S. 40 f.

Tabelle 4.2.1.
Wohnungsneubau in Berlin-Ost 1986 bis 1990

	Anzahl	Vorjahr = 100
1986	21 678	95,8
1987	16 283	75,1
1988	17 803	109,3
1989	**14 867**	**83,5**
Dezember	1 250	59,5
1990	**6 107**	**41,1**
Januar	187	25,1
Februar	289	24,0
März	683	41,9
April	446	32,6
Mai	740	52,6
Juni	745	44,7
Juli	378	27,4
August	131	9,9
September	674	39,2
Oktober	970	107,1
November	543	206,5
Dezember	321	25,7

Anforderungen einstellen. Hierzu zählen die Modernisierung des teilweise veralteten Grundmittelbestandes ebenso wie die weitere Spezialisierung des Profils der Baubetriebe, einschließlich der Qualifikation ihrer Mitarbeiter auf Altstadtsanierung, Instandhaltung, Denkmalpflege, individuellen Wohnungs- und Eigenheimbau, Ausbau technischer Infrastruktur sowie Gewerbe- und Industriebau. Dabei können durchaus auch positive Erfahrungen mit der industriellen Fertigbauweise fortgeführt werden, indem z. B. mittels flexibler Schalungssysteme eine Variation der Größe der Fertigteile gewährleistet und so die Anpassung der Elemente an das Bauprojekt ermöglicht wird.

Auf diese Weise könnte dem Baugewerbe eine Initial- und Multiplikatorfunktion bei der Lösung der tiefgreifenden strukturellen Probleme im östlichen Teil der Stadt und im angrenzenden Umland zukommen. Das setzt die Sicherung der Finanzierung der Baunachfrage – auch durch den öffentlichen Sektor – voraus. Nach einem Entwicklungsanschub könnte dies zu einem sich selbst tragenden Aufschwung in der Bauwirtschaft führen und neue Arbeitsplätze schaffen.

4.3. Landwirtschaft

Die Landwirtschaft ist in dem großstädtischen industriellen Ballungszentrum Berlin von nur untergeordneter Bedeutung.

Im Westteil der Stadt liegt ihr Beitrag zur Entstehung des Sozialprodukts bei lediglich 0,2 Prozent, und nur 0,3 Prozent aller Erwerbstätigen (= 2 600 Personen) sind hier in der Land- und Forstwirtschaft beschäftigt.[20]

Ein etwas höheres Gewicht hatte die landwirtschaftliche Produktion in der Zeit vor der Währungs- und Wirtschaftsunion in der östlichen Stadthälfte. In 3 Volkseigenen Gütern (VEG), 5 Landwirtschaftlichen Produktionsgenossenschaften (LPG) und 5 Gärtnerischen Produktionsgenossenschaften (GPG), deren Erzeugung vorrangig auf die einheimische Versorgung ausgerichtet war, arbeiteten 1989 rund 5 000 Beschäftigte, in der Land- und Forstwirtschaft insgesamt 7 600 Personen (vgl. Tabelle 4.3.1.).

[20] 19. Bericht über die Lage der Berliner Wirtschaft, a. a. O., S. 11 und 106

Tabelle 4.3.1.
Statistische Angaben zur Berliner Landwirtschaft 1989

		Berlin-Ost	Berlin-West
Anzahl	VEG	3	–
	LPG	5	–
	GPG	5	–
Landwirtschaftliche Nutzfläche (km^2)		93,2[1]	18,3
Erwerbstätige (1000)[2]		7,6	2,6
Anteil an den Gesamtbeschäftigten (%)		1,1	0,3
Hektarerträge/Getreide (einschl. Körnermais; dt/ha)		33,7	.
Aufkommen tierischer und pflanzlicher Erzeugnisse			
Schlachtvieh (1000 t)		14,7	.
Milch (1000 t)		10,7	.
Hühnereier (Mio Stück)		2,6	.
Gemüse (1000 t)		17,7	.
Bienenhonig (t)		123,6	.
Schnittblumen (Mio Stück)		59,2	.
Milchleistung je Kuh (kg)		5 515	.
Anzahl Tiere[3]			
Rinder		4 055	657
dar. Kühe		2 081	352
Schweine		27 617	3 027
dar. Sauen		157	199
Schafe		4 343	1 241
Legehennen		21 500	47 515
Kleingartenanlagen[3]			
Anzahl		348	580
Parzellen		38 198	47 778
Fläche in ha		1 874,1	1 823,6

[1] Einschließlich über die Stadtgrenzen hinausreichender Landwirtschaftsflächen in Berlin ansässiger Betriebe.
[2] Beschäftigte in Land- und Forstwirtschaft.
[3] Angaben betreffen das Jahr 1988.
Quellen: Berliner Bezirke, Statistisches Taschenbuch, Hrsg.: Statistisches Landesamt, Berlin 1990, S. 42 f., 104 f., 156 f.; Berlin in Zahlen 1990, Hrsg.: Statistisches Amt der Stadt Berlin, Berlin-Ost 1990, S. 24

Mit der Einführung marktwirtschaftlich orientierter Handlungsbedingungen im östlichen Deutschland zeigten sich Größe und Struktur der Produktion dieser Betriebe teilweise den veränderten Anforderungen nicht gewachsen, und die zum Teil ineffiziente Arbeitsweise trat offen zutage. Die nährstoffarmen Sandböden des Berliner Raumes erbringen einen nur geringen Hektar-Ertrag. Ferner machten das agrarpolitische Konzept der früheren DDR, das auf die maximale Selbstversorgung mit landwirtschaftlichen Produkten gerichtet war, sowie die unterhalb des westdeutschen Niveaus liegenden Erträge aus der Pflanzen- und Tierproduktion unter den Bedingungen differenzierter, aber im allgemeinen niedrigerer technischer Ausstattung einen deutlich höheren Arbeitskräfteaufwand zwingend erforderlich.[21]

Dabei ist zu berücksichtigen, daß etwa 20 Prozent der Erwerbstätigen in der Landwirtschaft (im Gegensatz zu den alten Bundesländern) für handwerkliche sowie Bauleistungen, umfangreiche technische Instandhaltungsarbeiten, für Transport und Lagerhaltung eingesetzt waren, wodurch die Effizienz der landwirtschaftlichen Betriebe in der Vergangenheit

[21] Dazu Ostwald, W. (Hrsg.), a. a. O., S. 38 und 76 ff.

eingeschränkt wurde. Hinzu kam, daß mit der breiten Öffnung des Marktes für westliche Produkte und der Umwandlung der Lebensmittel-Einzelhandelsgeschäfte in Filialen westdeutscher Unternehmen Nahrungsgüter, darunter auch landwirtschaftliche Erzeugnisse, aus den fünf neuen Bundesländern und Ost-Berlin zunächst fast vollständig aus dem Angebotssortiment verdrängt wurden.

Die Anpassung der landwirtschaftlichen Produktion an marktwirtschaftliche Erfordernisse und Strukturen im Ostteil Berlins ist verbunden mit einer
– Verringerung der durchschnittlichen Betriebsgröße und einem Abbau überschüssiger Arbeitsplätze. Ende 1990 waren nur noch 5 140 Personen in der Land- und Forstwirtschaft beschäftigt, rund ein Drittel weniger als im Durchschnitt des Jahres 1989.
– Einschränkung und Stillegung landwirtschaftlicher Kapazitäten, einschließlich von Flächen und deren teilweiser Nutzung für andere Zwecke.
– Spezialisierung und umweltverträglichere Gestaltung der Produktion.
– Rücknahme der individuellen Bereitstellung von tierischen und pflanzlichen Erzeugnissen durch Kleingärtner und Siedler.

Einrichtungen der Nebenproduktion werden sich – sofern nicht bereits erfolgt – verselbständigen, wie Vermarktungs- und Verarbeitungslinien für Argarprodukte, Handelseinrichtungen, Dienstleistungen u. a. Hiermit bieten sich zugleich Möglichkeiten zur Aufnahme von aus der unmittelbaren landwirtschaftlichen Produktion ausgegliederten Arbeitnehmern. Sicher wäre es auch im Interesse der in der Landwirtschaft Beschäftigten, wenn künftig unterschiedliche Betriebsformen gleiche Entwicklungschancen hätten, besonders dann, wenn größere Einheiten bereits heute über ein gutes Know how und hohes qualitatives Niveau der landwirtschaftlichen Produktion verfügen.

4.4. Handwerk

Die mittelständisch strukturierten Bereiche Handwerk, Handel sowie private unternehmensbezogene und konsumorientierte Dienstleistungen gelten in den fünf neuen Bundesländern sowie Berlin-Ost vielfach als Wachstumsträger im Rahmen der sozialen Marktwirtschaft.

Das Handwerk bot 1989 175 390 Beschäftigten einen Arbeitsplatz, wobei die Relationen zwischen beiden Teilen der Stadt sehr ungleich waren. In der westlichen Stadthälfte arbeiten 144 362 Personen (= 16,1 Prozent aller Erwerbstätigen) in 15 434 Handwerksbetrieben (vgl. Tabelle 4.4.1. und 4.4.2.). Im östlichen Berlin waren es hingegen nur 31 028 (= 4,3 Prozent der Erwerbstätigen insgesamt) in 4743 Betrieben (vgl. Tabelle 4.4.3.).

In der West-Berliner Wirtschaft gehörte das Handwerk seit Jahren zu den Wachstumsbranchen, was sich in einem anhaltenden beträchtlichen Umsatzzuwachs sowie in einer Beschäftigungsausweitung äußerte (vgl. Abbildung 4.4.1.). Besonders ausgeprägt waren der Umsatz- und Beschäftigungsanstieg während der vergangenen Jahre in den meisten Zweigen des Metallgewerbes, bei Bäckereien/Konditoreien sowie bei den Gewerben für Gesundheits- und Körperpflege. Demgegenüber brachte die allgemeine wirtschaftliche Entwicklung für einzelne Handwerkszweige, deren Betriebe mit industrieller Massenfertigung zu konkurrieren hatten, wie das Bekleidungs- Textil- und Ledergewerbe sowie einige Branchen des Nahrungsmittelgewerbes (Fleischer), beträchtliche Einbußen. Dies könnte auf künftige Entwicklungstrends im Ostteil der Stadt hinweisen, die eintreten dürften, wenn dort der akute Nachholbedarf gedeckt ist.

Die Auswertung einer vom Zentralverband des Deutschen Handwerks initiierten Unternehmensbefragung zum Arbeitskräftebedarf hat für den Kammerbezirk Berlin-West (Stich-

Tabelle 4.4.1.
Handwerksbetriebe im Westteil Berlins 1989

Bezirke	Betriebe gesamt Anzahl	%	Vollhandwerk Anzahl	%	Handwerksähnliches Gewerbe Anzahl	%
Tiergarten	756	4,9	606	5,0	150	4,5
Wedding	1 007	6,5	720	6,0	287	8,5
Kreuzberg	1 248	8,1	959	7,9	289	8,6
Charlottenburg	1 636	10,6	1 322	11,0	314	9,3
Spandau	1 230	8,0	950	7,9	280	8,3
Wilmersdorf	1 313	8,5	1 022	8,5	291	8,7
Zehlendorf	555	3,6	447	3,7	108	3,2
Schöneberg	1 295	8,4	989	8,2	306	9,1
Steglitz	1 456	9,4	1 154	9,6	302	9,0
Tempelhof	1 369	8,9	1 079	8,9	290	8,6
Neukölln	1 947	12,6	1 490	12,3	457	13,6
Reinickendorf	1 622	10,5	1 335	11,1	287	8,5
Insgesamt	15 434	100	12 073	100	3 361	100

Quelle: Berliner Bezirke, Statistisches Taschenbuch, Hrsg.: Statistisches Landesamt, Berlin 1990, S. 108

Tabelle 4.4.2.
Struktur des Handwerks in Berlin-West 1989

Handwerksgruppen Handwerkszweige	Betriebe	Beschäftigte
Insgesamt	15 434	144 362
davon		
Vollhandwerk	12 073	136 227
Handwerksähnliches Gewerbe	3 361	8 135
Metallgewerbe	4 502	.
Vollhandwerk	4 472	43 547
darunter		
Metallbauer (Schlosser, Schmiede)	464	.
Kraftfahrzeugmechaniker	881	.
Kraftfahrzeugelektriker	39	.
Klempner	97	.
Gas- und Wasserinstallateure	662	.
Elektroinstallateure	884	.
Radio- und Fernsehtechniker	226	.
Uhrmacher	104	.
Gold-, Silberschmiede	131	.
Handwerksähnliches Gewerbe	30	.
Holzgewerbe	617	.
Vollhandwerk	615	5 446
Handwerksähnliches Gewerbe	2	.
Bekleidungs-, Textil- und Ledergewerbe	1 245	.
Vollhandwerk	624	3 277
darunter		
Schneider	119	.
Schuhmacher, Orthopädieschuhmacher	193	.
Raumausstatter, Möbelpolsterer	168	.
Handwerksähnliches Gewerbe	621	.
darunter		
Flickschneider	476	.
Nahrungsmittelgewerbe	740	.
Vollhandwerk	688	12 025
darunter		
Bäcker, Konditor	380	.
Fleischer	306	.
Handwerksähnliches Gewerbe	52	.

Quelle: Berliner Bezirke, Statistisches Taschenbuch, Hrsg.: Statistisches Landesamt, Berlin 1990, S. 110

Tabelle 4.4.3.
Handwerksbetriebe im Ostteil Berlins 1989

Bezirke	Betriebe gesamt		Produktionsgenossenschaften des Handwerks		Privates Handwerk	
	Anzahl	%	Anzahl	%	Anzahl	%
Mitte	446	9,4	26	16,5	420	9,2
Prenzlauer Berg	715	15,0	27	17,0	688	15,0
Friedrichshain	545	11,5	24	15,2	521	11,4
Treptow	490	10,3	16	10,1	474	10,3
Köpenick	662	13,9	18	11,4	644	14,1
Lichtenberg	434	9,2	10	6,3	424	9,2
Weißensee	449	9,5	12	7,6	437	9,5
Pankow	492	10,4	19	12,0	473	10,3
Marzahn	151	3,2	2	1,3	149	3,2
Hohenschönhausen	131	2,8	2	1,3	129	2,8
Hellersdorf	228	4,8	2	1,3	226	4,9
insgesamt	4 743	100	158	100	4 585	100

Quelle: Berliner Bezirke, Statistisches Taschenbuch, Hrsg. Statistisches Landesamt, Berlin 1990, S. 109

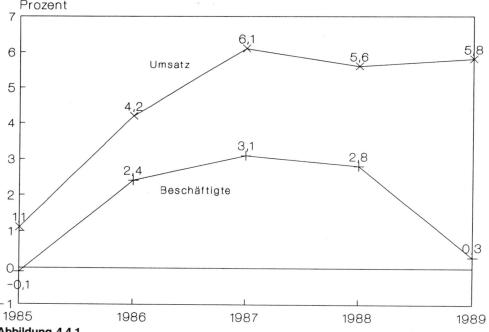

Abbildung 4.4.1.
Umsatz- und Beschäftigtenentwicklung des West-Beliner Handwerks 1985 bis 1989 (Veränderung gegenüber dem Vorjahr in Prozent)

tag 30. 9. 1989) ergeben, daß 29 Prozent der Betriebe (das sind rund 4 500) Arbeitskräfte suchen, deren Zahl sich auf etwa 11 700 beläuft (11 230 für den gewerblichen Sektor, 470 für den kaufmännischen Bereich). Der Großteil des Bedarfs besteht in den Bau-, Ausbau- und Metallgewerken sowie im Gewerbe für Gesundheits- und Körperpflege und Chemische Reinigung. In diesen Bereichen wurden zahlreiche Aus- und Übersiedler aus den osteuropäischen Ländern sowie der früheren DDR eingestellt. Damit hat des West-Berliner Handwerk zugleich einen Beitrag zur beruflichen Integration dieses Personenkreises geleistet.

Nicht zu verkennen ist die Rolle des Handwerks in der Berufsausbildung. 1989 hatten rd. 12 100 Auszubildende, also ein Drittel von insgesamt 36 594 Lehrlingen in West-Berlin, eine Lehrstelle in einem Handwerksbetrieb. Erstmals seit mehreren Jahren herrschte 1988/89 in einigen Berufen des Berliner Handwerks ein Nachfrageüberhang an Ausbildungsplätzen. Die vorhandenen nicht ausgeschöpften Ausbildungskapazitäten, die vor allem bei Malern/Lackierern, Friseuren, Gebäudereinigern und im Metallgewerbe bestehen, könnten Lehrstellensuchenden aus dem Großraum Berlin zugute kommen.[22]

Die Entwicklung und Erleichterung der strukturellen Anpassung des Handwerks an durch den wissenschaftlich-technischen Fortschritt veränderte Rahmenbedingungen waren Anliegen öffentlicher Wirtschaftspolitik in West-Berlin. So hatte der Senat im September 1984 ein Programm zur Förderung des Strukturwandels im Berliner Handwerk beschlossen, dessen Maßnahmen zum Teil auch heute noch praktiziert werden. Es enthält folgende Schwerpunkte:

– Errichtung eines Bildungs- und Technologiezentrums der Handwerkskammer für die Bereiche EDV, CNC-Technik und Elektrotechnik/Elektronik, dessen geplante Investitionskosten in Höhe von 19 Millionen DM zu 85 Prozent vom Senat übernommen wurden (Eröffnung Oktober 1989).
– Gewährung einer Meistergründungsprämie im Umfang von 20 000 DM, um Handwerksmeistern innerhalb eines Jahres nach Bestehen ihrer Prüfung die Existenzgründung zu erleichtern (im Zeitraum von 1985 bis 1987 und erneut seit 1989).
– Besondere Berücksichtigung der Interessen kleiner und mittlerer Unternehmen bei der Vergabe öffentlicher handwerklicher Aufträge.
– Schaffung von Gewerberaum für Handwerker durch die öffentliche Unterstützung der Modernisierung und Instandsetzung von Gewerbehöfen und -gebäuden.

In Ost-Berlin war der Entwicklung des Handwerks in den 70er und 80er Jahren in der praktischen Wirtschaftspolitik nur eine geringe Bedeutung beigemessen worden. Zwar war in der Öffentlichkeit der Beitrag des Handwerks als ein wichtiges Kriterium für die Deckung der wachsenden Nachfrage der Bevölkerung nach individuellen Konsumgütern und Leistungen anerkannt. Doch fand dies keinen Niederschlag in staatlichen strukturpolitischen Fördermaßnahmen für das Handwerk.

Ende 1989 bestanden in Ost-Berlin nur noch 4 743 Handwerksbetriebe, nachdem Anfang der 70er Jahre noch fast 6 500 existiert hatten. Davon waren 158 Produktionsgenossenschaften des Handwerks (PGH) mit knapp 12 500 Mitgliedern und 4 585 private Betriebe mit durchschnittlich je 4 Beschäftigten (insgesamt = 18 544) – (vgl. Tabelle 4.4.4.). Sie erbrachten 1989 eine Leistung von 1629,8 Millionen Mark, darunter das produzierende Handwerk 886,3 Millionen Mark, das Bauhandwerk 577,6 Millionen Mark und das dienstleistende Handwerk 165,9 Millionen Mark. Der Wert der erbrachten Reparaturen und Dienstleistungen für die Bevölkerung summierte sich auf 785,2 Millionen Mark.[23] Im Vergleich hierzu betrug der Umsatz des West-Berliner Handwerks 1989 11864,4 Millionen DM.

---

[22] 19. Bericht über die Lage der Berliner Wirtschaft, a. a. O., S. 37 und 99
[23] Berlin in Zahlen 1990, a. a. O., S. 22 f.

Tabelle 4.4.4.
Struktur des privaten Handwerks in Berlin-Ost 1989

Berufsgruppen	Betriebe	Berufstätige
Insgesamt	**4 585**	**18 544**
davon		
Produzierendes Handwerk	**2 902**	**11 655**
darunter		
Schlosser/Schweißer	134	525
Elektroinstallateure	227	1 028
Kraftfahrzeugschlosser	141	725
Kraftfahrzeugelektriker/Batteriedienst	29	117
Kraftfahrzeugklempner	32	135
Rundfunk-, Fernsehmechaniker	60	189
Bäcker/Konditor	220	1 750
Fleischer	92	907
Schneider	174	315
Schuhmacher	70	120
Möbeltischler	107	337
Möbelpolsterer	101	283
Augenoptiker	67	258
Uhrmacher	82	200
Gold-, Silberschmiede	48	129
Fotoateliers	60	179

Quelle: Berliner Bezirke, Statistisches Taschenbuch, Hrsg.: Statistisches Landesamt, Berlin 1990, S. 111

Seit Beginn des Jahres 1990 zeichnet sich eine Zunahme der Zahl der handwerklichen Betriebe im östlichen Berlin ab. Im ersten Halbjahr 1990 wurden mehr als 1000 neue Gewerbe angemeldet bei nur 40 Gewerbelöschungen (1989: 278 Gewerbeerteilungen, 348 Gewerbeabmeldungen). In der zweten Jahreshälfte wurden 5300 Handwerksbetriebe mit über 33 000 Beschäftigten statistisch erfaßt. Gegenüber dem Jahresende 1989 ist das ein Personalzuwachs von knapp 2 000. Dies verdeutlicht zugleich, daß die Neugründungen kleinste Betriebe mit 1 bis 2 Mitarbeitern sind und das Handwerk damit die auf es gesetzten Hoffnungen und Erwartungen sowohl unter unternehmerischen als auch arbeitsplatzschaffenden Gesichtspunkten bisher noch nicht erfüllen konnte.

Erschwert wurde die Situation durch die auf Grund der ungewissen persönlichen wirtschaftlichen Lage verhaltene private Nachfrage nach handwerklichen Leistungen und der zeitliche Verzug bei der Vergabe öffentlicher Aufträge für das Handwerk angesichts knapper finanzieller Mittel. Dabei konnten die im Ostteil der Stadt ansässigen Handwerksunternehmen bisher noch die hier – gemessen an dem West-Berliner Niveau – zu zahlenden niedrigeren Löhne als Wettbewerbsvorteil gegenüber westlichen Anbietern nutzen.

Angesichts dieser angespannten Lage ist die Sicherung zahlungsfähiger Nachfrage nach Leistungen des Handwerks aus dem Ostteil der Stadt, insbesondere seitens des öffentlichen Sektors, eine Aufgabe von hoher Priorität. Wirtschaftspolitischer Handlungsbedarf besteht im Abbau noch vorhandener bürokratischer Hemmnisse bei den – quantitativ betrachtet – zahlreichen Förderungsmöglichkeiten für Existenzgründungen und die Ausstattung der Handwerksunternehmen mit modernen Maschinen und Anlagen. Erstrebenswert wäre eine Begünstigung des Bezugs von Vorleistungen handwerklicher Betriebe aus der Region, um das in 40 Jahren der Teilung weitgehend zerstörte Netz arbeitsteiliger Verflechtungsbeziehungen zwischen Stadt und Umland rasch wieder zu knüpfen. Besondere Entwicklungschancen haben Handwerkerfirmen als spezialisierte Zulieferer im Metallgewerbe, der Elektroindustrie und im Umweltschutzbereich. Darüber hinaus muß die

Ausbildung von Facharbeitern durch das Handwerk quantitativ verstärkt und qualitativ verbesssert werden.
Für das in den westlichen Bezirken Berlins etablierte Handwerk entsteht mit der Rückgewinnung des Umlandes ein erweiterter attraktiver Markt, der neue Wachstumschancen bietet, aber auch einen erhöhten Konkurrenzdruck verursacht. Vielfach wird bereits die wiederhergestellte Möglichkeit der Kooperation genutzt, um das wirtschaftliche Zusammenwachsen zu beschleunigen und den Handwerksbetrieben aus dem östlichen Berlin und der Umgebung die Anpassung an die marktwirtschaftlichen Strukturen zu erleichtern.

4.5. Handel und Gastgewerbe
Handel
Vergleicht man die durchschnittliche Geschäftsdichte des Einzelhandels der früheren DDR mit der der Alt-Bundesrepublik, so lassen sich kaum erhebliche Abweichungen feststellen. Die Relationen betrugen 4,4 : 5 Verkaufsstellen pro 1 000 Einwohner. Bezogen auf den Umsatz pro Kopf der Bevölkerung ergab sich im Gebiet Ostdeutschlands eine Summe von 7 200 Mark und in der Bundesrepublik von 9 000 DM im Jahr bei gleichzeitigem differenten Kaufverhalten. Während in den alten Bundesländern der Erwerb höherwertiger Gebrauchsgüter dominierte, lag der Schwerpunkt in der ehemaligen DDR auf dem Absatz von Nahrungs- und Genußmitteln.
Deutliche Unterschiede traten jedoch in der durchschnittlichen Verkaufsfläche je Geschäft auf: 200 m^2 (alte Bundesländer) gegenüber 68 m^2 (neue Bundesländer und Berlin-Ost). In beiden Wirtschaftsräumen war in der Vergangenheit eine verstärkte Konzentration im Handel zu verzeichnen, in deren Folge die Zahl der Verkaufsstellen bei paralleler Ausweitung der Verkaufsfläche zurückging.
Im Westteil Berlins wurden bei der letzten Handels- und Gaststättenzählung (1985) 2 485 Arbeitsstätten im Großhandel, 1 764 Arbeitsstätten in der Handelsvermittlung (inkl. Agenturtankstellen) sowie 14 452 Einzelhandelsgeschäfte registriert. Von den letzteren sind nahezu 4 500 (= 30,9 Prozent) Verkaufsstellen für Nahrungs- und Genußmittel (vgl

Tabelle 4.5.1.
Einzelhandelsgeschäfte 1985 in Berlin-West

Bezirke	Einzelhandelsgeschäfte gesamt	davon							
		Nahrungsmittel, Getränke, Tabakwaren	Textilien, Bekleidung, Schuhe, Lederwaren	Einrichtungsgegenstände	Elektrotechnische Erzeugnisse	Papierwaren, Büromaschinen	Medizinische Erzeugnisse	Kraftstoffe, Fahrzeuge	Sonstige Waren
Tiergarten	678	234	80	64	39	31	54	33	143
Wedding	1 070	382	170	81	60	46	89	45	197
Kreuzberg	1 029	369	108	65	65	55	84	48	235
Charlottenburg	2 231	494	528	285	123	145	163	70	423
Spandau	1 105	396	161	80	39	39	114	56	220
Wilmersdorf	1 210	313	217	151	50	71	122	59	227
Zehlendorf	474	141	79	40	22	29	53	21	89
Schöneberg	1 438	379	245	181	90	96	120	69	258
Steglitz	1 164	379	196	95	54	64	131	53	192
Tempelhof	951	318	139	57	37	40	111	65	184
Neukölln	1 797	599	279	107	86	57	180	86	403
Reinickendorf	1 305	458	186	90	58	50	135	76	252
Insgesamt	14 452	4 462	2 388	1 296	723	723	1 356	681	2 823

Quelle: Berliner Bezirke, Statistisches Taschenbuch, Hrsg. Statistisches Landesamt, Berlin 1990, S. 126

Tabelle 4.5.1.). Damit ergibt sich eine Verkaufsstellendichte im Einzelhandel von 6,8 Geschäften pro 1000 Einwohner, darunter für Lebensmittel von 2,1. Die durchschnittliche Geschäftsfläche je Einzelhandelsverkaufsstelle beläuft sich auf 261,4 m², bei Waren des täglichen Bedarfs auf 208,2 m² (vgl. Tabelle 4.5.2.).
In der östlichen Stadthälfte existierten 1989 4 008 Einzelhandelsverkaufsstellen mit einer Verkaufsfläche von insgesamt 412 000 m², davon 1 889 (= 47,1 Prozent) für Nahrungs- und Genußmittel sowie Getränke und 2119 (= 52,9 Prozent) für Industriewaren (vgl.

Tabelle 4.5.2.
Geschäftsfläche der Einzelhandelsgeschäfte 1985 in Berlin-West (1000 m²)

Bezirke	Geschäftsfläche gesamt	davon							
		Nahrungsmittel, Getränke, Tabakwaren	Textilien, Bekleidung, Schuhe, Lederwaren	Einrichtungsgegenstände	Elektrotechnische Erzeugnisse	Papierwaren, Büromaschinen	Medizinische Erzeugnisse	Kraftstoffe, Fahrzeuge	Sonstige Waren
Tiergarten	239	35	9	118	4	4	7	27	34
Wedding	330	78	28	76	10	3	13	59	62
Kreuzberg	238	57	13	23	9	4	15	19	99
Charlottenburg	547	89	123	53	24	16	21	52	169
Spandau	352	97	26	46	5	2	14	63	100
Wilmersdorf	250	65	20	33	7	6	14	71	35
Zehlendorf	98	33	9	9	2	2	6	17	20
Schöneberg	338	62	37	37	12	11	15	44	122
Steglitz	331	73	48	27	9	5	18	47	103
Tempelhof	263	89	14	15	7	2	16	64	58
Neukölln	437	133	44	44	11	4	22	61	118
Reinickendorf	354	119	30	27	7	4	18	65	84
Insgesamt	3 778	929	400	507	107	64	179	588	1 005

Quelle: Berliner Bezirke, Statistisches Taschenbuch, Hrsg. Statistisches Landesamt, Berlin 1990, S. 128

Tabelle 4.5.3.
Einzelhandels-Verkaufsstellen 1989 Berlin-Ost

Bezirk	Verkaufsstellen gesamt	davon						
		Nahrungsund Genußmittel, Getränke	Schuhe und Lederwaren	Oberbekleidung und Textilien	Möbel, Kulturwaren, Sport	Haushaltswaren	Technik	Haushaltschemie, Farben	Komplexes Angebot
Mitte	523	210	19	87	60	27	34	78	8
Prenzlauer Berg	700	321	21	88	52	44	36	136	2
Friedrichshain	494	225	15	70	37	37	31	75	4
Treptow	385	177	16	56	32	25	16	62	1
Köpenick	475	249	18	54	37	23	27	66	1
Lichtenberg	402	170	17	59	47	23	24	61	1
Weißensee	264	127	9	33	21	18	15	40	1
Pankow	437	217	15	60	31	23	21	70	–
Marzahn	113	65	3	13	9	3	7	9	4
Hohenschönhausen	102	57	2	12	8	6	4	12	1
Hellersdorf	113	71	1	12	6	5	4	14	–
Insgesamt	4 008	1 889	136	544	340	234	219	623	23

Quelle: Berliner Bezirke, Statistisches Taschenbuch, Hrsg. Statistisches Landesamt, Berlin 1990, S. 127

Tabelle 4.5.4.
Verkaufsraumfläche der Einzelhandelsverkaufsstellen 1989 in Berlin-Ost (1000 m²)

Bezirk	Verkaufsraumfläche gesamt	davon Nahrungs- und Genußmittel, Getränke	Schuhe und Lederwaren	Oberbekleidung und Textilien	Möbel, Kulturwaren, Sport	Haushaltswaren	Technik	Haushaltschemie, Farben	Komplexes Angebot
Mitte	75	23	3	9	6	3	4	5	22
Prenzlauer Berg	47	22	1	7	4	3	2	6	2
Friedrichshain	55	19	1	7	2	3	2	3	17
Treptow	28	17	1	4	1	2	1	2	0
Köpenick	36	20	1	5	3	2	2	3	0
Lichtenberg	47	27	1	6	2	2	2	3	5
Weißensee	18	10	1	2	1	1	1	1	1
Pankow	30	19	1	4	1	1	1	3	–
Marzahn	40	25	0	2	1	0	2	1	9
Hohenschönhausen	19	15	0	1	1	0	1	1	1
Hellersdorf	17	14	0	1	0	0	0	1	–
Insgesamt	412	211	10	49	22	18	16	29	57

Quelle: Berliner Bezirke, Statistisches Taschenbuch, Hrsg. Statistisches Landesamt, Berlin 1990, S. 129

Tabellen 4.5.3. und 4.5.4.). Unter den 1 889 Lebensmittelgeschäften waren 172 Kaufhallen.[24] Bezogen auf 1000 Einwohner errechnet sich hieraus eine Geschäftsstellendichte von 3,1, bei Nahrungs- und Genußmitteln von 1,5. Die durchschnittliche Verkaufsraumfläche pro Einzelhandelsgeschäft betrug hier insgesamt 102,8 m², bei Nahrungsgütern 111,7 m². Diese Angaben für West- und Ost-Berlin relativieren die eingangs genannten Durchschnittszahlen für West- und Ostdeutschland. Ihr Vergleich signalisiert zugleich einen deutlichen Nachholebedarf beim Ausbau des Handelsnetzes in der östlichen Stadthälfte. Um das West-Berliner Niveau zu erreichen, wäre eine Erhöhung der Zahl der Einzelhandelsgeschäfte um 4 800 erforderlich, davon 4 000 für Industriewaren und 800 für Nahrungs- und Genußmittel.

Im Gesamtbereich des Handels waren 1989 224 800 Personen erwerbstätig (113 000 in West-Berlin und 111 800 in Ost-Berlin).[25] Dabei lag der Anteil der Handelsmitarbeiter an der Zahl der Gesamtbeschäftigten mit 15,5 Prozent im Ostteil der Stadt höher als in der westlichen Stadthälfte (= 12,6 Prozent), was auf einen deutlichen Personalüberhang schließen läßt. Zwar ist zu berücksichtigen, daß in dieser Angabe noch die Beschäftigten der ehemals in Berlin-Ost – dem Handelszentrum der früheren DDR – ansässigen, nunmehr aufgelösten Außenhandelsbetriebe enthalten sind. Dennoch wies diese hohe absolute Zahl der im Handel Angestellten auf eine verglichen mit der West-Berliner Situation große Personalintensität in den Ost-Berliner Handelsunternehmen hin, die im Zuge der weiteren Umstrukturierung und Effektivierung des Handels nicht aufrechterhalten werden konnte.

[24] ebenda, S. 27
[25] Basis für die Erwerbstätigenzahl im Westteil der Stadt sind die Beschäftigtenstatistik der Bundesanstalt für Arbeit und zahlreiche Fachstatistiken. Die in der benutzten Quelle vom Statistischen Landesamt veröffentlichten Ergebnisse waren noch nicht auf die letzte Volks- und Arbeitsstättenzählung abgestimmt. Es handelt sich hierbei um Erwerbstätige im Inland, d. h., der Ort, an dem der Beschäftigung nachgegangen wird, ist maßgebend für die Zuordnung – Arbeitsortkonzept (Berliner Bezirke, Statistisches Taschenbuch, Hrsg. Statistisches Landesamt, Berlin 1990, S. 104 f.).

Bedingt dadurch dürfte selbst die Eröffnung privater Einzelhandelsgeschäfte zunächst nicht zur Schaffung zusätzlicher Arbeitsplätze im Handel führen, sondern vielmehr den bei der Reorganisierung des bisherigen Handelsnetzes freigesetzten Arbeitnehmern eine neue Beschäftigungsmöglichkeit bieten. 1990 ist zunächst ein drastischer Personalabbau im Bereich des Handels vorgenommen worden. Im Dezember des Jahres 1990 registrierte die Statistik nur noch 67 800 Mitarbeiter. Gegenüber dem durchschnittlichen Beschäftigtenstand von 1989 ist das eine Reduzierung um nahezu zwei Fünftel. Dennoch betrug der Anteil an der Zahl aller Erwerbstätigen in der Ost-Berliner Wirtschaft weiterhin 15,8 Prozent.[26]

Der Anteil privater Unternehmen am Einzelhandelsumsatz in den Ost-Berliner Bezirken hatte während der achtziger Jahre lediglich 10 Prozent betragen, nachdem er 1970 – vor der danach erfolgten Verstaatlichung – noch 18 Prozent ausgemacht hatte. Seit Beginn des Jahres 1990 ist wieder eine verstärkte Gründungsaktivität von zum überwiegenden Teil kleinen selbständigen Existenzen zu verzeichnen, bei denen die Markteintrittsschwelle – mit Ausnahme der Erschwernisse durch den hohen Konzentrationsgrad im Lebensmitteleinzelhandel – relativ gering ist. Im ersten Halbjahr 1990 wurden in Ost-Berlin 4 011 neue Firmen im Bereich des Handels angezeigt und nur 214 abgemeldet. Die Neugründungen konzentrierten sich auf die Bezirke Prenzlauer Berg (1335), Treptow (493) und Lichtenberg (430).

Der Einzelhandelsumsatz pro Kopf der Bevölkerung hatte im Osten Berlins 1989 noch 11 130 Mark (davon 4 851 Mark für Nahrungs- und Genußmittel und 6 280 Mark für Industriewaren) betragen und damit deutlich über dem Durchschnitt der gesamten früheren DDR gelegen.[27] Dies war auf eine bevorzugte Versorgung des Ost-Berliner Einzelhandels sowie auf massive Abkäufe in- und ausländischer Touristen zurückzuführen. Doch bereits im Vorfeld der Währungsumstellung am 2. Juni 1990 waren die Einzelhandelsumsätze im Ostteil Berlins sowohl bei Waren des täglichen Bedarfs als auch bei Industriegütern von Monat zu Monat rückläufig gewesen, wofür nicht allein die drastischen Preissenkungen bei DDR-Industriewaren zur Lagerräumung verantwortlich gemacht werden können. Auch nach Einführung der DM als allgemeines Zahlungsmittel sank der Umsatz im Ost-Berliner Einzelhandel weiter rapide ab. Im III. Quartal 1990 erreichte er nur noch die Hälfte des entsprechenden Vorjahresniveaus.[28]

Profitiert hat seit Öffnung der Mauer im wesentlichen der West-Berliner Einzelhandel, dessen Umsatz sprunghaft – allein in den ersten sieben Monaten 1990 um 18,2 Prozent gegenüber dem Vorjahreszeitraum – anstieg. Besonders starke Zuwächse konnte der Einzelhandel mit elektrotechnischen Erzeugnissen und Fahrzeugen verbuchen (+ 41,1 Prozent bzw. + 33,6 Prozent) gefolgt vom Nahrungsmittelhandel (+ 17,3 Prozent).[29] In der Folge konnte die Zahl der Beschäftigten im West-Berliner Einzelhandel 1989/90 weiter aufgestockt werden, nachdem sie in den beiden Jahrzehnten zuvor kontinuierlich abgenommen hatte.

Die durch die politischen Umwälzungen dem West-Berliner Einzelhandel zugeführten neuen Kundenkreise aus dem ostdeutschen Wirtschaftsraum haben auch das Interesse bedeutender Handelsunternehmen aus den westlichen Bundesländern für die Stadt, insbesondere jedoch für Standorte im Berliner Umland anwachsen lassen. Nach Angaben

---

[26] Monatszahlen Dezember 1990, 3. Folge, a. a. O., S. 10 f.
[27] Berlin in Zahlen 1990, a. a. O., S. 22
[28] Monatszahlen Dezember 1990, 3. Folge, a. a. O., S. 53
[29] 19. Bericht über die Lage der Berliner Wirtschaft, a. a. O., S. 41

der Berliner Forschungsstelle für den Handel (FfH) sind im Ostteil der Stadt und im Umland (Radius 40 Kilometer) 27 Einkaufszentren mit mindestens 100 000 m^2 Grundstücksfläche, 8 mit 50 000 bis 100 000 m^2 sowie 24 mit mindestens 10 000 m^2 Grundfläche geplant. Bei den Projekten handelt es sich hauptsächlich um SB-Warenhäuser, Bau- und Möbelmärkte sowie Gartencenter, häufig ergänzt durch Dienstleistungs- und Freizeitangebote.

Um hierbei eine Zersiedelung der Randgebiete zu vermeiden, sollten großflächige Einzelhandelsbetriebe oder Einkaufszentren nur auf der Grundlage eines koordinierten räumlichen Konzepts entstehen. Bereits im April 1990 war in dem damaligen Provisorischen Regionalausschuß Einvernehmen darüber erzielt worden, die Koordinierung raumbedeutsamer Vorhaben des Handels nach einheitlichen stadt- und regionalplanerischen Grundsätzen zu beurteilen. Das gilt für Objekte des Handels mit einer Fläche von mehr als 4 000 m^2.[30] Zu bedenken ist auch, daß eine völlig ungezügelte, am tatsächlichen Bedarf vorbeigehende Einrichtung großer Einkaufszentren im Umland zu einem Einbruch im Berliner Einzelhandel führen kann. Dem Konkurrenzdruck von Fachmärkten und dem Kapitalabfluß ins Umland werden vor allem in der westlichen Stadthälfte gelegene Möbelhäuser, Baumärkte und Gartencenter Tribut zollen müssen. In existentielle Gefahr können insbesondere Filialen, Discountgeschäfte und kleine Privatläden in den Berliner Außenbezirken geraten.

Auch beim West-Berliner Großhandel, der in der Vergangenheit von dem allgemeinen Konzentrations- und Abschmelzungsprozeß stark betroffen war, setzte mit Öffnung der Grenzen ein deutlicher Erholungsprozeß ein. Sowohl Umsatztätigkeit (1989: + 5,9 Prozent; 1. Halbjahr 1990: + 7,2 Prozent) als auch Beschäftigungslage verbesserten sich spürbar. Die durch die frühere Insellage der West-Berliner Wirtschaft beschränkten Entfaltungsmöglichkeiten des Großhandels erweitern sich nun auf die für eine Großstadt natürliche Dimension, so daß hier kurz- und mittelfristig eine kontinuierliche Zunahme der Umsätze und der Beschäftigung zu erwarten ist. Unter Anknüpfung an die bereits in der Vergangenheit im Ostteil der Stadt tätigen Außenhandelsbetriebe kann sich der Groß- und Außenhandel, dessen Monopol in der vormaligen DDR allein beim Staat lag, auch dort als ein expandierendes Betätigungsfeld erweisen.

Wirtschaftlich an Bedeutung gewinnen darüber hinaus in dem Maße, wie die aus der Teilung resultierenden strukturellen Disproportionen überwunden werden und die Stadt mit ihrem Umland zu einem einheitlichen Wirtschaftsraum verschmilzt, die Handelsvermittlungsagenturen. Bei der Volkszählung vom 25. Mai 1987 wurden im Westteil Berlins 2 506 derartige Arbeitsstätten mit 5 386 Beschäftigten gezählt. Bis zur Wirtschafts- und Währungsunion waren die Berliner Handelsvermittler mit aus der besonderen geopolitischen Lage Berlins erwachsenen Restriktionen konfrontiert. Neben das grundsätzliche Problem der Konzentration sowohl auf seiten der vertretenen Firmen als auch der Abnehmer trat der Verlust tatsächlicher Kunden und die stark eingeengte Möglichkeit, potentielle Kunden aus dem unmittelbaren Wirtschaftsumfeld zu gewinnen. Das Fehlen von Unternehmenszentralen in der westlichen Stadthälfte beeinträchtigte die Absatzchancen der Handelsvertreter ebenso wie die in Berlin-West geringe Fertigungstiefe und damit wenig ausgeprägte arbeitsteilige Verflechtung der möglichen Geschäftspartner. Der Markt für Handelsvertreter war in den Sparten Maschinen, Werkzeuge, Betriebseinrichtungen und Elektronik ohnehin eng, weil der Maschinenbau in West-Berlin im Vergleich mit dem übrigen Bundesgebiet unterrepräsentiert war. Nunmehr eröffnen sich den Handelsmaklern und Handelsvertretern

---

[30] ebenda, S. 42

in den neuen Bundesländern zusätzliche Beschäftigungsfelder, die neue Chancen für ein erfolgreiches Handelsmarketing bieten.[31]

Ein aktuelles Problem, dem sich zunehmend mehr und mehr Handels-, Handwerks- und Dienstleistungsunternehmen auf dem Berliner Markt gegenüber sehen, sind steigende Mieten für Gewerbeflächen und -räume. Frühere unattraktive (grenznahe) Lagen sind jetzt in das Zentrum der Stadt gerückt und begehrt geworden.

Wie sich Angebot und Nachfrage und damit der Mietzins künftig entwickeln werden, ist nicht sicher zu beurteilen. Zum einen besteht die Möglichkeit des Ausweichens aus der City an den Stadtrand und die Nutzung dort noch brachliegender Flächen für Gewerbezwecke, wodurch die Mietsteigerungen in Grenzen gehalten werden könnten. Andererseits ist – insbesondere mit Blick auf die künftige Rückverlegung des Regierungssitzes nach Berlin – an exponierten Standorten im Zentrum mit gravierenden Mietpreiserhöhungen zu rechnen, selbst wenn dort neue Geschäfts- und Bürohäuser errichtet und dadurch zusätzliche Flächen für Handels- und Dienstleistungsunternehmen angeboten werden.

Insgesamt stellt sich wirtschaftspolitisch die Aufgabe, die Bedingungen für die unternehmerische Privatinitiative im Bereich des Handels zu verbessern. Es geht vor allem um mehr Transparenz der existenten vielfältigen Hilfen aus öffentlichen Mitteln für private Existenzgründer und Unternehmer.

Gastgewerbe

Ebenso wie beim Einzelhandel zeigen sich bei einem Vergleich der Zahl der Gaststätten zwischen beiden Teilen der Stadt deutliche Unterschiede (vgl. Tabelle 4.5.5.). In den West-

Tabelle 4.5.5.
Ausgewählte Kennziffern des Berliner Gastgewerbes

Umsatz Millionen DM	Gast- stätten[1]	Bezirke		Gast- stätten[2]	Umsatz Millionen M
		West-Berlin	Ost-Berlin		
53,6	247	Tiergarten	Mitte	292	1 064,1
60,3	401	Wedding	Prenzlauer Berg	182	15,8
75,2	511	Kreuzberg	Friedrichshain	141	105,9
362,0	838	Charlottenburg	Treptow	112	25,5
86,8	355	Spandau	Köpenick	135	13,9
137,7	375	Wilmersdorf	Lichtenberg	115	209,4
61,5	136	Zehlendorf	Weißensee	77	17,1
101,6	489	Schöneberg	Pankow	87	7,4
70,8	276	Steglitz	Marzahn	64	10,7
62,6	214	Tempelhof	Hohenschönhausen	35	8,6
111,5	634	Neukölln	Hellersdorf	38	4,9
113,5	428	Reinickendorf			
1 297,0	**4 904**	**Insgesamt**		**1 278**	**1 483,4**

	Anzahl	Merkmal		Anzahl	
	345	Hotels		22	
	13 100	Zimmer		3 716	
	24 321	Betten gesamt darunter:		6 941	
	–	Aufbettungen		189	

[1] Die Angaben über Gaststätten sind der Handels-Zählung vom 31. 5. 1985 entnommen, die über die Zahl der Hotels und Betten beziehen sich auf den Stand 1. April 1988, die über die Zahl der Zimmer auf den 1. Januar 1987.
[2] Angaben für 1989.
Quelle: Berliner Bezirke, Statistisches Taschenbuch, Hrsg.: Statistisches Landesamt, Berlin 1990, S. 130 f.

---

[31] ebenda, S. 43

Berliner Bezirken entfallen auf 1000 Einwohner 2,3 Gaststätten, in Ost-Berlin kommt nur eine auf 1000 Einwohner. In Rechnung gestellt werden muß aber, daß in Ost-Berlin im Gegensatz zum Westteil der Stadt Großgaststätten mit einer wesentlich höheren Zahl von Plätzen dominierten.

Setzt man den Umsatz aus der Zeit vor der Währungs- und Wirtschaftsunion zur Bevölkerungszahl ins Verhältnis, so ergibt sich für die westlichen Bezirke eine Summe von 610 DM pro Jahr; in Ost-Berlin war sie mit 1160 Mark bedeutend höher. Über die Entwicklung des Umsatzes nach Öffnung der Grenzen liegen bislang nur Angaben für die westliche Stadthälfte vor. Doch dürfte auch hier die Entwicklung ähnlich wie im Einzelhandel verlaufen sein – Umsatzgewinn im Westen, stagnierende bzw. rückläufige Tendenz im Osten.

Nach der abgeschlossenen Privatisierung des Gaststättengewerbes im Ostteil Berlins dürfte der Trend der Entwicklung zur Einrichtung kleinerer, individueller Lokale gehen. Dabei kann Personal, das durch die Schließung bzw. Effektivierung unrentabler Großgaststätten freigesetzt wurde, aufgenommen werden. Es werden jedoch zunächst kaum in nennenswertem Umfang zusätzliche Beschäftigungsmöglichkeiten für den in anderen Bereichen der Wirtschaft abgebauten Arbeitskräfteüberhang entstehen.

In West-Berlin hingegen ist der seit dem Herbst 1989 verstärkte Umsatzzuwachs von einer Aufstockung des Mitarbeiterbestandes, vornehmlich im Beherbergungsgewerbe, begleitet. 1989 stieg der Umsatz des West-Berliner Gastgewerbes um 5,9 Prozent, darunter der des Beherbergungsgewerbes um 13,7 Prozent. Die Beschäftigung erhöhte sich insgesamt um 1,9 Prozent, im Beherbergungsgewerbe sogar um 5,4 Prozent.[32]

Seit dem Herbst 1989 ist zugleich eine erhöhte Bereitschaft zur Errichtung von Hotelneubauten bzw. Betriebserweiterungen zu beobachten, wobei jedoch bislang drei Faktoren hemmend wirkten:
– Mangelnde Flächenreserven im besonders nachgefragten Innenstadtbereich des Westteils der Stadt.
– Ungeklärte Eigentumsverhältnisse und mangelhafte Infrastruktur im Ostteil.
– Schwierigkeiten vor allem planungs- und baurechtlicher Art bei der Erweiterung bestehender Betriebe.

Vor dem Hintergrund weiter wachsender touristischer Attraktivität der Metropole Berlin und der potentiellen Olympiastadt im Jahr 2000 ist eine Aufstockung der Bettenkapazitäten, also der Hotelneubau erforderlich und auch zu erwarten. Bereits jetzt werden auf Grund stark steigender Gästezahlen Auslastungen der Hotelbetriebe von bis zu 65 Prozent erreicht. Allein im Westteil Berlins beträgt der Umsatz im Fremdenverkehr jährlich ca. 2,5 Milliarden DM. Damit werden über 30 000 Arbeitsplätze im Gastgewerbe gesichert. Die seit Jahren positive Entwicklung des Berlin-Tourismus hat somit direkt arbeitsplatzsichernde und arbeitsplatzschaffende Effekte.

4.6. Infrastruktur
4.6.1. Öffentlicher Personennahverkehr

Die Verbesserung des Zustandes der verkehrlichen Infrastruktur in den neuen Bundesländern als einer allgemeinen Produktionsbedingung ist eine Grundvoraussetzung für die ökonomische Integration und perspektivische wirtschaftliche Entwicklung auch in der Region Berlin. Erhebliche Mängel im Bereich des Schienen- und Straßenverkehrs haben Rückwirkungen auf deren Leistungsfähigkeit. Das Verkehrswesen ist jedoch nicht nur für

---

[32] ebenda, S. 44

die Entfaltung effizienter wirtschaftlicher Strukturen von Bedeutung, es hat zugleich erhebliches Gewicht für die Gestaltung der Lebens-, Arbeits- und Umweltqualität im engeren Verflechtungsraum Berlin. Der Ausbau von Verkehrsverbindungen zwischen dem Zentrum der Metropole Berlin und dem Umland beeinflußt die Attraktivität des Lebens in diesem Ballungsraum wesentlich.

Gemäß Empfehlung des Provisorischen Regionalausschusses sollte sich die Stadtentwicklung vorrangig an den vorhandenen, sternförmig in das Umland führenden Siedlungsachsen ausrichten, die durch eine dichte Folge von Siedlungen im Verlauf leistungsfähiger Verkehrsanlagen des öffentlichen Personennahverkehrs (ÖPNV) gekenn-

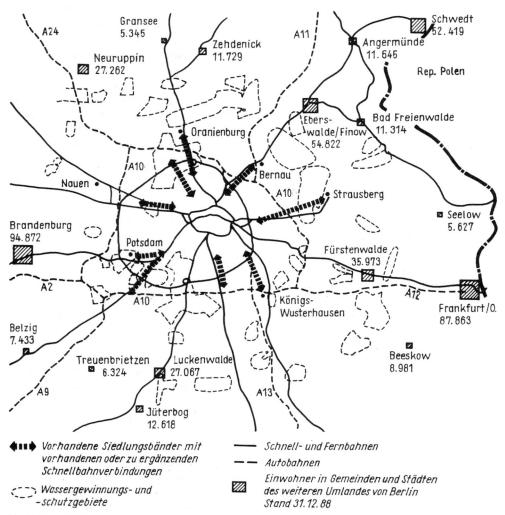

Abbildung 4.6.1.
Siedlungs- und Verkehrsachsen in der Berlin-Brandenburgischen Region
Quelle: Materialien zur räumlichen Entwicklung in der Region Berlin, Hrsg.: Senatsverwaltung für Stadtentwicklung und Umweltschutz, Berlin, April 1990.

zeichnet sind (vgl. Abbildung 4.6.1.). Siedlungsentwicklung und Erschließung durch den ÖPNV müßten aufeinander abgestimmt werden. Die Wohnbebauung sollte sich in günstiger Zuordnung zu den Haltepunkten des ÖPNV konzentrieren. Zwischen den Endpunkten der Siedlungsachsen in den Randzonen und dem Innenstadt-S-Bahnring sollten 60 Minuten Fahrzeit möglichst nicht überschritten werden.[33]

Die bisherige deutliche Funktionstrennung zwischen den Lebensbereichen Arbeiten, Wohnen, Versorgung und Freizeit sollte bei künftigen Planungen überwunden werden. Sie hatte in der Vergangenheit dazu geführt, daß die Funktionsweise innerstädtischer Wohngebiete durch ein Übergewicht von Büro- und Verwaltungsgebäuden, eine Verschlechterung der ökologischen Situation und steigende Mieten beeinträchtigt wurde. Als Folge war eine „Entleerung" der städtischen Zentren zu verzeichnen, die Wohnbevölkerung wurde in die Randzonen verdrängt. Beispiele in Berlin sind die Trabantenstädte Gropiusstadt, Märkisches Viertel, Marzahn, Hohenschönhausen und Hellersdorf. In solchen Wohngebieten ist das Freizeit- und Versorgungsangebot bislang unterentwickelt, die Arbeitsstätten der dort Wohnenden sind meist weit entfernt. Der motorisierte Individualverkehr war in diesem Prozeß sowohl Voraussetzung als auch Folge der zunehmenden Mobilität der Bevölkerung und resultierte zugleich aus einer schlechten Anbindung dieser Gebiete durch den ÖPNV.

Aufgrund der relativ weiträumigen und sich entwickelnden Verflechtungsbeziehungen zwischen Stadt und Umland sowie zwischen ausgewählten Siedlungszentren des Umlandes untereinander, besonders der Standortverteilung von Wohn-, Arbeits-, Einkaufs-, Bildungs-, Freizeit- und Erholungsstätten, ist ein leistungsfähiges und gegenüber bisherigen Maßstäben umweltentlastendes Verkehrssystem zu entwickeln. Notwendig ist letztlich, die weitere Entmischung von gewachsenen Stadtstrukturen zu verhindern, um die drastische Zunahme der Verkehrsströme zu begrenzen. Zur langfristigen Sicherung der Funktionsfähigkeit der Siedlungsräume ist es erforderlich, neben der notwendigen Rekonstruktion und dem Ausbau der Verkehrsinfrastruktur zielgerichtete Maßnahmen zu bestimmen zu den Problemkomplexen

- attraktive Gestaltung des ÖPNV, u. a. mit dem Ziel der Gewährleistung des Wirtschafts- und Dienstleistungsverkehrs,
- Förderung des Fahrrad- und Fußgängerverkehrs,
- Erhöhung der Verkehrssicherheit,
- Reduzierung der Abgas- und Lärmbelästigung,
- punktuelle und flächenhafte Verkehrsberuhigung.

Berlin verfügte bereits in den 30er Jahren mit dem S-Bahnnetz über eines der modernsten Verkehrssysteme der Welt. Es wurde durch ein dichtes Netz von U-Bahn, Bus- und Straßenbahnlinien zu einem integrierten Verkehrssystem ergänzt. In der Zeit nach 1945 wurde dieses aufeinander abgestimmte Netz im Gefolge der Spaltung zerstört, Straßen- und Schienenverbindungen innerhalb der Stadt und zum Umland unterbrochen bzw. brachgelegt.

Im Westteil der Stadt wurde schrittweise dem Autoverkehr ein höherer Stellenwert eingeräumt. Straßenbahnlinien wurden gänzlich stillgelegt, das U-Bahn-Netz erweitert. Im Ostteil setzte man stärker auf einen Ausbau des schienengebundenen ÖPNV, einschließlich der Straßenbahn. Dort ist die S-Bahn, die auch Peripherie-Bereiche mit dem Zentrum verbin-

---

[33] Grundlagen und Zielvorstellungen für die Region Berlin, 1. Bericht, Hrsg.: Provisorischer Regionalausschuß, Planungsgruppe Potsdam, Berlin 1990, S. 86

det, das leistungsstärkste Verkehrsmittel. Insgesamt hat Berlin ein Schienennetz im ÖPNV von 249,5 km Länge bei der S-Bahn, von 134 km bei der U-Bahn und von 637,6 km bei der Straßenbahn (vgl. Tabelle 4.6.1.).

Tabelle 4.6.1.
Öffentlicher Personennahverkehr in Berlin 1989

	U-Bahn	S-Bahn	Autobus	Straßenbahn
Westteil				
Linien	8	3	87	*
Streckenlänge in km	108,2	71,5	–	*
Bahnhöfe, Haltestellen	121	39	4 202	*
Betriebsfähige Wagen	**1 048**	**236**	**1 341**	*
Beförderte Personen pro Jahr in Millionen	359,1	48,1	383,8	*
Anteil, Prozent	45,4	6,1	48,5	*
Ostteil				
Linien	**2**	**11**	**70**	**50**
Streckenlänge in km	25,8	178,0	713,4	637,6
Bahnhöfe, Haltestellen	32	79	1 822	848
Fahrzeugbestand	**480**	**525**	**644**	**1 096**
Beförderte Personen pro Jahr in Millionen	94,2	177,9	187,0	207,4
Anteil, Prozent	14,1	26,7	28,1	31,1

* Tabellenfach gesperrt, weil Aussage nicht sinnvoll
Quelle: Berliner Bezirke, Statistisches Taschenbuch, Hrsg.: Statistisches Landesamt, Berlin 1990, S. 137 f.

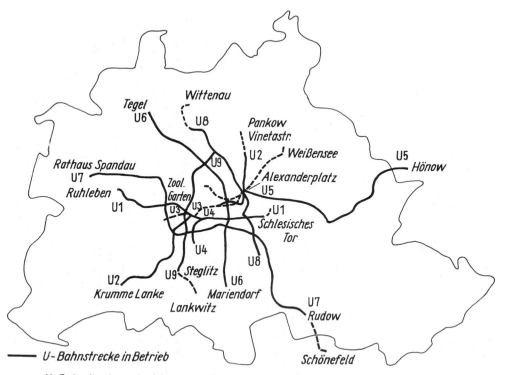

Abbildung 4.6.2.
Das Berliner U-Bahnnetz im Überblick

Damit bestehen weitgehend günstige Voraussetzungen für einen leistungsfähigen ÖPNV, der bei einer kundenfreundlicheren Gestaltung hinsichtlich der Reichweite, des Komforts und der zu entrichtenden Preise zu einer umweltverträglichen Verkehrsverteilung führen kann (vgl. Abbildungen 4.6.2. und 4.6.3.). Zu nennen sind hier die Herstellung der S-Bahnverbindung von Wartenberg zum Karower Kreuz sowie von Schönholz nach Hennigsdorf, die Wiederinbetriebnahme der S-Bahnverbindungen Wannsee–Potsdam (1992), Frohnau–Hohen Neuendorf (1993), Lichtenrade–Mahlow (1993), Lichtenrade–Blankenfelde (1994), die Reaktivierung der Ringbahn vom Bahnhof Neukölln bis zum Bahnhof Baumschulenweg (1993), die Wiederinbetriebnahme der U-Bahnlinie 2 von Wittenbergplatz über Gleisdreieck bis Potsdamer Platz.

Bereits im 2. Halbjahr 1990 erfolgte die Wiedereröffnung der Bahnhöfe der von der BVG betriebenen U-Bahnlinien U6 (Alt Mariendorf–Tegel), U 8 (Leinestraße–Paracelsusbad) und der S-Bahnlinie S 2 (Lichtenrade–Gesundbrunnen) im Ostteil der Stadt, die bis dahin ohne Halt durchfahren worden waren (Ausnahme: Bahnhof Potsdamer Platz). Seit dem 2. Juni 1991 haben Berlin und sein Umland wieder komplett aufeinander abgestimmte Fahrpläne, Linien und Kennzeichnungen. Im Bau bzw. in der Bauvorbereitung befinden sich folgende Maßnahmen:

– Verlängerung der U-Bahnlinie U8 von Paracelsus-Bad bis Leinestraße im Norden und im Süden;

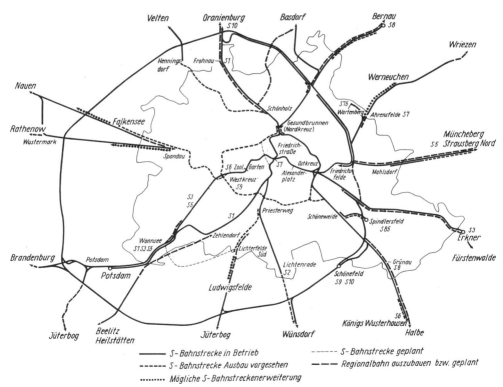

Abbildung 4.6.3.
Das Berliner S- und Regionalbahnnetz im Überblick

- Modernisierung der bisherigen S-Bahnlinien 1 (Wannsee–Frohnau), 2 (Lichtenrade–Gesundbrunnen) und 3 (Wannsee–Erkner, Wannsee–Königs Wusterhausen, Westkreuz–Strausberg Nord, Charlottenburg–Schönefeld);
- Reaktivierung des gesamten S-Bahn-Ringes (künftige Linie S4) sowie der S-Bahnlinie 6 nach Lichterfelde Süd (inkl. Verlängerung bis Teltow). In der ersten Phase der Ringbahnsanierung bis 1992 wird der Abschnitt zwischen Westend und Schöneberg hergestellt.

Um das zerschnittene Berliner Nahverkehrsnetz wieder zusammenzuführen, bedarf es der Realisierung einer Reihe weiterer Maßnahmen. Hierzu zählen z. B. die S-Bahnstrecken nach Spandau-Falkensee und nach Düppel, die Verlängerung der U1 über Bahnhof Schlesisches Tor bis U-Bahnhof Warschauer Brücke und die Ermöglichung des Umsteigens am Gleisdreieck und Potsdamer Platz.

Andererseits ist jedoch auch mit stark steigenden Raten des motorisierten Individualverkehrs zu rechnen, dessen Auswirkungen bereits konkret spürbar sind. 1989 waren in Berlin insgesamt 1 197 428 Kraftfahrzeuge zugelassen, davon im Westteil 820 323 und in den östlichen Bezirken 377 105 (vgl. Tabelle 4.6.2.).

Tabelle 4.6.2.
Kraftfahrzeugbestand und Tankstellen in Berlin 1989

Westteil Anzahl	Merkmal	Ostteil Anzahl
	Kraftfahrzeugbestand	
820 323	**Insgesamt**	**377 105**
37 712	Krafträder	48 124
718 230	Personenkraftwagen	298 857
45 747	Lastkraftwagen	14 506
13 145	Sonderfahrzeuge	8 038
2 057	Kraftomnibusse	4 819
3 432	Zugmaschinen	2 761
1 188	**Tankstellen**	**39**

Quelle: Berliner Bezirke, Statistisches Taschenbuch, Hrsg.: Statistisches Landesamt, Berlin, 1990, S. 134 f.

Hiermit kam in der westlichen Stadthälfte nahezu auf jeden 2. Einwohner ein Fahrzeug, im Ostteil nur auf jeden dritten. Allerdings hat dort der Wunsch nach einem Auto bei vielen Bürgern absolute Priorität, so daß mit einer weiteren Zunahme der PKW-Dichte in der Stadt zu rechnen ist. Nach jüngsten Prognosen wird die Zahl der Kraftfahrzeuge von heute 1,6 Millionen auf 3,5 Millionen steigen. Angesichts dieser Entwicklung sind neben den Vorhaben zur Verbesserung des ÖPNV und der Anbindung der Metropole an das Umland auch bessere Straßenverbindungen erforderlich, und die Modernisierung des Straßenzustandes ist unabdingbar, um den gewachsenen Anforderungen gerecht zu werden und eine höhere Sicherheit zu gewährleisten.

4.6.2. Fern- und Wirtschaftsverkehr

Der integrierte Ausbau der verkehrlichen Infrastruktur ist – wie bereits hervorgehoben – für die wirtschaftliche und ökologisch verträgliche Entwicklung der Metropole Berlin von hohem Stellenwert. Die Wirtschafts- und Währungsunion brachte das Ende des Transitverkehrs. Beide Teile Berlins wachsen nun mit dem Umland zu einem normalen großstädtischen Ballungsraum zusammen. Gerade auf dem Gebiet der Verkehrspolitik gilt es daher, gemeinsam mit dem Land Brandenburg die Position der Region Berlin, die im Schnittpunkt der großen Verkehrsachsen London/Paris/Brüssel–Warschau–Moskau und Kopenhagen/

Stockholm–Prag–Wien/Budapest liegt, in den europäischen Verkehrsströmen auf Straße, Schiene, Wasser und in der Luft neu zu bestimmen und weiterzuentwickeln. Das heißt, städtische, regionale, nationale und supranationale Interessen müssen harmonisch aufeinander abgestimmt werden.

Erste Fernverkehrsszenarien für die Region Berlin sprechen bis zum Jahre 2010 von einer Verdreifachung des Personennahverkehrs (mit einer Steigerung des motorisierten Individualverkehrs um das Vierfache), einer Verdoppelung des Transportaufkommens und einer Vervierfachung beim Luftverkehr gegenüber 1988. Dies stellt hohe Anforderungen an Verkehrsplanung und -politik. Dabei bietet der Neubeginn aus unvollendeten, überkommenen Strukturen für die Region Berlin/Brandenburg die einmalige Chance, in diesem Verkehrsraum den Weg in die Dienstleistungsgesellschaft des 21. Jahrhunderts durch eine zukunftsorientierte Verkehrsstrategie zu begleiten und zu fördern.

Das Ausmaß der auf dem Gebiet der Verkehrsinfrastruktur zu lösenden Aufgaben wird die finanziellen Möglichkeiten der öffentlichen Hand übersteigen. Deswegen wird die Legislative gefordert sein, den Weg für den Einsatz privaten Kapitals und die Anwendung neuer Finanzierungstechniken zu ebnen.

4.6.2.1. Straßenverkehrsanlagen

Der Verflechtungsraum Berlin verfügt mit dem bestehenden Ring-, Tangenten- und Radialsystem über günstige Ausgangsstrukturen für die Entwicklung der Straßenverkehrsanlagen. Auch das auf Berlin zulaufende Fernstraßennetz bietet bereits gute Voraussetzungen zur Bewältigung zukünftiger Verkehrsprobleme. Berlin ist mit allen großen deutschen Ballungsräumen und Wirtschaftszentren durch Autobahnen verbunden (vgl. Abbildung 4.6.4.).

Den Schwerpunkt bildet die qualitative Verbesserung der Anlagen, sowohl im Stadt- als auch im Fernverkehr. Ausgangsbasis dafür sind die vorhandenen Bauzustände, die Fahrbahnoberflächen, die Straßenquerschnitte sowie Einschränkungen der Durchlaßfähigkeit, u. a. durch enge Krümmungen, niveaugleiche Kreuzungen, schienengleiche Wegübergänge im Raum Berlin sowie die eingeschränkte Leistungsfähigkeit und Sanierungsbedürftigkeit der Autobahnen und Fernstraßen. Nach Meinung von Verkehrsexperten sind Netzergänzungen im innerstädtischen Verkehr nur in Einzelfällen und im Interesse der Erhaltung von Umwelt- und Wohnqualität vorzunehmen.[34]

Eine wesentliche Aufgabe der Berliner Verkehrsplanung ist es, die Verkehrsberuhigung, das Busspurnetz, das Parkkonzept, ebenso wie den Bau oder die Umgestaltung von Straßen in ein Gesamtkonzept für die Stadt zu integrieren. Ein flüssigerer Verkehrsablauf kann durch folgende Maßnahmen unterstützt werden:

– Gestaltung weiterer niveaufreier Lösungen zwischen Straße und Schiene sowie in Einzelfällen von Straßen zur Stauvermeidung,
– Verteilung des Verkehrs auf eine Vielzahl von Ein- und Ausfahrmöglichkeiten im Westteil der Stadt,
– Tangentenausbau im östlichen Berlin um den Verdichtungskern und Anschluß derselben über Radialen,
– Aufbau integrierter Verkehrsleit- und Informationssysteme in entsprechenden Räumen in und um Berlin auf der Basis der europäischen Forschungsprojekte „PROMETHEUS" und „DRIVE" mit wegweisender Beschilderung, Verkehrs- und Parkfunk, Fahrsteifenzu-

---

[34] ebenda, S. 90

teilungen an Autobahnknotenpunkten, Geschwindigkeitsbeeinflussung und alternativer Routensteuerung.[35]

Zunehmend schwieriger erweist es sich, den erhöhten Anforderungen an den ruhenden Verkehr, mit dem Schwerpunkt der innerstädtischen Zentren, relevanter Ziele im Naherholungsverkehr und großer Arbeitsstätten Rechnung zu tragen. Auch hier ist im Interesse

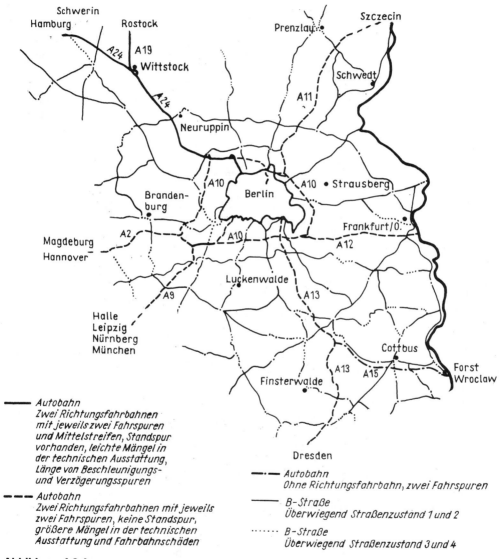

Abbildung 4.6.4.
Das Fernstraßennetz im Berlin-Brandenburgischen Raum

[35] ebenda, S. 91

einer ökologisch orientierten Stadtentwicklung eine differenzierte Lösung unter Einbeziehung des Raumbedarfs des Wirtschaftsverkehrs neben dem der Anwohner und Besucher anzustreben[36] durch die
- Ausweisung von Auffangparkplätzen am Rande von exponierten Funktionsräumen,
- Schaffung von Mehrebenenlösungen (Parkhäuser),
- Bewirtschaftung und Kontingentierung von Stellflächen,
- Profilierung von Mischflächen (Wohnen und Arbeiten) mit dem Ziel der Mehrfachnutzung vorhandener Abstellflächen.

Abbildung 4.6.5.
Künftige voraussichtliche Belastung der Eisenbahnlinien von und nach Berlin (Zugpaare pro Tag)
Quelle: Berliner Zeitung vom 2. 1. 1991 (nach Deutsche Eisenbahn Consulting GmbH – DEC)

[36] ebenda, S. 92

Die Modernisierung des Straßennetzes im Verflechtungsraum zwischen Berlin und seinem Umland muß das wirtschaftliche Zusammenwachsen in der Region begünstigen und gemeinsam von Berlin und Brandenburg geplant werden. Nach Auffassung der Berliner Industrie- und Handelskammer hat dabei die Verknüpfung des Stadtringes mit dem Berliner Ring durch den Weiterbau der A13 vom Schönefelder Kreuz und den Neubau der B101 als Südzubringer Vorrang. Die Schließung des Stadtringes und der Bau einer Nord-Süd-Straße seien unabdingbar, um den inneren Stadtbereich vom Durchgangsverkehr freizuhalten.[37]
Im Fernverkehr sind für die Berliner Wirtschaft die Grunderneuerung und der Ausbau der Autobahnen A2 nach Hannover, A9 nach Nürnberg und des Stadtringes A100 vordringlich.

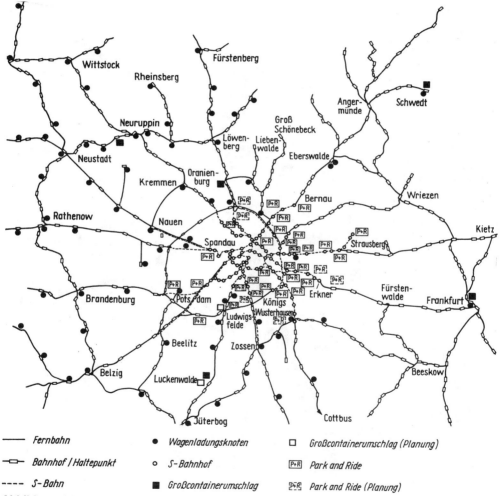

Abbildung 4.6.6.
Das S-Bahn- und Eisenbahnstreckennetz der Berlin-Brandenburger Region (oben) und der Entwurf eines Regionalbahn-Konzepts für Berlin und Umgebung (Nebenseite)

[37] IHK-Bericht 1990/91, Hrsg.: Industrie- und Handelskammer zu Berlin, Berlin 1991, S. 117

Als fast ebenso wichtig angesehen wird die Weiterführung der A 12 von Frankfurt/Oder nach Warschau sowie der Bau der A113 Berliner Ring – Stadtring (Verlängerung der Dresdener Autobahn).[38]

4.6.2.2. Eisenbahnverkehr

Hinsichtlich der Bedeutung der Verkehrsträger für den Personen- und Güterverkehr existieren zwischen den alten und den neuen deutschen Bundesländern deutliche Unterschiede. Während der Verkehr auf dem Gebiet der früheren DDR vorrangig auf die Nutzung der Schiene ausgerichtet war, hatte sich in der Alt-Bundesrepublik seit längerem eine Verlagerung auf die Straße durchgesetzt. Waren in der DDR 72,3 Prozent der Güter mit der Bahn transportiert worden, lag der Anteil in der Bundesrepublik bei nur 22,4 Prozent. Noch geringer war die Bedeutung der Eisenbahn im Westteil der Stadt. Dort benutzten 1989 nur 8 Prozent der Reisenden die Bahn und lediglich 13 Prozent der Güter wurden auf der Schiene befördert.

Unter ökologischen Gesichtspunkten ist in der Konkurrenzsituation Straße/Bahn der letzteren wohl der Vorrang einzuräumen. Die Eisenbahn kann im Kurz- und Mittelstreckenverkehr auch eine Alternative zum Flugverkehr darstellen. Sie hat unter marktwirtschaftlichen Bedingungen in der Region Berlin die Aufgabe, einen erheblich höheren Anteil am Verkehrsmarkt zu gewinnen. Sie muß große Teile des zu erwartenden hohen Verkehrs-

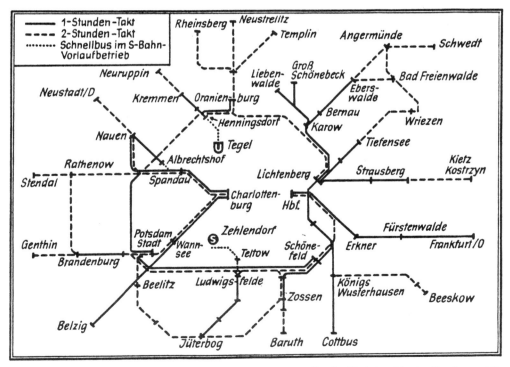

Entwurf eines Regionalbahnkonzepts für Berlin und Umgebung (Quelle: Verkehrsclub der Bundesrepublik Deutschland –VCD, in Berliner Zeitung vom 20. 12. 1991)

[38] ebenda, S. 116

aufkommens im Zusammenhang mit der Metropolenfunktion Berlins übernehmen, um die verkehrlichen Probleme des Ballungsraumes bewältigen zu können.
Hierzu bedarf es des Ausbaus und der Modernisierung des vorhandenen Eisenbahnnetzes. Als Defizit für die effektive Gestaltung des Schienenverkehrs sind vor allem die zwischen dem Westteil Berlins und dem Brandenburger Umland unterbrochenen Eisenbahnverbindungen, das Fehlen von leistungsfähigen Fernbahnhöfen sowie die bislang nicht erfolgte Elektrifizierung der Ost-West-Verbindung zu sehen. Die Entwicklung des Eisenbahnverkehrs kann auf der Basis der existierenden Netzstrukturen mit Radialen und Tangenten bzw. unter Nutzung des Haupt- und Nebenstreckennetzes erfolgen. Dazu gehört u. a. die Reaktivierung ehemaliger Trassen. Der Fernbahn- und Regionalbahnschnellverkehr wird sowohl für den Personenverkehr (tangentiale und radiale Führung) als auch für den Güterverkehr (vorwiegend tangentiale Führung) auf einem mindestens zweigleisigen Streckennetz durchgeführt (vgl. Abbildungen 4.6.5. und 4.6.6.).
Hochgeschwindigkeitsstrecken (mind. 160 Kilometer pro Stunde) werden zwischen nationalen und internationalen Verkehrszielen ausgebaut werden. Die für den Verkehr von und nach Berlin wichtigen Strecken Helmstedt–Magdeburg und Hamburg–Büchen–Berlin werden bis 1992 bzw. 1997 elektrifiziert und zweigleisig ausgebaut. Mit der Inbetriebnahme der Neubaustrecke Berlin–Hannover im Jahre 1997, mit der die Stadt Anschluß an das europäische Hochgeschwindigkeitsnetz erhält, werden neue Maßstäbe im Güter- und vor allem im Personenfernverkehr gesetzt.
Im Interesse der Wirtschaft liegt aber auch der baldige Ausbau der abzweigenden Verbindungsstrecken zwischen Stendal und Uelzen als direkte Verbindung zu den Nordseehäfen sowie eine Neubaustrecke von Berlin über Leipzig nach Nürnberg und München. Darüber hinaus ist es wichtig, das europäische Hochgeschwindigkeitsnetz von Berlin nach Warschau und nach Prag–Wien–Budapest weiterzuführen. Berlin kann seine künftige Funktion als Eisenbahnknotenpunkt nur ausfüllen, wenn auch die Züge der Nord-Süd-Verbindungen auf direktem Wege in die Innenstadt mit Umsteigemöglichkeiten zur Stadtbahn geleitet werden.[39]
Diese Großprojekte ergeben jedoch nur dann einen Sinn, wenn zugleich Lücken, die nach dem zweiten Weltkrieg und dem Mauerbau im Berliner Eisenbahnnetz entstanden waren, wieder geschlossen und die entsprechenden Schienenwege elektrifiziert werden. Dazu gehören die Stadtbahn zwischen Hauptbahnhof und Charlottenburg, die Fernbahngleise auf dem gesamten Innenring sowie die Strecken Potsdam–Charlottenburg, Werder–Drewitz–Charlottenburg („Wetzlarer Bahn"), Ludwigsfelde–Papestraße–Ostkreuz–Lichtenberg („Anhalter Bahn") und Gorzow–Kietz–Strausberg–Lichtenberg („Ostbahn"). Für den Vorortverkehr ist insbesondere im Interesse der im nördlichen Berlin Lebenden die Kremmener Bahn (Gesundbrunnen–Schönholz–Hennigsdorf–Neuruppin) wieder in Betrieb zu nehmen. Verkehrsplaner setzen sich in diesem Zusammenhang für einen Nord-Süd-Tunnel für Schnellzüge zwischen Yorckstraße und Nordring (unter dem Tiergarten hindurch) ein – mit Haltepunkten am Potsdamer Platz und am Lehrter Bahnhof.
Zunächst erweitert die Bahn jedoch Reiseangebot und -komfort von und nach Berlin. Ab Sommer 1991 ist Berlin voll in das deutsche IC-Netz integriert und Ausgangspunkt zweier Intercity-Linien (IC-Linie 5 nach Hannover, dem Ruhrgebiet, nach Köln, Bonn und Koblenz – und weiter nach Basel – und die IC-Linie 3 über Magdeburg, Braunschweig, Hildesheim und die Neubaustrecke Göttingen nach Kassel-Wilhelmhöhe, Frankfurt (Main) und Karlsruhe). Daneben verbinden vier IC-Zugpaare täglich Berlin und Hamburg.

[39] ebenda, S. 121

Im Hinblick auf das durch die neue Rolle Berlins als Einkaufs- und Versorgungsstadt für das Umland wesentlich erhöhte Aufkommen des Güterfern- und Güternahverkehrs sowie sich abzeichnende Engpässe im europäischen Fernstraßennetz ist der Ausbau des schienengebundenen Wirtschaftsverkehrs im Ballungsraum Berlin von großer Bedeutung. Darüber hinaus stellen wachsende Güterströme zwischen West- und Osteuropa Berlin vor die Aufgabe, eine zentrale Umschlagfunktion wahrzunehmen. Von besonderer Bedeutung dabei ist die Problematik der Schnittstellen des Verkehrs.

Bei der notwendigen grundlegenden und vollständigen Erneuerung des Gütertransportsystems im Verkehrsraum Berlin/Brandenburg sollte dem kombinierten Güterverkehr Vorzug gegeben werden. Kombinierter Verkehr sowie Güterverkehrs- und logistische Dienstleistungszentren als moderne leistungsfähige Umschlaganlagen zwischen Schiene und Straße bzw. Fern- und Nahverkehr sind geeignet, die Effizienz der Schnittstellen im gesamten Materialfluß zu verbessern. Sie werden helfen, die vornehmlich qualitativ determinierten neuen Anforderungen an das Gütertransportsystem der Zukunft zu erfüllen. Mit den bedeutsamen Wandlungen im Wertschöpfungsprozeß und dem größeren Anteil wertintensiver Transportgüter sowie dem Erfordernis nach höherer Zuverlässigkeit, Flexibilität und Termintreue richtet sich der Bedarf der Wirtschaft künftig verstärkt auf integrierte verkehrslogistische Leistungsangebote. Hierdurch können die Kapitalbindung in der Phase von Transport, Umschlag und Lagerung gemindert und die spezifischen Leistungsvorteile der einzelnen Verkehrsträger besser genutzt werden. Die Region und Berlin mit seinem vollständigen Eisenbahn- und Autobahnring haben für die Errichtung solcher Güter-

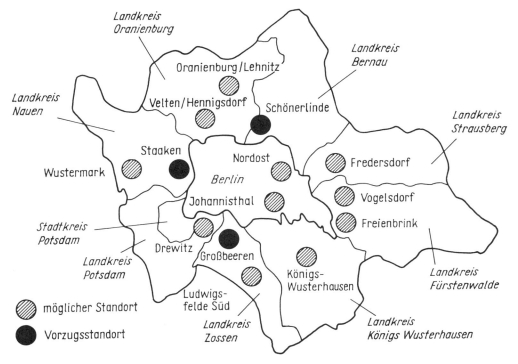

Abbildung 4.6.7.
Standorte von möglichen Güterverkehrszentren im Großraum Berlin

verkehrszentren und Zentren des kombinierten Ladungsverkehrs gute Voraussetzungen (vgl. Abbildung 4.6.7.).

4.6.2.3. Binnenschiffsverkehr

Bei der Entwicklung neuer Güterverkehrskonzeptionen muß die Binnenschiffahrt unbedingt einbezogen werden. Die Binnenwasserstraßen sind ein unverzichtbarer Bestandteil der Verkehrsinfrastruktur, bestehend aus natürlichen Wasserläufen und den ergänzenden Kanalbauten. Durch die politischen Veränderungen in Europa erhält das Wasserstraßenkreuz Berlin als Verkehrsknotenpunkt zunehmende Relevanz. Etwa ein Viertel des Gesamtgüterverkehrs allein der westlichen Stadthälfte entfällt auf die Binnenschiffahrt. Insgesamt transportierten Frachtschiffe im Jahre 1989 rund 10,3 Millionen t von und nach Berlin-West sowie im Orts- und Durchgangsverkehr. Die Befugnisse des Landes Berlin auf dem Gebiet der Binnenschiffahrt sowie die Verwaltung der jetzigen Bundeswasserstraßen sind mit dem Inkrafttreten des 6. Überleitungsgesetzes auf die Wasser- und Schiffahrtsverwaltung des Bundes übergegangen.

Nach Vorstellungen des Berliner Senats soll die Binnenschiffahrt verkehrspolitisch aufgewertet werden. Eine Netzerweiterung ist jedoch auch langfristig nicht vorgesehen (vgl. Abbildungen 4.6.8. und 4.6.9.). Vielmehr wird das Schwergewicht auf eine Kapazitätserweiterung des Mittellandkanals, des Elbe-Havel-Kanals und der Havel gelegt. Ausgebaut werden sollen die Wasserwege zwischen der Spandauer Havel und der Unteren Oder über Oranienburg und Oder-Havel-Kanal sowie zwischen der Potsdamer Havel und der Oberen Oder über den Teltow- und den Oder-Spree-Kanal („Südfahrt"). Einen Schwerpunkt bilden weiterhin die Kapazitätserhöhung der Woltersdorfer Schleuse für die Rüdersdorfer Gewässer, der Ausbau der Spandauer Schleuse und die Korrektur der lichten Weite an einzelnen

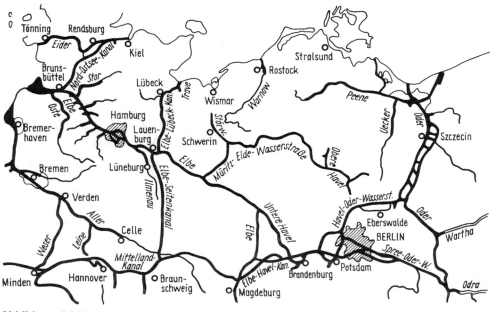

Abbildung 4.6.8.
Wasserstraßennetz im norddeutschen Raum

Brückenbauwerken, besonders im Zuge des Havelkanals. Mit Ausnahme der Schleuse Spandau sind die im Wasserstraßennetz existierenden Schleusen nicht voll ausgelastet, so daß auch Verkehrszunahmen durchaus realisiert werden können.

Der bauliche und technische Zustand bedarf zumeist gezielter Maßnahmen der Renovierung und Modernisierung. Ziel ist, daß die Schiffswege hinsichtlich des Ausbaus und der technischen Ausrüstung generell für den 24-Stundenverkehr von Motorschiffen bis 1350 BRT bzw. 4er Schubverbänden befahren werden können, d. h. europaweit üblichen Schiffstypen, und den internationalen Sicherheitsstandards entsprechen.

Die Umschlagstellen in der Region, bestehend aus den öffentlichen und einer Vielzahl nichtöffentlicher Häfen, werden im wesentlichen für ausreichend gehalten. Diese Anlagen sind technisch zu modernisieren und z. T. baulich zu ergänzen. Bei den Häfen innerhalb der Stadt Berlin ist zu prüfen, in welchem Umfang sie auch in Zukunft für die Ver- und

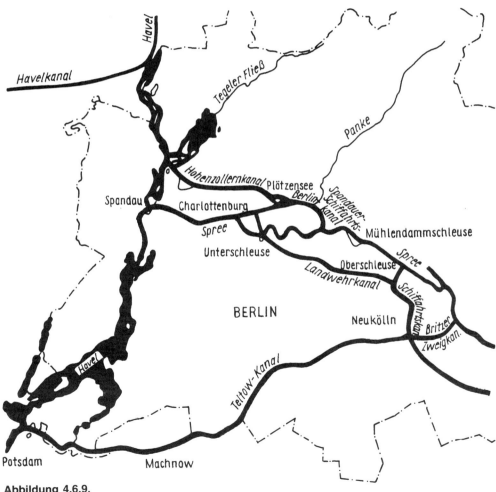

Abbildung 4.6.9.
Wasserstraßen in Berlin

Entsorgung nutzbar bleiben sollten. Die Einordnung eines Industriehafens mit moderner Logistik, mit Eisenbahn- und Straßenanschluß wird als notwendig erachtet.[40]

4.6.2.4. Flugverkehr

Die angestrebte Profilierung Berlins zu einem deutschen und europäischen Zentrum wirtschaftlicher und wissenschaftlicher Begegnungen sowie des geistig-kulturellen Austausches lassen für die Zukunft ein weiter steigendes Fluggastaufkommen erwarten. Für das Jahr 2010 werden im Berliner Flugverkehr jährlich 20 bis 30 Millionen Passagiere vorausgesagt.

Ein solches Aufkommen ist auf Dauer mit stadtnahen oder im Stadtgebiet gelegenen Flughäfen nicht zu bewältigen. Vorläufige Planungen sehen deshalb den Bau eines neuen Großflughafens für Berlin und Brandenburg an einem südlich der Stadt gelegenen Standort vor (Sperenberg, Jüterbog, Genshagener Heide oder Schönefeld Süd), von dem aus auch Leipzig und Dresden gut erreicht werden können. Bei der Einordnung der Lage dieses neuen Flughafens müssen die Umweltbelastung vorhandener Siedlungsräume, die Beeinträchtigung vorhandenener landwirtschaftlicher Nutzflächen sowie die ausreichende Bereitstellung von Gewerbeflächen Beachtung finden.

Bis zu dessen Fertigstellung in einem Zeitraum von 10 bis 15 Jahren sind jedoch ein kurzfristiger Ausbau des im westlichen Teil Berlins gelegenen Flughafens Tegel sowie eine grundlegende Renovierung der gesamten Flughafenanlage Schönefeld im Land Brandenburg, insbesondere der Abfertigungsgebäude, der Landebahn und der Versorgungseinrichtungen, dringend geboten.

Wie in vielen anderen Bereichen der Wirtschaft war 1990 auch im Flugverkehr zwischen beiden Teilen der Stadt eine gegensätzliche Entwicklung zu beobachten. 44 Jahre lang waren die Westmächte aufgrund ihrer originären Siegerrechte für die Luftverbindungen von und nach West-Berlin verantwortlich. Mit der deutschen Vereinigung bekam die Bundesrepublik Deutschland auch in Berlin wieder die Lufthoheit. Dies rechtfertigte den Wegfall der bis dahin vom Bund gewährten Fluggastsubventionen und der Umsatzsteuerbefreiung für Berlinflüge, bedeutete aber zugleich eine Erhöhung der für den Geschäftsreise- und Individualverkehr relevanten Normaltarife.

Bis zum Jahre 1993 sollen alle innerdeutschen Flüge von den alliierten auf deutsche Gesellschaften übergehen. Dabei sicherte sich die Lufthansa von Anfang an durch die Übernahme der Pan Am-Linien den größten Teil des Verkehrs. Infolge des kurzfristigen Engagements einer Reihe ausländischer Fluggesellschaften konnte die Zahl der von Berlin direkt angeflogenen Auslandsziele erhöht werden. Die in einer Zeit, als die politischen Voraussetzungen noch nicht gegeben waren, begründete Konzeption, Berlin zu einem Luftkreuz zu entwickeln, kann nunmehr innerhalb kürzester Zeit zur Realität werden.

Die meisten Fluggesellschaften beantragten zunächst Landerechte auf dem Flughafen Tegel. Dies verursachte allerdings erhebliche Platzprobleme, da der Airport bereits 1989 über seine Kapazitätsgrenze ausgelastet war. 1990 ist die Anzahl der Passagiere in Tegel um 12,4 Prozent auf 6,6 Millionen pro Jahr gestiegen, wobei der Zuwachs im Auslandslinienverkehr 50 Prozent betrug. 1991 verließen mehr als 7 Millionen Fluggäste die Stadt über Tegel. Dessen Kapazität ist damit um fast 20 Prozent überlastet. Die wieder stärkere Nutzung des Flughafens Tempelhof, des zweiten innerstädtischen Flugplatzes, im Regionalflugverkehr konnte Tegel nicht entscheidend entlasten.

---

[40] Grundlagen und Zielvorstellungen für die Entwicklung der Region Berlin, a. a. O., S. 9

In Schönefeld, dem dritten für Berlin bedeutsamen, jedoch im Land Brandenburg angesiedelten Flughafen, war die Entwicklung des Flugverkehrs 1990 rückläufig. Die Einführung der DM in der ehemaligen DDR führte auf dem bislang überwiegend nach Osten ausgerichteten Flughafen zu einem deutlichen Rückgang um nahezu ein Drittel auf knapp 2 Millionen Passagiere pro Jahr. Einerseits orientierten sich die Ostdeutschen bei ihren Reisen jetzt vornehmlich westwärts, andererseits blieben viele Osteuropäer infolge der Devisenproblematik aus.

Die Modernisierungs- und Renovierungsbedürftigkeit Schönefelds und unklare Eigentumsverhältnisse behindern derzeit noch die gewünschte Arbeitsteilung zwischen den Flughäfen Tegel und Schönefeld. Vielmehr scheint sich der Verkehr gegenwärtig bei weiter rückläufigen Passagierzahlen in Schönefeld noch stärker auf Tegel zu konzentrieren.

Nur mit einer gemeinsamen Leitung für alle Flughäfen in der Region kann es gelingen, zukunftsweisende Investitionen – mit öffentlichem wie privatem Kapital – einzuleiten, den Flugverkehr zwischen den Flughäfen sinnvoll aufzuteilen und gemeinsame Qualitätsstandards durchzusetzen. Das erfordert ein koordiniertes, partnerschaftliches und rasches Handeln Berlins, Brandenburgs und des Bundes, welches durch eine gemeinsame Flughafen Holding GmbH gewährleistet werden kann.[41]

4.6.3. Kommunikationstechnische Infrastruktur

Im Kommunikationssektor sind die Auswirkungen der Teilung der Stadt bzw. Deutschlands besonders gravierend. Mangelnde Kommunikationsmöglichkeiten – gerade zu einem Zeitpunkt, an dem neue Informations- und Kommunikationstechniken in den westlichen Ländern eine Schlüsselposition im Produktions- und Arbeitsprozeß wie auch im Alltag eingenommen haben – sind ein entscheidender Engpaßfaktor für die Ökonomisierung der Zirkulationsprozesse, die Attraktivität und weitere Entwicklung der Investitionsstandorte in den fünf neuen Ländern und Berlin-Ost. Als Haupthemmnisse für die rasche Herstellung einer einheitlichen Kommunikationsinfrastruktur – über die Gebührenordnung hinaus – gelten die niedrige Dichte von Fernsprechhauptanschlüssen je 100 Einwohner, das überalterte Leitungsnetz sowie der verpaßte Anschluß bei der Installation digitaler Vermittlungstechnik in den östlichen Regionen.

Entfallen im Westteil der Stadt auf 100 Einwohner 58 Fernsprechhauptanschlüsse, so waren es im östlichen Berlin 1989 nur 28. Noch ungünstiger fällt der Vergleich 1989 aus, wenn moderne Telekommunikationsdienstleistungen in Betracht gezogen werden. Weder im Bereich der Paket-vermittelten Datendienste (Datex-P-Leitungen) noch bei den Telefaxanschlüssen wies das östliche Berlin nennenswerte Kapazitäten aus (vgl. Tabelle 4.6.3.).

Dieses Bild dürfte sich in der Zwischenzeit verbessert haben, wozu die Verlegung neuer Kabel in der Glasfasertechnik und die Inbetriebnahme einer neuen Vermittlungsstelle beigetragen haben. Statistische Angaben hierüber lagen zum Zeitpunkt der Untersuchung aber nicht vor. Dennoch besteht im Bereich der Kommunikationsinfrastruktur auch in den nächsten Jahren ein enormer Investitionsbedarf, um sowohl die Versorgung der Bevölkerung mit Fernsprechanschlüssen als auch die Bedürfnisse der Unternehmen nach moderner Kommunikationstechnik zu befriedigen. Der große kommunikationstechnische Modernisierungsbedarf wird zum einen über die Unternehmen der Post und zum anderen über bundesdeutsche Telekommunikationskonzerne (Siemens, Standard Elektrik Lorenz –

---

[41] Vgl. hierzu: IHK-Bericht 1990/91, a. a. O., S. 113 ff.

Tabelle 4.6.3.
Kapazitäten und Leistungen der Nachrichtenübermittlung, Post in Berlin 1989

Berlin-West		Berlin-Ost
	Postämter bzw. Ämter	
10	mit Verwaltung bzw. Fernmeldeämter	2
101	ohne Verwaltung bzw. Hauptpostämter	9
10	Poststellen bzw. Postämter	125
	Vermittlungsstellen	
95	Orts- u. Fernverk. bzw. automat. Vermittlungsstellen im Ortsverkehr	70
*	Fern- und Schnellämter	1
.	Telexverkehr	3
	Fernsprech- und Telexverkehr	
.	Fernsprechstellen	673 164
	darunter	
1 228 325	Fernsprechhauptanschlüsse	361 281
	darunter	
.	in Wohnungen	267 949
4 915	öffentliche	6 128
.	Fernsprechstellen in Wohnungen je 100 Wohnungen	42,4
.	Telexanschlüsse	2 338
10 853	Telefax[1]	.
919	Datex-P-Leitungen	40[2]
	Leistungen in 1000	
433 000	eingelieferte Briefsendungen und Päckchen	100 919
5 332	eingelieferte Pakete	3 014
321	aufgenommene Telegramme	1 608
1 109 000	Ortstelefongespräche	224 130
146 000	abgehende Ferntelefongespräche	58 695
	Hörfunk	
986	angemeldete Geräte bzw. Empfangsgenehmigungen in 1000	562
46,2	je 100 der Bevölkerung	43,6
	Fernsehen	
901	angemeldete Geräte bzw. Empfangsgenehmigungen in 1000	491
42,2	je 100 der Bevölkerung	38,2

* Tabellenfach gesperrt, weil Aussage nicht sinnvoll
. Zahlenwert unbekannt
[1] 1988
[2] Vorhaben ab Juli 1990

Quelle: Berliner Bezirke, Statistisches Taschenbuch, Hrsg.: Statistisches Landesamt, Berlin 1990, S. 138 f.

SEL und Philips Kommunikationsindustrie – PKI) realisiert, die den Markt in den ostdeutschen Ländern mit moderner Technik beliefern.

Wichtig ist in diesem Zusammenhang, daß für die Modernisierung der Fernmeldeinfrastruktur über Kooperation zwischen west- und ost-deutschen Unternehmen ein Teil des Auftragsvolumens in den neuen Bundesländern und Ost-Berlin verbleibt, dort die Nachfrage – vor allem auch nach handwerklichen Leistungen mittelständischer Firmen (Verlegung von Fernsprechhauptanschlüssen, Montage- sowie Bauarbeiten) – anregt und somit Beschäftigungsmöglichkeiten schafft. Beide Stadthälften verfügen hierfür über industrielle Kapazitäten, die gute Voraussetzungen für die gemeinschaftliche Modernisierung des Telekommunikationsbereiches bieten. Im Westen Berlins sind die Unternehmen SEL, Krone und DeTeWe – Deutsche Telefonwerke und Kabelindustrie AG angesiedelt, die seit längerem als Zulieferer von Nachrichtentechnik für die Bundespost fungieren. Im östlichen Berlin sind ebenfalls eine Reihe elektrotechnischer Betriebe vorhanden, die in diesem Rahmen sowohl in die Projektierung als auch in die Fertigung

Kapazitäten einbringen können (Elektro-Apparate-Werke, Funkwerk Köpenick, Fernsehelektronik GmbH, Funk- und Fernmeldeanlagenbau u. a.).
Mittelfristig werden das östliche Berlin und das Umland auch in die Ausbaupläne der Bundespost zur Realisierung des Integrierten Sprach- und Datenübertragungsnetzes (ISDN) involviert werden, das auf dem bestehenden Telefonnetz aufbaut und eine Dienstintegration aller Nachrichtenformen anstrebt.
Insgesamt können beim Aufbau neuer Telekommunikationssysteme im Osten der Stadt und im angrenzenden Umland die im westlichen Berlin auf diesem Gebiet gesammelten Erfahrungen genutzt werden. Berlin-West war bevorzugter Standort der Bundespost für die Erprobung und Testung neuer Informations- und Kommunikationstechniken wie Bildschirmtext (Btx), Kabelfernsehen und verschiedene Glasfasertechnologien (BIGFON – Breitbandiges Integriertes Glasfaser-Fernmeldeortsnetz).

4.6.4. Energie

Die politischen Entwicklungen haben die Rahmenbedingungen der Energiepolitik und Energiewirtschaft Berlins grundlegend verändert. Neue Energiekonzepte und -programme bedürfen der Erarbeitung und Umsetzung. Dabei geht es darum, eine zukunftsorientierte stadtübergreifende Energieversorgung im europäischen Verbund aufzubauen, die auch die Belange des Erhalts einer gesunden Umwelt ins Kalkül zieht. Das setzt eine sparsame und rationelle Erzeugung, Verteilung und Nutzung von Energie voraus. Auch auf diesem Gebiet ist zur Schaffung eines einheitlichen Netzes der leitungsgebundenen Energieträger und zur Lösung der damit verbundenen Probleme eine enge konzeptionelle Zusammenarbeit der politisch Verantwortlichen in Berlin und im Umland erforderlich.

4.6.4.1. Elektrizitätsversorgung

Die Stromversorgung erfolgt im ehemaligen West-Berlin durch die Bewag, im Ostteil der Stadt durch die Energieversorgung Berlin AG (EBAG) – die Rechtsnachfolgerin des VEB Energiekombinat Berlin. Nach ersten Rahmenvereinbarungen mit dem damaligen östlichen Versorgungsunternehmen hat die Bewag im August 1990 gemeinsam mit dem westdeutschen Verbundunternehmen ein Abkommen noch mit der Regierung der DDR und der Treuhandanstalt geschlossen, wonach sie als eine Art „Geschäftsbesorgerin" die EBAG an den Standard eines wirtschaftlich und technisch leistungs- und wettbewerbsfähigen Energieversorgungsunternehmens westlicher Prägung heranführen wird.
Mittelfristiges Ziel dieser Partnerschaft ist es, beide Gesellschaften innerhalb von zwei bis drei Jahren unter dem Dach der Bewag völlig zu vereinen, so daß dann auch ein einheitliches Kosten- und Preisgefüge hergestellt ist, welches die weitere Verzerrung der Standortbedingungen für Industrie und Gewerbe vermeiden hilft. Als Konsequenz des Subventionsabbaus wurden die Strompreise der EBAG, also für Kunden im Ostteil der Stadt, zum 1. Januar 1991 von bisher durchschnittlich 8 Pfennig pro Kilowattstunde auf rund 25 Pfennig angehoben.
Als eine Folge der erzwungenden vollen Eigenversorgung im Inselnetzbetrieb der westlichen Stadthälfte stehen der Bewag derzeit acht Heizkraftwerke und ein Kondensationskraftwerk mit einer installierten Bruttoleistung von insgesamt rund 2 600 MW zur Verfügung. Mehr als die Hälfte dieser Leistung sind kohlegefeuerte Anlagen.
Die Kraftwerkskapazität der Bewag ist umfassend modernisiert worden. Seit Mai 1989 sind die beiden unweltfreundlichen Blöcke (je 300 MW) des neuen kohlegefeuerten Heizkraftwerkes Reuter-West betriebsfähig. Der zweite Block des Heizkraftwerkes Lichterfelde ist

auf emissionsarme Erdgasfeuerung umgestellt worden. Seit Mitte Dezember 1989 ist im Heizkraftwerk Moabit eine Anlage mit „zirkulierender Wirbelschichtfeuerung" (100 MW) für die Strom- und Wärmeversorgung im Betrieb. Die Benson-Anlage (200 MW) im Heizkraftwerk Reuter ist nach einer Betriebszeit von fast 40 Jahren stillgelegt worden.
Ein wesentlicher Schwerpunkt der Bewag war in den letzten Jahren das Umweltschutzprogramm zur nachträglichen Ausrüstung von Altanlagen mit Rauchgasentschwefelung, Entstickung und Staubfiltern. Die Entschwefelungs- und Entstaubungseinrichtungen aller unter die Großfeuerungsanlagenverordnung fallenden Kraftwerke sind bereits in Betrieb. Das neue Heizkraftwerk Reuter-West ist vollständig entstickt. Die Entstickung der Altanlagen ist im Bau. Nach Abschluß des Programms vermindern sich die Emissionen der Bewag bei Schwefeldioxid um ca. drei Viertel, bei Stickoxiden um vier Fünftel und bei Staub um fast drei Fünftel.
Die Erzeugungskapazitäten in den drei Kraftwerken der EBAG beträgt rund 340 MW. Die zusätzlich benötigte Energie (rd. 85 Prozent) für die östlichen Bezirke Berlins und das angrenzende Umland wird gegenwärtig über das Verbundnetz der ostdeutschen Länder und den Hochspannungs-Freileitungsring um die Stadt (220/380 kV) über drei Umspannwerke eingespeist (vgl. Abbildung 4.6.10.). Bisher war damit eine Abhängigkeit von der Zuleitung aus Kraftwerken im Norden (Kernkraftwerk Greifswald – inzwischen stillgelegt) und im Süden (Raum Cottbus/Braunkohlen-Kraftwerke) gegeben. Im Westen (65 km Entfernung) befindet sich das Kernkraftwerk Stendal im Bau.
In einzelnen Gebieten in Berlin-Ost und in an die Stadt grenzenden Territorien der Kreise Bernau, Strausberg, Fürstenwalde, Königs Wusterhausen, Zossen und Nauen sind die Netze überaltert und überlastet. Dort ist gegenwärtig die qualitätsgerechte Versorgung der Abnehmer nicht möglich. Neuanschlüsse und Leistungserhöhungen sind deshalb problematisch. Einzelne Umspannwerke sind störanfällig und müssen ersetzt werden. In diesen Gebieten ist eine zusätzliche Ansiedlung von Einwohnern und Industrie, auch wenn sie regional-planerisch erwünscht wäre, vor einer Modernisierung der Netze und Anlagen stark eingeengt.
Im Rahmen der Umstrukturierung der Energiewirtschaft in den neuen Bundesländern wird die EBAG wie auch die anderen ostdeutschen regionalen Energieversorgungsunternehmen 70 Prozent ihres Energiebedarfs für 20 Jahre aus dem überregionalen (westlichen Verbund) beziehen; die entsprechende Anbindung ist ab Herbst 1991 vollzogen.
Die Bewag wird voraussichtlich im Herbst 1993 Fremdstrom von der Preussen Electra erhalten. Die aus dem Raum Helmstedt kommende Stichleitung ist im Bau. Die für den Stromverbund erforderliche innerstädtische 380 kV-Verbundleitung wird weitgehend verkabelt. Es wird geprüft, wie diese Leitung sinnvoll in die vorhandenen Netze integriert werden kann.
Als weitere Aufgaben der Berliner Energiewirtschaft stehen kurz- und mittelfristig:
- Die Förderung der Energieeinsparung durch Modernisierung des Maschinenparks in Industrie, Haushalten und Verkehr, rationelle Energieumwandlung (z. B. Wärmekraftkopplung) und intelligente Nutzung (mittels Energiedienstleistungen).
- Die Vorbereitung der elektroenergetischen Erschließung von Entwicklungsgebieten für Gewerbe, Industrie und Wohnen (Abdeckung des Bedarfs gegebenenfalls durch zusätzliche Kleinanlagen).
- Die Angleichung der elektroenergetischen Systeme in der Region, um die günstigste Verteilung der Energie in der Stadt und im Umland sowie den Verbund mit Westeuropa (ggf. auch weiterhin mit Osteuropa) nach entsprechenden einheitlichen Standards zu

ermöglichen. Bis dahin können nur im Einzelfall Havarieschaltungen zum Ausgleich von Energieengpässen im unmittelbar an Berlin grenzenden Raum (z. B. über mehrere 110 kV-Leitungen) vorbereitet werden.
– Die Modernisierung der Erzeugungsanlagen der EBAG bei gleichzeitiger Verringerung ihrer Umweltbeeinträchtigung (Entstaubung, Entschwefelung und Entstickung).

4.6.4.2. Gas
Zwischen den Gasnetzen beider Stadtteile innerhalb Berlins besteht keine Verbindung. In

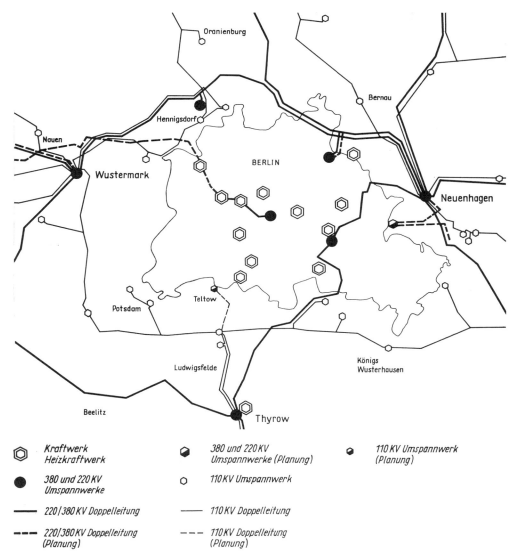

Abbildung 4.6.10.
Übergeordnete Anlagen der Elektroenergieversorgung in der Region Berlin (Stand 1990)

den westlichen Bezirken wird in eigenen Spaltanlagen Gas erzeugt. Durch Ertüchtigung der vorhandenen Anlagen wird gegenwärtig die Kapazität erweitert, um mehr Altbauwohnungen mit Einzelgasheizungen ausstatten zu können. Die Erdgasversorgung im Westteil der Stadt wurde im Oktober 1985 aufgenommen. Die Einspeisung des sibirischen Erdgases erfolgt durch eine eigene Hochdruckleitung, die in Waidhaus (Bayern) an eine große Ost-West-Transportleitung angeschlossen ist. Die für die Gasag – ein Eigenbetrieb des Berliner Senats – vereinbarte Bezugsmenge betrug 1988/89 540 Millionen m³. Sie erhöhte sich 1989/90 auf 550 Millionen m³ und wird 1990/91 560 Millionen m³ erreichen. Danach ist eine konstante Jahreshöchstmenge von 650 Millionen m³ vorgesehen.

Das Erdgas soll vorwiegend im Haushaltsbereich zur Emissionsminderung eingesetzt werden. Es ersetzt dort stark umweltbelastende Energieträger wie z. B. Braunkohle. Es steht ferner für Industrie und Gewerbe sowie für dezentrale Kraft-Wärme-Kopplungsanlagen zur Verfügung. Die Errichtung eines Berliner Erdgasspeichers zum saisonalen Mengenausgleich und zur Betriebsreserve, der ursprünglich der Sicherung der Versorgung des westlichen Berlins bei einem Lieferembargo seitens der damaligen Sowjetunion dienen sollte, wird weiterhin für sinnvoll gehalten.

Ab Frühjahr 1991 hat die Gasag mit der vorgezogenen Umstellung auf Erdgas-Direktverteilung begonnen. Damit können Neukölln, Britz, Buckow und Rudow direkt mit Erdgas versorgt werden. Ab 1993 werden weitere Versorgungsgebiete auf Erdgas ausgerichtet. In den östlichen Bezirken Berlins wurde die 1979 begonnene Umstellung auf Erdgas Ende 1990 abgeschlossen. Dadurch wurden die von den Energiewerken Schwarze Pumpe AG (ESPAG) bereitgestellten Stadtgaskapazitäten zur besseren Versorgung des Umlandes nutzbar, wo wie generell in den fünf neuen Bundesländern mittelfristig Stadtgas und Erdgas nebeneinander bestehen bleiben. Die Verteilung wird mittels Hochdruckringleitungen um Berlin herum vorgenommen (vgl. Abbildung 4.6.11.). In den zentralen Bezirken im Ostteil Berlins mit den ältesten Installationsanlagen sind die Niederdrucknetze teilweise in schlechtem Zustand. Hier wurde die Umstellung auf Erdgas ohne ausreichende Rekonstruktion der Niederdruckgasrohrleitungen durchgeführt.

Angesichts dieser Situation besteht Handlungsbedarf bei
— der Vorbereitung der Kopplung der Teilnetze in Berlin und mehrerer Anschlüsse des Netzes im Westteil der Stadt nach der abgeschlossenen Umstellung auf Erdgas an den Hochdruckerdgasring, dessen Kapazität bei Bedarf erweitert werden muß;
— der Integration des Erdgasverbundnetzes der ostdeutschen Länder und damit auch des Berliner Raums in das westeuropäische Netz, um die Versorgungssicherheit zu erhöhen;
— der Renovierung und Sanierung der historisch gewachsenen Niederdrucknetze und -anlagen im Osten Berlins zur Steigerung ihrer Leistungsfähigkeit;
— der Schaffung ausreichender Kapazitäten für den Einsatz von Erdgas zu Heizzwecken und für die dezentrale Stromerzeugung (Blockheizkraftwerke/Heizwerke mit Kraftkopplung, Umweltentlastung) und Auswahl von vorrangig zu versorgenden Gebieten (dichtbesiedelte Altbauviertel mit gut ausgebautem Gasnetz und weniger dichte Stadtrandgebiete, wo die Installation von Fernwärmenetzen unwirtschaftlich wäre).

4.6.4.3. Fernwärme

Acht der neun im Westteil Berlins gelegenen Kraftwerke erzeugen zugleich Fernwärme, die wegen der Lage im dichtbebauten Siedlungsgebiet überwiegend in gekoppelten Netzen im Stadtgebiet verteilt wird. Daneben gibt es zwei Fernwärmenetze ohne Auskopplung von

Elektroenergie (Märkisches Viertel und Neukölln-Sonnenallee) und ein Netz (EAB in Kreuzberg-West), in dem Fernwärme aus Kraftwerken und aus reinen Heizwerken zum Einsatz kommt. Mit den Heizkraftwerken deckt die Bewag zur Zeit 17 Prozent des Bedarfs von Berlin-West mit umweltfreundlicher Fernwärme. Auf der Grundlage der derzeit vorhandenen Kraftwerksleistung kann dieser Anteil auf 25 Prozent gesteigert werden.
Bei den drei in den östlichen Bezirken befindlichen Heizkraftwerken überwiegt die Fernwärmeerzeugung. Daneben existieren zahlreiche kleinere Heizwerke, die z. T. in den Fernwärmeverbund der Kraftwerke einbezogen sind. Das in der Bauvorbereitung stehende Gasturbinenkraftwerk in Ahrensfelde wird in das östliche Verbundnetz von Norden her

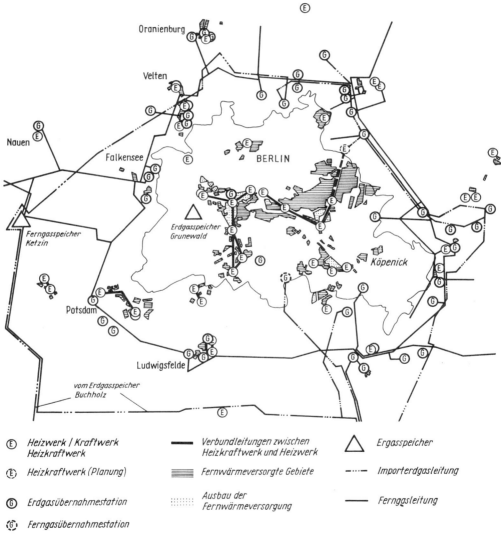

Abbildung 4.6.11.
Übergeordnete Anlagen der Gas- und Fernwärmeversorgung in der Region Berlin (Stand 1990)

zusätzliche Fernwärme einspeisen, wodurch Kapazitäten zur Versorgung weiterer Innenstadtbezirke frei werden. Gegenwärtig werden in der östlichen Stadthälfte 252 000 Wohnungseinheiten mit Fernwärme versorgt. Das sind rund zwei Fünftel aller hier gelegenen Wohnungen.

Notwendig sind hier vor allem eine Modernisierung der im Ostteil der Stadt von der EBAG betriebenen reinen Heizwerke, die weitgehende Zurückdrängung der noch eingesetzten fossilen Brennstoffe, die Ausrüstung verbleibender Braunkohle-Heizwerke mit entsprechender Umwelttechnik. Angestrebt werden sollte darüber hinaus die Ablösung von individuellen braunkohlebefeuerten Heizungen in zentralen Lagen durch Fernwärme oder Gasheizung. Dies bedingt den Ausbau des Fernwärmenetzes und die Verknüpfung der Kapazitäten innerhalb Berlins.[42]

4.7. Unternehmensbezogene Dienstleistungen

Im Unterschied zu den alten Bundesländern und West-Berlin, wo der Bereich der privaten Dienstleistungen seit den 80er Jahren überdurchschnittlich expandierte, besteht für die fünf neuen Bundesländer und das östliche Berlin ein erheblicher Nachholbedarf. Dabei ist zu unterscheiden zwischen unternehmensbezogenen sowie haushalts- und konsumorientierten privaten Diensten.

Die quantitative Ausweitung und qualitative Differenzierung der produktionsbezogenen Dienstleistungen in den alten Bundesländern ist zu einem nicht geringen Teil auf die im Zuge der weiteren Produktivitätssteigerung der Produktion erfolgte Ausgliederung und Verselbständigung von dispositiven technischen und kommerziellen Funktionen zurückzuführen, die vorher in industriellen Unternehmen selbst angesiedelt waren. Sie umfassen vornehmlich das Projektierungs- und Ingenieurwesen, Computer- und Software-Dienstleistungen, die Marktforschung und das Marketing, die Unternehmens- und Finanzberatung sowie das Anlagenleasing. Dieser Prozeß hat mit der Umstrukturierung der Produktion und der mit der Privatisierung einhergehenden Entflechtung ehemaliger Kombinate auch im Osten Deutschlands eingesetzt.

Voraussetzung für die Entfaltung dieses Wirtschaftsbereichs im Raum Berlin und die Realisierung der daran geknüpften Erwartung zusätzlicher Beschäftigungsmöglichkeiten sind jedoch der Erhalt und der Aufbau eines modernen wertschöpfungsintensiven industriellen Potentials mit einer ausgewogenen Mischung von großen sowie mittelständischen Firmen, die verstärkt unternehmensnahe Dienste nachfragen. Dazu gehört auch die Neuansiedlung bzw. Rückkehr ehemals aus Berlin abgewanderter Unternehmensführungen.

Der Westteil der Stadt nimmt hierbei eine Vorreiterrolle ein. Dort haben sich allein in den Jahren 1988 und 1989 mehr als 60 neue Firmen aus Bereichen wie Software, Beratung, Finanzdienstleistungen, Ingenieurwesen, Weiterbildung und neue Medien niedergelassen. 1990 standen im Mittelpunkt der Akquisitionsbemühungen Ost-West-Dienstleistungen. Im gesamten privaten Dienstleistungssektor West-Berlins arbeiteten 1989 191500 Erwerbstätige (= 21,4 Prozent aller Erwerbstätigen). Gegenüber 1980 hatte sich damit ihre Zahl um nahezu ein Fünftel oder 30 000 Personen erhöht. Der Beitrag der privaten Dienstleistungsunternehmen zum Sozialprodukt belief sich auf 28,2 Prozent.[43]

---

[42] Vgl. zu dem gesamten Abschnitt Energie: 19. Bericht über die Lage der Berliner Wirtschaft, a. a. O., S. 52 f.; IHK-Bericht 1990/91, a. a. O., S. 68 ff.; Grundlagen und Zielvorstellungen für die Entwicklung der Region Berlin, a. a. O., S. 100 ff.

[43] 19. Bericht über die Lage der Berliner Wirtschaft, a. a. O., S. 11 und 106

Von herausragender Bedeutung für den Dienstleistungsstandort Berlin ist die Ansiedlung des Vierten Unternehmensbereiches Dienstleistungen im Daimler-Benz-Konzern (debis). Sie hat weitreichende Signalwirkung und schafft zahlreiche hochqualifizierte Arbeitsplätze. Für den weiteren Ausbau des unternehmensnahen Dienstleistungssektors gibt es in der westlichen Stadthälfte ein attraktives Angebot an Büroflächen. Erweiterungen sind bei den vom Senat initiierten Dienstleistungszentren FOCUS-Business-Service-Center im Bezirk Tiergarten und COM-Factory im ehemaligen AEG-Verwaltungsgebäude vorgesehen. Derzeit unterstützt der Senat die Ansiedlung weiterer Projekte wie z. B. eines Teleports und eines World-Trade-Centers durch Hilfe bei der Bereitstellung geeigneter Flächen. Diese mit modernen Telekommunikationsmitteln und Serviceeinrichtungen ausgestatteten Zentren werden von privaten Firmen getragen und finanziert. Sie bieten ihnen zugleich günstige Bedingungen bei ihren Bemühungen um Fernabsatz ihrer Leistungen und überregionale Orientierung auch mit Blick auf eine Vermittlerrolle in den Ost-West-Wirtschaftsbeziehungen.

Ein besonderes Serviceangebot und ausgebaute Kapazitäten bietet Berlin mit dem Internationalen Congress Center (ICC) in Charlottenburg, dem Kongreßzentrum im Bezirk Mitte, zahlreichen Konferenzstätten in Hotels und wissenschaftlichen Einrichtungen, den Messehallen am Funkturm sowie verschiedenen Ausstellungsflächen im Ostteil der Stadt auch im Messe-, Ausstellungs- und Kongreßwesen.

Bereits Mitte der 80er Jahre rangierte das damalige West-Berlin als Veranstalter von Messen, Ausstellungen und Kongressen nach der Statistik der Union of International Association (UIA) hinter Paris, London, Brüssel, Wien und Genf auf Platz 6 der Liste internationaler Kongreßstädte. Durch die veränderte politische Situation wird das Messe- und Kongreßgeschehen weitere Impulse erhalten. Auf dem Messesektor ist damit zu rechnen, daß vor allem die in der Stadt etablierten Großmessen (Internationale Tourismusbörse – ITB, Internationale Funkausstellung – IFA und Internationale Grüne Woche – IGW) sowohl hinsichtlich der Aussteller als auch der Besucher erweitert werden. 1989 hatte über eine halbe Million auswärtiger Messebesucher dem Westteil der Stadt einen Kaufkraftzufluß von ca. 550 Millionen DM gebracht.[44]

Ein Aufschwung des Kongreßwesens wird infolge der Marketingaktivitäten des „Berliner Convention Bureaus" erwartet. Diese Ende 1989 gegründete Institution der Wirtschaft, der Hochschulen, der Ausstellungs-Messe-Kongress GmbH (AMK) und des Verkehrsamtes wird Berlin als Kongreßstadt weltweit noch professioneller als bisher vermarkten und damit die kontinuierliche Entwicklung mittel- und langfristig begünstigen.[45]

---

[44] ebenda, S. 82
[45] ebenda, S. 82

5. Umweltbelastung und -sanierung

Die Situation in urbanen und industriellen Ballungsgebieten, wie in Berlin, ist gekennzeichnet durch gravierende Umweltprobleme. Sie reflektieren sich in Luftverschmutzung, Wasserverunreinigung, Bodenverdichtung und -versiegelung, Lärmbelästigung, Abfallanhäufung, Schädigung und Verarmung von Flora und Fauna und beeinträchtigen Gesundheit und Wohlbefinden der Menschen.

Die Qualität der natürlichen Umwelt wird damit immer mehr zu einem wichtigen Kriterium für das körperliche, seelische und soziale Wohlbefinden der Stadtbewohner.

Das trifft vollinhaltlich auf Berlin und seine Bewohner zu. Voraussetzung dafür ist die Erfassung und Bewertung der Umweltsituation in und um Berlin. Diese Aufgabe wurde in den Jahren der politischen Trennung Berlins mit unterschiedlichen Zielen und Methoden durchgeführt. Die Umweltstatistik von Berlin vermittelt daher ein sehr differenziertes Bild. Demzufolge kann es hier nur darum gehen, einen Problemaufriß des städtischen Großballungsraumes Berlin zu geben, die Ursachen der vorhandenen Probleme zu erklären und Vorstellungen zu ihrer Überwindung zu entwickeln, ohne Anspruch auf Vollständigkeit und Detailtreue zu erheben. Diese Forderung läßt sich erst dann verwirklichen, wenn in Ost- und West-Berlin einheitliche Erhebungs-, Analyse- und Auswertungsverfahren existieren.

5.1. Luftbelastung

Im Vergleich zum mitteldeutschen Industriegebiet um Leipzig, Halle, Bitterfeld ist die Luft in Berlin nur gering mit Schadstoffen belastet, weil in den vergangenen 10 Jahren beträchtliche Investitionsmittel zur Sanierung der Luftsituation eingesetzt worden sind (vgl. Tabellen 5.1.1. und 5.1.2.). Dennoch weisen die Stadtbezirke je nach Standort der Emittenten große Unterschiede in der Belastung der Luft mit Schadstoffen auf (vgl. Tabelle 5.1.3.). Hauptemittent ist EBAG Ost-Berlin mit ihren drei Heizkraftwerken und 12 Heiz-

Tabelle 5.1.1.
Investitionen für den Umweltschutz in Ost-Berlin 1981 bis 1989 (Millionen Mark)

	1981–85	1986	1987	1988	1989	1986–89
Investitionen gesamt	748,7	236,9	339,7	458,3	213,1	1248,0
davon						
Luftreinhaltung	84,6	59,6	226,3	298,7	62,9	647,5
Wasserreinhaltung	641,4	171,2	107,1	148,9	128,0	555,2
Lärmminderung	7,5	0,1	1,0	1,2	0,6	2,9
Abfallbeseitigung	4,4	0,5	0,1	4,3	14,9	19,8
Beseitigung von						
Siedlungsabfällen	10,7	5,5	1,7	0,8	1,8	9,8
Boden- und Waldschutz	0,1	–	3,6	4,4	4,9	12,9

Tabelle 5.1.2.
Investitionen für Umweltschutz im Produzierenden Gewerbe (ohne Baugewerbe) in West-Berlin 1983 und 1988

	1983	1988
Betriebe mit 20 und mehr Beschäftigten	1028	1005
Investitionen insgesamt (Millionen DM)	38,0	545,0
davon		
Energie- und Wasserversorgung	21,1	511,5
Verarbeitendes Gewerbe	16,9	33,5
davon für		
Luftreinhaltung	20,7	391,5
Gewässerschutz	12,3	105,5
Lärmbekämpfung	3,4	44,8
Abfallbeseitigung	1,6	3,2

Tabelle 5.1.3.
Emissionsdichte von Luftschadstoffen (t/km^2) in Ost-Berlin 1989

Bezirk	Staub	Schwefeldioxid	Stickoxide	Kohlenmonoxid
Mitte	322,5	465,9	101,6	1069,6
Prenzlauer Berg	279,2	450,4	41,8	1142,8
Friedrichshain	163,8	297,6	29,0	582,4
Treptow	90,5	136,0	16,8	260,5
Köpenick	24,9	57,2	4,9	86,7
Lichtenberg	156,3	1054,9	106,4	1497,0
Weißensee	72,2	127,1	10,7	224,4
Pankow	40,8	69,4	7,1	148,9
Marzahn	40,6	135,9	45,3	157,3
Hohenschönhausen	24,8	45,9	5,0	158,3
Hellersdorf	31,0	58,1	4,0	207,6

werken. Außerdem belasten noch weitere Industrieheizwerke die Luft. Die Energieproduktion dieser Betriebe dient vorwiegend der Fernwärme- und Warmwasserversorgung der Bevölkerung (vgl. Abbildung 5.1.1.).

Während die metallverarbeitende Industrie und die Leichtindustrie nur einen geringen Anteil an der Emission von Luftschadstoffen haben, verursacht der Hausbrand besonders in der Heizperiode starke Luftbelastungen. Allein in Ost-Berlin gibt es rund 235 000 Wohnungen mit Ofenheizung. Sie befinden sich vor allem in den Altbaugebieten der Innenstadt, die eine hohe Einwohnerdichte aufweisen. In West-Berlin ist die Hausbrandsituation wesentlich günstiger, weil der Hauptteil der Wohnungen über moderne umweltfreundliche Heizungsanlagen verfügt.

Der Kraftfahrzeugverkehr ist ein weiterer Hauptemittent von Luftschadstoffen. In Ost-Berlin überwog bislang infolge des hohen Anteils an 2-Takt-Motoren der Ausstoß an unverbrannten Kohlenwasserstoffen (CH_n) und Blei (Pb), während im Westteil der Stadt höhere Anteile an Stickoxiden (NO_x) und Kohlenmonoxid (CO) in die Luft gelangen. Davon sind insbesondere die Anwohner von verkehrsreichen Straßen betroffen.

Die Emissionsdichte, verursacht durch Industrie, Verkehr und Hausbrand, ist in der Innenstadt am größten, korreliert mit der Einwohnerdichte und nimmt zum Stadtrand ab. Des weiteren ist die Luftbelastung im Winterhalbjahr höher als im Sommerhalbjahr. Ursachen dafür sind verstärkter Hausbrand und ungünstige meteorologische Bedingungen.

Seit 1980 gelang es, die Emission von Staub, Schwefeldioxid und Kohlenmonoxid in Berlin zu senken, während die Stickoxidemission anstieg (vgl. Tabellen 5.1.4. und 5.1.5.). Die Senkung der Luftschadstoffe konnte vorrangig erreicht werden durch Maßnahmen wie

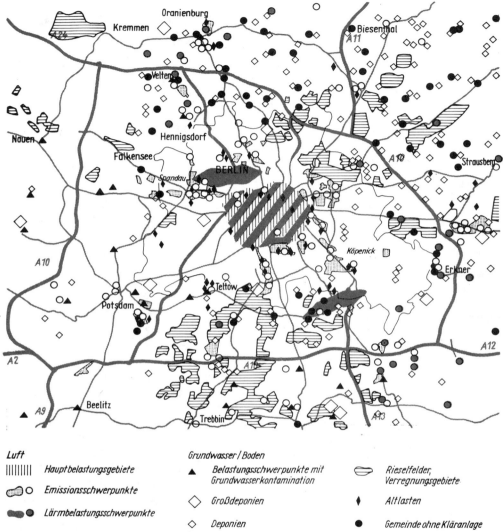

Abbildung 5.1.1.
Umweltbelastungen in der Region Berlin (Hauptbelastungsgebiete und Belastungsschwerpunkte der Luft, des Grundwassers und des Bodens – Stand 1990)

Tabelle 5.1.4.
Emission von Luftschadstoffen aus stationären Anlagen und Hausbrand (kg/Einwohner) in Ost-Berlin 1985 bis 1989 (ohne Verkehrswesen)

Jahr	Staub	Schwefeldioxid	Stickoxide	Kohlenmonoxid
1985	23,1	51,5	5,5	106,5
1986	22,9	41,8	6,5	105,4
1987	29,5	66,4	6,5	131,5
1988	23,6	52,7	7,0	104,4
1989	20,7	53,3	6,5	94,5

Tabelle 5.1.5.
Luftbelastung in West-Berlin 1983 und 1989

	1983	1989
Staubniederschlag pro Tag (g/m^2)	0,21	0,20
Schwebstaubkonzentration (mg/m^3)	0,06	0,09
Schwefeldioxidkonzentration (mg/m^3)	0,07	0,06

Energieträgerumstellung (von Braunkohle auf Erdgas), Ausbau der Fernwärmeversorgung, Einsatz von Abgasreinigungsanlagen, Erhöhung der Energieausbeute und Modernisierung der Heizungssysteme. Die Stickoxide stiegen dagegen mit zunehmender Verkehrsdichte an.

Der Ausstoß von Schwefeldioxid ließe sich weiter vermindern, wenn die bereits geplante Rauchgas-Entschwefelungsanlage im Heizkraftwerk Rummelsburg im Bezirk Lichtenberg kurzfristig in Betrieb ginge.

Unbefriedigend ist gegenwärtig noch der Erkenntnisstand über die Luftbelastung durch die Lichtenberger Müllverbrennungsanlage. Es besteht keine Klarheit darüber, inwieweit die Anwohner durch die freigesetzten Dioxine gefährdet werden.

Um die verkehrsbedingten Luftbelastungen zu vermindern, sind folgende Entwicklungen verstärkt anzugehen:

Erstens sollten Gütertransporte so weit wie möglich von der Straße auf die Schiene und den Wasserweg verlagert werden. Die Vorteile sind ganz offensichtlich und zeigen sich in der Reduzierung der Ressourceninanspruchnahme je Leistungseinheit, der Rauminanspruchnahme je Zugeinheit und des Schadstoffausstoßes je Leistungs- und Zugeinheit. Denn die Wahl des Transportmittels beeinflußt den Energiebedarf und damit die Menge der Emissionen und den Belastungsgrad der natürlichen Umwelt.

Zweitens müssen die Attraktivität und die Zuverlässigkeit der öffentlichen Verkehrsmittel erhöht und die Qualität der Verkehrswege besonders in den östlichen Bezirken Berlins verbessert werden.

Drittens sind verkehrstechnische und verkehrsorganisatorische Maßnahmen einzuleiten, um die Schadstoffbelastung durch Kraftfahrzeuge zu vermindern, den Autoverkehr in der Innenstadt einzuschränken, die Fahrgeschwindigkeit herabzusetzen, den Verkehrsfluß zu verbessern, die Parkmöglichkeiten im Stadtinnern zu begrenzen, die Parkgebühren zu erhöhen sowie das Netz von Radwegen und Fußgängerzonen zu erweitern. Diese Maßnahmen sind umso notwendiger, je mehr sich die Tendenz zum individuellen Personennahverkehr verstärkt.

5.2. Wasserbelastung

Die Wasserbeschaffenheit der Berliner Oberflächengewässer ist gegenüber Städten wie Leipzig, Coswig oder Wittenberg relativ gut. Das geht auch auf die hohen Investitionsaufwendungen zur Schaffung von Abwasserbehandlungsanlagen zurück, die heute zu den modernsten Europas zählen.

Berlin gehört zu den wenigen Großstädten in Europa, die ihre Wasservorräte auf dem eigenen Stadtgebiet haben. Alle Wasserwerke gewinnen hier das Rohwasser aus dem Grundwasser bis zu Tiefen von 10 Metern. Lediglich 20 Prozent des Wasserbedarfs werden dem Oberflächenwasser entnommen (vgl. Abbildung 5.2.1.).

In Ost-Berlin stieg der Trinkwasserverbrauch ständig an und erreichte 1989 durchschnittlich 180 Liter je Einwohner und Tag. Hinzu kommen die Anforderungen aus Industrie und

Landwirtschaft, die dazu führten, daß insgesamt etwa 198 Millionen Kubikmeter Trinkwasser bereitgestellt werden müssen (in den Sommermonaten schnellte der Wasserbedarf auf etwa 350 Mill. m³/a). Dieser Bedarf wird von neun Wasserwerken gedeckt, von denen sich acht innerhalb der Stadtgrenze befinden.

In West-Berlin lag der Trinkwasserverbrauch 1989 im Durchschnitt bei 159 Liter je Einwohner und Tag, und die Wassergewinnung betrug 1989 rund 188 Millionen Kubikme-

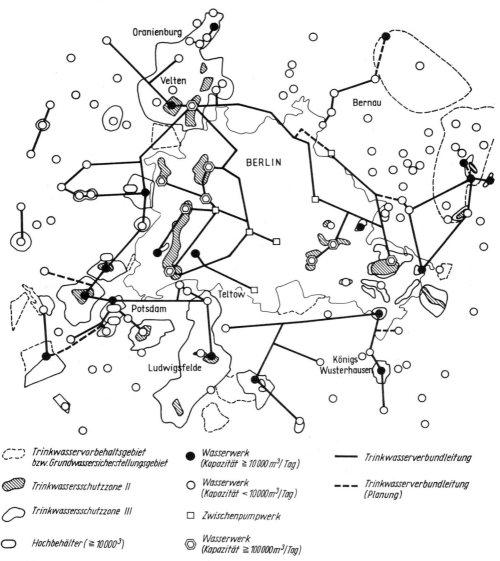

Abbildung 5.2.1.
Trinkwasservorbehalts- und -schutzgebiete sowie übergeordnete Anlagen der Trinkwasserversorgung in der Region Berlin (Stand 1990)

Tabelle 5.2.1.
Öffentliche Wasserversorgung und Abwasserbeseitigung in West-Berlin 1983 und 1988

	1983	1988
Wassergewinnung (Millionen m^3)	190,4	181,8
davon an		
Haushalte	122,7	118,7
Gewerbe und Industrie	34,8	31,8
Sonstige Abnehmer	32,9	31,3
Trinkwasserverbrauch je Einwohner (l/Tag)	171	159
Abwasseranfall (Millionen m^3)	170,7	173,2
davon aus/von		
Haushalten	111,1	111,6
Gewerbe und Industrie	33,5	32,4
Sonstigen Einleitern	26,1	29,2

Tabelle 5.2.2.
Wasserversorgung und Abwasserbeseitigung im Verarbeitenden Gewerbe in West-Berlin 1983 und 1987

	1983	1987
Betriebe mit 20 und mehr Beschäftigten	1074	967
Wasseraufkommen (Millionen m^3)	41,8	38,1
Abwasseranfall (Millionen m^3)	37,0	29,2
davon abgeleitet in		
öffentliche Kanalisation	16,3	14,1
Oberflächengewässer oder Untergrund	14,0	9,8
betriebseigene Behandlungsanlagen	6,7	5,3

ter. Diese Ergebnisse sprechen für einen rationelleren Umgang mit Trinkwasser im Westteil der Stadt. Der Abwasseranfall belief sich zur gleichen Zeit auf 165 Millionen Kubikmeter. Die Statistik der Wasserversorgung und Abwasserbeseitigung erstreckt sich im Verarbeitenden Gewerbe auf ca. 1000 Betriebsstätten von Unternehmen mit 20 und mehr Beschäftigten. Sie liefert für West-Berlin einen ebenso umfassenden wie detaillierten Überblick über die Anzahl der Wirtschaftsgruppen sowie über deren Wasseraufkommen, Wassernutzung, Abwasseranfall und Abwasserbehandlung (vgl. Tabellen 5.2.1. und 5.2.2.). Die Erhebung der entsprechenden Daten findet alle vier Jahre statt und wurde zuletzt 1987 durchgeführt. Um den jährlich wachsenden Trinkwasserbedarf decken zu können, wurden in den letzten Jahren umfangreiche Rekonstruktions- und Erweiterungsmaßnahmen in den Wasserwerken von Ost-Berlin durchgeführt. So sind neue Tiefbrunnen in Müggelheim und Johannisthal gebohrt und die Anlage zur Rohwasserentnahme aus dem Müggelsee erweitert worden.

Als stehendes Gewässer hat der Müggelsee mit einer Wasseroberfläche von 720 Hektar und 35,3 Millionen m^3 Wasservolumen für die Wasserversorgung Ost-Berlins sowie als Ökosystem, Landschaftselement und Erholungsgebiet eine besondere Bedeutung (vgl. Tabelle 5.2.3.). Der Müggelsee gehört der Nutzungs- bzw. Wasserbeschaffenheitsklasse III an und verfügt damit über eine mittlere Wassergüte. Für die Trinkwassergewinnung sind jedoch recht komplizierte Aufbereitungsmaßnahmen erforderlich. Die geringe Wasserqualität des Müggelsees wird vor allem durch den Schadstoffeintrag der Spree verursacht. Etwa die Hälfte des mit Schadstoffen (Phosphor, Stickstoff, Schwebstoffe) belasteten Spreewassers fließt durch den Müggelsee, die andere Hälfte über den Gosener Kanal, den Seddinsee, den Langen See und die Dahme ab. Durch den Bau einer Phosphat-Eliminierungsanlage im Müggelseezufluß und einer Absperrmauer zur Verhinderung des Durchflusses der Spree könnte eine drastische Reduzierung der Schadstoff-

Tabelle 5.2.3.
Hydrologische und morphologische Charakteristika des Müggelsees

Seespiegelniveau	32,3 m über NN
Einzugsgebiet	ca. 6 900 km²
Oberfläche	7,2 km²
Volumen	35,3 · 10⁶ m³
maximale Tiefe	8,0 m
mittlere Tiefe	4,9 m
mittlerer Zufluß	9,6 m³/s
davon Spree	9,3 m³/s
Fredersdorfer Fließ	0,3 m³/s
mittlere Aufenthaltszeit	43 Tage
Uferlänge	11,5 km
bebaute Uferlänge	2,8 km

Tabelle 5.2.4.
Wasserbeschaffenheit der Ost-Berliner Fließgewässer

	Klassen der Wasserbeschaffenheit (%)					
	1	2	3	4	5	6
Gesamt						
1985	–	14,5	50,7	34,8	–	–
1986	–	14,5	48,5	37,0	–	–
1987	–	14,2	58,0	27,8	–	–
1988	–	18,8	49,5	31,7	–	–
1989	–	20,0	56,5	22,4	1,1	–
Spree und Dahme 1989						
Spree	–	46,1	53,9	–	–	–
Dahme	–	52,6	47,4	–	–	–

2 bedingt als Trinkwasser brauchbar;
3 für Trinkwasser und Betriebswasser technologische Aufbereitung erforderlich; als Kühl- und Bewässerungswasser nutzbar;
4 unbrauchbar für Trinkwassergewinnung und zum Baden; zur Kühlung und Bewässerung bedingt geeignet.

zufuhr erreicht werden. Die in Berlin bereits vorhandenen Phosphat-Eliminierungsanlagen für die Zuflüsse des Schlachtensees und des Tegeler Sees zeigen, daß sich damit die Gesamtphosphatmenge unter die kritische Konzentration von 10 Milligramm je Kubikmeter Seewasser reduzieren läßt.

Für die Ost-Berliner Fließgewässer liegen Meßdaten für insgesamt 114 km vor, darunter 27,4 km der Spree und 11,4 km der Dahme (vgl. Tabelle 5.2.4.). Der Gesamtzustand der untersuchten Fließgewässer hat sich seit 1985 bei den Kriterien „Sauerstoffgehalt des Wassers" und „organische Belastung" leicht verbessert, wogegen die „Salzbelastung" im wesentlichen unverändert blieb.

Es gelang bisher nur in geringem Maße, Fette, Öle und andere organische Bestandteile sowie Phosphatverbindungen aus den Gewässern zu eliminieren, während der Stickstoffgehalt kaum reduziert werden konnte. Das wäre aber notwendig, um Gesundheitsrisiken einzugrenzen, weil selbst das oberflächennahe Grundwasser bereits hohe Nitratgehalte aufweist, die ins Tiefenwasser diffundieren und die Gefahr des Anstiegs gesundheitsgefährdender Nitritkonzentrationen (durch Umwandlung von Nitraten) im Trinkwasser hervorrufen. Der noch vorhandene Rückstand in der Analysentechnik erschwert die Gewässerüberwachung und den Gewässerschutz. Außerdem beeinträchtigt die nicht so schnell zu überwindende unbefriedigende Datensituation die Zustandserfassung, Kausalanalyse, Prozeßerklärung und Zustandsprognose der Gewässer. Da es der Wissenschaft derzeit noch nicht möglich ist, die komplexen Zusammenhänge zu übersehen und die Risiken abzuschätzen, die der Schadstoffeintrag in die Gewässer kurz-, mittel- und langfristig mit sich bringt, lassen sich die Gefahren für Mensch und Natur daher nur erahnen. Hohe Nährstoffkonzentrationen begünstigen den Algen- und Pflanzenwuchs in den Seen und Flußläufen, vermindern den Sauerstoffgehalt des Wassers und schränken damit die Existenzbedingungen aller im Wasser lebenden Pflanzen und Tiere ein. Die Eutrophierung der Gewässer gilt es daher zu verhindern.

Nicht zuletzt deshalb unterliegen die Gebiete um die Trinkwasserentnahmestellen besonderen Schutzvorkehrungen. Sie haben den Rang von Trinkwasserschutzgebieten und weisen drei Zonen auf. Die Zone 1 hat die strengsten Maßstäbe. Hier ist es beispielsweise nicht erlaubt, organische und mineralische Dünger auszubringen, Deponien anzulegen oder Verkehrswege zu schaffen. Die Trinkwasserschutzgebiete Ost-Berlins umfassen insgesamt 18 000 Hektar.

Dennoch müssen immer wieder Verstöße gegen diese Vorschriften festgestellt werden. So werden die für diese Gebiete vorgeschriebenen Park- und Halteverbote für Kraftfahrzeuge vielfach nicht beachtet. Das führt zu Problemen, weil ausfließende Öle und Kraftstoffe besonders gefährliche Wasserschadstoffe sind.

Insgesamt nehmen auch die unbehandelten Abwassermengen, die in Oberflächengewässer oder in den Untergrund abgeleitet werden, einen zu hohen Anteil an der Abwasserlast in beiden Stadtteilen ein. Der Sanierung der Gewässer im gesamten Einzugsgebiet von Berlin sollte daher künftig mehr Aufmerksamkeit geschenkt werden.

5.3. Abfallbeseitigung

Die Abfallmenge nahm in den letzten Jahren in Ost-Berlin und West-Berlin ständig zu. 1989 fielen fast 6 Millionen Kubikmeter Siedlungsmüll im Ostteil der Stadt an (vgl. Tabelle 5.3.1.), während die gesamte Abfallmenge 1987 im Westteil der Stadt mehr als 9 Millionen Tonnen betrug. Davon gelangten 4,7 Millionen Tonnen in die ehemalige DDR.

Tabelle 5.3.1.
Abfuhr, Deponie und Verwertung von Siedlungsabfällen in Ost-Berlin 1980 und 1985 bis 1989 (1000 m^3)

	1980	1985	1986	1987	1988	1989
Abfuhr fester Siedlungsabfälle	3 482	4 635	5 279	5 452	5 753	5 866
darunter						
Hausmüll	–	–	4 118	4 250	4 561	4 661
Sperrmüll	–	–	451	410	416	445
Deponie fester Siedlungsabfälle	1 750	1 761	1 990	2 024	2 204	2 297
Verwertung fester Siedlungsabfälle (Verbrennung, Kompostierung)	380	294	322	306	285	228
Abfuhr von Fäkalien	350	642	687	709	731	816

Da die Deponie und Verwertung der Siedlungsabfälle in verpreßter Form erfolgt, ist wegen dieser Volumenreduzierung ein direkter Vergleich zur Abfuhr nicht möglich.

Leider ist auf Grund der unterschiedlichen Zusammensetzung und damit spezifischen Dichte des Abfalls eine Vergleichbarkeit (Umrechnung von Kubikmetern in Tonnen und umgekehrt) sowie Bewertung der angefallenen Abfallmengen in beiden Teilen der Stadt nicht so ohne weiteres möglich. Deshalb wäre es sinnvoll, zukünftig nach einheitlichen

Kriterien zu verfahren, um vergleichbare Aussagen zu erhalten. Die vorhandenen Daten können also nur Vorstellungen über Größenordnung und Entwicklungstrends des anfallenden und beseitigten Abfalls in den beiden Stadthälften vermitteln.

Derzeit ist die Abfallmenge in den östlichen Bezirken kleiner als in den westlichen. Die noch vorhandenen Unterschiede im Abfallaufkommen je Kopf der Bevölkerung werden sich jedoch bald ausgleichen, weil nunmehr einheitliche marktwirtschaftliche Bedingungen wirksam sind. Gegenwärtig zeichnet sich bereits der Trend zu einem schnelleren Anstieg der Abfallmengen in Ost-Berlin ab. Bisher gelang es hier, durch umfangreiche Sekundärrohstoff(SERO)-Sammlung und gesonderte Abfuhr der Küchenabfälle die Abfälle schnell zu erfassen. Mit dem Zusammenbruch des SERO-Systems, der Änderung des Kaufverhaltens der Menschen und ihrer Wertvorstellungen treten neue Probleme auf, die sich nachteilig auf die Abfallverminderung auszuwirken beginnen. Stimulierende Maßnahmen sind zumindest notwendig, um das gutfunktionierende SERO-System zu erhalten bzw. wiederherzustellen und es zu einem Markenzeichen ökologisch bewußten Handelns im vereinigten Deutschland zu machen.

Ein großer Teil der Siedlungsabfälle aus dem Ostteil Berlins wird auf Deponien verbracht, etwa ein Viertel wird verbrannt und ein geringer Teil kompostiert. Die Deponien befinden sich in den außerhalb des Stadtgebietes liegenden Gemeinden des Brandenburger Umlandes Schwanebeck, Schöneiche und Wernsdorf. Diese Müll-Endlagerstätten entsprechen aber nicht modernen Anforderungen und werfen viele Probleme auf. So gehen von ihnen vielfältige Luft- und Geruchsbelastungen aus; wenn Schadstoffe in den Boden gelangen und das Sickerwasser infiltirieren, entstehen in der Regel auch Boden- und Grundwasserbelastungen mit schwerwiegenden Folgen. Ursachen dafür sind vor allem fehlende Basisabdichtungen und Sickerwasserfassungen bei Deponien. Sie müssen geschaffen werden, um die Gefahren einzudämmen, die von Deponien ausgehen (vgl. auch Abbildung 5.1.1.).

In der Müllverbrennungsanlage Lichtenberg werden jährlich etwa 85 000 m^3 Abfall thermisch verwertet. Die Zukunft dieser Verbrennungsanlage ist aber sehr umstritten, weil zur Rückhaltung der Abgase keine Rauchgaswäsche installiert worden ist und somit Aerosole, Schwermetalle, Schwefeldioxid, Stickoxide und andere Schadstoffe ungehindert in die Atmosphäre gelangen. Eine Rekonstruktion dieser Anlage nach „internationalem technischen Standard" ist zumindest erforderlich, um die Müllverbrennung so schadlos wie möglich betreiben zu können.

Abfälle mit einem hohen Gefährdungspotential, die auf herkömmliche Weise weder deponiert noch verbrannt werden können, müssen in Hochtemperaturverbrennungsanlagen, die es in Berlin und Umgebung aber noch nicht gibt, beseitigt werden. Dazu zählen vor allem solche Abfälle wie polychlorierte Biphenyle, verbrauchte Primärelemente, überlagerte Pflanzenschutz- und Schädlingsbekämpfungsmittel, bariumchloridhaltige Härtereialtsalze und Abfälle, die Fluorchlorkohlenwasserstoffe enthalten.

Ein geringer Teil des anfallenden Mülls wird zur Zeit auf der Kompostierungsanlage Waßmannsdorf behandelt mit dem Ziel, diesen in hygienisch unbedenklichen Kompost umzuwandeln. Die Haushaltsabfälle verrotten unter Einwirkung von Luftsauerstoff und Mikroorganismen in einem dreijährigen Zyklus. Der gewonnene Kompost eignet sich speziell für die Neuanlage von Grünflächen.

Derzeit noch ungelöst ist die Verbringung medizinischer Abfälle aus Krankenhäusern und Ambulatorien. Die bisher übliche Methode, sie in Hausmüllcontainern zu sammeln und auf normale Müllkippen zu schütten, widerspricht fundamentalen hygienischen Anforderun-

gen. Lediglich die Charité verfügt über eine spezielle Verbrennungsanlage, deren Kapazität jedoch nur für den eigenen Bedarf ausreicht.
Nach dem Gesetz der Bundesregierung über Umweltstatistiken wurden seit 1975 in West-Berlin alle drei Jahre statistische Erhebungen zu Abfallaufkommen und Abfallbeseitigung durchgeführt. Die Ergebnisse der Bestandsaufnahme fließen in zwei Abfallstatistiken ein:
1. in die Statistik der öffentlichen Abfallbeseitigung, die relevante Daten von den entsorgungspflichtigen Körperschaften und den von ihnen beauftragten Dritten erfaßt (vgl. Tabelle 5.3.2.) und
2. in die Statistik der Abfallbeseitigung im Produzierenden Gewerbe und in Krankenhäusern, die die Datenbasis für die Abfallentsorgung in der Wirtschaft bildet (vgl. Tabelle 5.3.3.).

Tabelle 5.3.2.
Öffentliche Abfallbeseitigung in West-Berlin 1984 und 1987 (1000 t)

	1984	1987
Abfallbeseitigung	4 044,1	5 090,6
davon an		
Umladestationen für die DDR	3 606,8	4 743,5
Abfallverbrennungsanlagen	412,8	333,3
Kompostierungsanlagen	24,5	13,8
davon		
Hausmüll, Gewerbeabfälle	1 232,2	1 326,2
Bauschutt, Bodenaushub	2 781,6	3 315,6
übrige Abfälle	30,3	448,8
darunter		
nachweispflichtige Abfälle	10,9	15,3

Tabelle 5.3.3.
Abfallaufkommen im Produzierenden Gewerbe und in Krankenhäusern in West-Berlin 1984 und 1987

	1984	1987
Betriebe/Krankenhäuser mit 20 und mehr Beschäftigten	1 788	1 589
Abfälle insgesamt (1000 t)	4 411,5	4 256,8
davon		
Hausmüllähnliche Gewerbeabfälle	313,3	266,6
Bauschutt, Bodenaushub	3 114,5	2 898,6
Schlämme ohne Wasseraufbereitung	304,4	326,2
Asche, Schlacke, Ruß	184,3	188,9
Metallabfälle	101,7	110,9
sonstige organische Abfälle	122,3	127,2
übrige Abfälle	271,0	338,4
darunter		
nachweispflichtige Abfälle	27,6	28,8

Beide Statistiken werden nach unterschiedlichen Kriterien erhoben, überschneiden sich in Teilbereichen und erschweren dadurch eine Gesamtbewertung.
Bei den statistischen Erhebungen 1987 wurden erstmals verwertbare und schadstoffhaltige Abfälle getrennt erfaßt. Im Produzierenden Gewerbe und in Krankenhäusern wurden ca. 1600 Betriebe mit 20 und mehr Beschäftigten nach ihrem Abfallaufkommen und dessen Entsorgung befragt. Die Betriebe sind nach Wirtschaftszweigen zusammengefaßt worden, die ähnliche Abfallarten und -gruppen aufweisen. Danach entfielen auf die öffentliche Abfallentsorgung 1987 mehr als 5 Millionen Tonnen und auf die Abfallentsorgung im Produzierenden Gewerbe über 4 Millionen Tonnen. Inwieweit die Befragungen auf tatsäch-

lichen Messungen oder nur auf überschläglichen Berechnungen bzw. Schätzungen beruhen, geht aus den Statistiken nicht hervor. Für Abfälle mit biogenem Risikopotential besteht Nachweispflicht. Ihr Anteil an der Abfallmenge ist zwar gering, die von ihnen ausgehenden Gefahren für Mensch und Natur sind umso größer. Die weitere Zunahme solcher Abfallarten seit 1984 ist daher äußerst bedenklich.

2,7 Millionen Tonnen der Abfälle werden deponiert. Obwohl der größte Teil der in der westlichen Stadthälfte vorhandenen Deponien über eine Basisdichtung verfügt, sind Kombinationsdichtungen, die heute als „Stand der Technik" angesehen werden, erst in wenigen Fällen vorhanden. Teilweise werden auch Kunststoffdichtungsbahnen ohne zusätzliche mineralische Abdichtung eingesetzt. Die Gefahr der Boden- und Grundwasserbelastung ist dennoch groß. Jede Deponie hat ein Gefährdungspotential, das durch die Art und Menge der Abfälle sowie durch das langfristige Verhalten der Abfälle in der Deponie bestimmt ist. Prognosen über das langfristige Deponieverhalten sind deshalb sehr schwierig. Darauf beruht auch die Unsicherheit bei der Bewertung der Umweltverträglichkeit von Deponien. Auf jeden Fall ist durch Sicherheitsanalyse Vorsorge zu treffen, daß Deponien nicht zu „Altlasten von morgen" werden.

Etwa 350 000 Tonnen Müll werden jährlich im westlichen Teil Berlins verbrannt. Über die Akzeptanz von Müllverbrennungsanlagen wird in der Öffentlichkeit viel diskutiert. Unabhängig davon hat die Müllverbrennung in der Abfallentsorgung einen bestimmten Stellenwert, den man nicht übersehen kann. Er kommt darin zum Ausdruck, daß die Müllverbrennung ein technisch erprobtes und funktionierendes Verfahren ist, das dazu dient, die Schädlichkeit des Abfalls zu verringern sowie Menge und Volumen des Abfalls zu reduzieren. Ein positiver Nebeneffekt der Abfallverbrennung ist die Gewinnung und Nutzung von Wärmeenergie.

Mit § 14 des Abfallbeseitigungsgesetzes der Bundesrepublik Deutschland steht ein Instrumentarium zur Verfügung, das die Vermeidung und Verwertung von Abfällen unterstützt. Es kann jedoch keine, für alle Produktgruppen anwendbare Maßnahmen beschreiben, weil immer einzelfallbezogen vorgegangen werden muß nach dem Motto: die Eigenschaften der Abfälle determinieren die Methode.

5.4. Waldschäden

Berlin zählt zu den waldreichsten Städten Europas, verfügt über einen hohen Waldanteil an der Stadtfläche und besitzt ein waldreiches Umland. Die Waldfläche Berlins beträgt insgesamt 15 279 ha, darunter 7 595 ha im Ostteil und 7 684 ha im Westteil. In Ost-Berlin waren 1989 etwa 62,8 Prozent der Waldfläche geschädigt, was einen Rückgang der Schadfläche gegenüber 1988 bedeutete (vgl. Tabelle 5.4.1.). Innerhalb der Schadstufen

Tabelle 5.4.1.
Geschädigte Waldfläche (%) in Ost-Berlin 1988 und 1989

Jahr	Schadstufe 0	1	2–4	1–4
1988	29,4	38,1	32,5	70,6
1989	37,2	52,3	10,5	62,8

0 ohne Schäden
1 leichte Schäden
2 mittlere Schäden
3 schwere Schäden
4 abgestorben

Tabelle 5.4.2.
Geschädigte Waldfläche (%) in West-Berlin

Jahr	Schadstufe					
	0	1	2	3	4	1–4
1985	37	51	11	1	–	63
1989	35	44	19	1	1	65

0 ohne Schäden
1 gering geschädigt
2 mittelstark geschädigt
3 stark geschädigt
4 abgestorben

traten Veränderungen auf: die schweren und mittleren Waldschäden nahmen ab, die leichten dagegen zu. Der Anteil der ungeschädigten Waldfläche lag damit bei 37,2 Prozent. In West-Berlin nahmen die Waldschäden leicht zu und erreichten 65 Prozent der Waldfläche (vgl. Tabelle 5.4.2.). 35 Prozent der Wälder haben demnach keine Schäden. Innerhalb der Schadstufen verringerten sich zwar die leichten Schäden, dafür erhöhten sich aber die mittleren Schäden.

Die Wälder von Berlin weisen insgesamt etwa ein ähnliches Schadensbild auf.

In Ost-Berlin erfolgte die Waldschadensaufnahme im Rahmen der ökologischen Zustandskontrolle der Wälder, die im gesamten Gebiet der ehemaligen DDR auf 2 600 Kontrollflächen durchgeführt worden ist, in West-Berlin wurden die Waldschäden nach bundeseinheitlichen Stichprobenverfahren erhoben. Wichtigste Kriterien für die Waldschadensermittlung bildeten der Benadelungs- bzw. Belaubungsgrad und die Nadel- bzw. Blattverfärbung. Die Aufnahmemethodik entspricht einer Empfehlung der ECE. Da die jährlichen Nadel- bzw. Laubverluste bis zu 25 Prozent natürlich bedingt sein können, werden die schwach geschädigten Bäume auf Vorschlag der ECE auch als „Warnstufe" bezeichnet.

Das in beiden Teilen Berlins zu verzeichnende hohe Schadensniveau vor allem bei Kiefernbeständen, die den größten Anteil an der Waldfläche haben, geht zwar auf einen Ursachenkomplex zurück, bei dem jedoch die Luftschadstoffe aus Industrie, Verkehr und Hausbrand eine dominierende Rolle spielen. Klimatische Einflüsse (trockene Sommer, milde Winter), Wasserdefizit, biotische Schaderreger (Insekten, Pilze) schwächen die Vitalität der Wälder und verstärken die Wirkung der Luftschadstoffe. Schwefeldioxid, Stickoxide, Stäube und Schwermetalle müssen als Hauptursache für die Verschlechterung des Waldzustandes gelten. Die Waldschäden wären in Berlin sicherlich noch größer, wenn der Schadstoffausstoß nicht durch umfangreiche Investitionsmaßnahmen reduziert worden wäre.

Vielfältige forstliche Pflegemaßnahmen wurden darüber hinaus durchgeführt, um die Anfälligkeit der Wälder gegenüber Schadeinflüssen zu vermindern. Hierzu gehören insbesondere Einsatz von Düngemitteln und Anbau rauchtoleranter Baumarten. In den nördlichen Stadtrandgebieten sind auf den ehemaligen Rieselfeldern 1370 ha Fläche mit Pappeln angepflanzt worden, die als sogenannte Vorwaldbaumarten zur Sanierung des Bodens beitragen, um ihn für die Aufforstung mit anspruchsvolleren Baumarten vorzubereiten.

In urban-industriellen Ballungs- und Belastungsgebieten müssen die Strategien der Waldbewirtschaftung darauf gerichtet sein,
– die Baumartenanteile nach standortspezifischen Gesichtspunkten zu optimieren,

- die autochthonen Baumrassen zu erhalten und genetisch zu verbessern,
- die Wachstumsbedingungen der Waldbestände durch Düngung, Melioration und Bestandspflege zu fördern,
- die forstsanitäre Überwachung der Waldbestände zu verstärken.

Am wichtigsten ist aber, die Emission von Schadstoffen auf die gesetzlich vorgegebenen Normen zu vermindern. Ansonsten wird es nicht möglich sein, den Gesundheitszustand der Wälder in und um Berlin entscheidend zu verbessern.

5.5. Zur Bedeutung von Grünflächen im Ballungsraum

Die derzeitigen Tendenzen der Entwicklung von Berlin sind charakterisiert durch
- Zunahme der Bau- und Verdichtungsgebiete,
- Anstieg des Bebauungs- und Bodenversiegelungsgrades,
- Zunahme der Verkehrsdichte,
- Vergrößerung des Umweltverbrauchs und der Umweltbelastung,
- Verschlechterung der bioklimatischen Verhältnisse, des umwelthygienischen Zustands und der gesundheitlichen Bedingungen.

Fast die Hälfte der Stadtfläche von Berlin ist Gebäude- und Verkehrsfläche. Der Bodenversiegelungsgrad ist demnach hoch und vermindert sich vom Stadtkern zum Stadtrand. Das Klima von Berlin weicht von dem des Umlandes ab und ist durch Windschwäche, Überhitzung und Luftverschmutzung gekennzeichnet. Die Abweichungen können von Stadtteil zu Stadtteil recht unterschiedlich sein.

Gegenüber dem Umland weist der Stadtkern eine um 30 Prozent bis 50 Prozent geringere mittlere Windgeschwindigkeit im Jahr auf. Deshalb sollten hinreichend breite Straßen und große Freiflächen verbleiben, um auch bei Schwachwindwetterlagen die wohnklimatischen und lufthygienischen Bedingungen zu verbessern. Die Niederschlagsmenge ist im Stadtgebiet um 5 Prozent höher, die relative Luftfeuchtigkeit aber infolge der schnelleren Ableitung der Niederschläge um 5 Prozent niedriger als in den umliegenden Freilandgebieten. Der Feuchtigkeitsunterschied zwischen Berlin und Umland variiert dabei mit den Tages- und Jahreszeiten. Der hohe Anteil offener Wasserflächen im Stadtinnern wirkt sich allerdings günstig auf die Luftfeuchtigkeitsverhältnisse aus. Die Lufttemperatur liegt etwa 1°C höher als im Umland.

Der Erhaltung und Schaffung von Grünflächen kommt in Berlin eine große Bedeutung zu, weil sie das Stadtklima vor allem durch Filterung und Kühlung der Luft, Zufuhr von Sauerstoff, Abbau von Noxen, Verminderung der Bodenversiegelung verbessern. Klimatische Effekte stellen sich insbesondere dann ein, wenn die Grünanlagen mindestens 50 Meter breit sind und einen dichten und vielfältigen Baumbestand besitzen. Die lufthygienischen Wirkungen von Grünanlagen hängen vor allem von ihrer Immissionsresistenz, Speicherkapazität für Schadstoffe und Schalldämmfähigkeit ab. So kann der Kohlenmonoxidgehalt der Luft von 7,0 mg/m^3 in einer Verkehrsstraße auf 2,5 mg/m^3 in einer Parkanlage reduziert werden.

Größe und Anlage der Grünflächen müssen daher klimatologischen, umwelthygienischen und auch ästhetischen Kriterien entsprechen. Sie sollen Inseln der Ruhe, Entspannung und Erholung bilden. Von ihnen hängt auch das vielfältige Erleben der Jahreszeiten durch die Stadtbewohner ab, die etwa 70 Prozent ihrer Freizeit innerhalb der Stadt verbringen. Die Funktion der Grünanlagen wird durch die zahlreichen Straßenbäume ergänzt, von denen es im Ostteil der Stadt rund 100 000 und in den westlichen Bezirken mehr als 250 000 gibt (vgl. Tabelle 5.5.1.).

Tabelle 5.5.1.
Ausgewählte Merkmale der Grünflächen von West-Berlin 1989 nach Bezirken

	Erholungsfläche (%)	Waldfläche (%)	Wasserfläche (%)	Straßenbäume
West-Berlin	10,9	16,0	6,8	252 811
Tiergarten	23,5	–	6,6	5 976
Wedding	19,1	–	1,0	8 322
Kreuzberg	6,3	–	2,2	8 207
Charlottenburg	18,9	2,3	3,2	22 698
Spandau	9,1	18,6	10,0	22 941
Wilmersdorf	6,3	44,5	5,3	21 516
Zehlendorf	7,0	34,2	15,1	32 131
Schöneberg	12,3	–	0,1	11 935
Steglitz	11,6	0,1	1,9	31 186
Tempelhof	9,9	1,1	1,1	22 017
Neukölln	19,7	0,1	1,6	20 473
Reinickendorf	7,4	22,3	8,3	45 409

Erholungsflächen befinden sich insbesondere in den Bezirken Friedrichshain, Prenzlauer Berg, Pankow, Treptow, Weißensee, Köpenick und Marzahn im Ostteil sowie Tiergarten, Wedding, Charlottenburg, Spandau, Wilmersdorf, Zehlendorf, Schöneberg, Steglitz, Neukölln und Reinickendorf im Westteil.

Die Umgebung von Berlin ist besonders waldreich, beginnt bereits 20 km vom Stadtkern und ist mit öffentlichen Verkehrsmitteln schnell zu erreichen. Diese vorteilhaften Stadt-Umland-Bedingungen beeinflussen günstig die Naherholungsmöglichkeiten und Reproduktionsbedingungen der Menschen und gleichen die relativ ungünstigen Verhältnisse beim Waldanteil pro Kopf der Bevölkerung bis zu einem gewissen Grad aus.

5.6. Lärmbelästigung

Der Straßenverkehr ist hinsichtlich Verbreitung und Intensität für die Berliner Bevölkerung die dominierende Lärmquelle. Geht man von den 1989 eingereichten Beschwerden aus, so fühlen sich die Ost-Berliner zu mehr als 35 Prozent durch Verkehrslärm, zu 25 Prozent durch Lärm aus Industrie und Gewerbe, zu 20 Prozent durch Lärm infolge mangelhafter technischer Gebäudeausrüstung und zu 14 Prozent durch Lärm aus Handelseinrichtungen und Gaststätten belästigt. Die Beschwerdestatistik zur Lärmproblematik von West-Berlin wird sicherlich ein ähnliches Bild aufweisen, Unterschiede gibt es höchstwahrscheinlich beim Wohnungslärm, wenn man beim Wohnungsbau eine bessere Lärmdämmung zu Grunde legt (vgl. auch Abbildung 5.1.1.).

In Ost-Berlin wurde die Zunahme des Verkehrslärms vor allem verursacht durch die allgemeine Verschlechterung des Straßenzustandes, Schäden am Gleisnetz von Straßenbahnen, Zunahme des Personenverkehrs, zunehmenden Durchgangs- und Besucherverkehr und durch den verstärkten Parkplatzsuchverkehr. Verkehrsorganisatorische Maßnahmen führten 1989 nicht zu einer nennenswerten Verbesserung der Lärmsituation. Die nach 1989 durch Straßenbau und Straßensperrungen bedingten Umleitungen haben den Lärm in den Umleitungsgebieten beträchtlich erhöht. Das trifft insbesondere für die Friedrichstraße und die Wilhelm-Pieck-Straße zu, die in den letzten Jahren als ständige Umleitungsstrecken fungierten. Hinzu kommt, daß starker Verkehr mit ebenso starken Vibrationen verbunden ist. Sie traten in der Nähe des U-Bahn-Tunnels Friedrichstraße und an der Fernbahnstrecke Berlin–Frankfurt/O in Wilhelmshagen besonders negativ in Erscheinung, was zu massiven Beschwerden der Bevölkerung veranlaßte.

Unbefriedigend ist weiterhin die ungenügende Lärmdämmung in den Ost-Berliner Neubauwohnungen, wodurch störende Geräusche durch Nachbarschaftslärm sowie von Lüftern, Wasserpumpen und Heizungen auftraten. Unzureichend war die bedarfsgerechte Bereitstellung von schalldämmenden Fenstern, insbesondere für Maßnahmen der Rekonstruktion, Modernisierung und Nachrüstung der Altbauwohnungen. Neue Fensterkonstruktionen sind 1989 lediglich im Umfeld der Frankfurter Allee in größerem Maße eingesetzt worden. Sie vermindern den Lärm um 36 Dezibel.

Obwohl Lärm von allen Umweltbelastungen die höchste persönliche Betroffenheit bei der Bevölkerung auslöst, ist in den offiziellen Umweltstatistiken von Berlin darüber kaum etwas zu finden. Das trifft für beide Stadthälften gleichermaßen zu. Dies zeugt entweder von einer Unterschätzung der Lärmbelastung und ihrer Wirkungen auf Gesundheit und Wohlbefinden der Menschen oder von einer gewissen Hilflosigkeit gegenüber den Schwierigkeiten der Lärmbekämpfung.

Lärm kann nur durch eine Vielzahl von Maßnahmen wirkungsvoll bekämpft werden (siehe Tabelle 5.6.1.). Dazu gehören technische, verkehrsorganisatorische, rechtliche und informatorische Maßnahmen. Der Zwang zur aktiven primären Lärmbekämpfung erfolgt in erster Linie über die gesetzlichen Festlegungen zulässiger Lärmhöchstwerte. Diese Festlegungen haben für die Planung und Durchführung von Investitionen, für die Errichtung und Umgestaltung von Wohngebieten, Kurorten und Erholungsgebieten, für die Vervollständigung des Verkehrsnetzes sowie für die Weiterentwicklung von Produktionsverfahren, Arbeitsmitteln und Erzeugnissen grundlegende Bedeutung – oder sollten sie zumindest haben. In der Praxis werden gerade diese Vorschriften umgangen, unterlaufen, ignoriert. So wurde in den vergangenen Jahren in Ost- und West-Berlin verstärkt darauf gedrungen, Investitionen für Bauvorhaben und technologische Entwicklungen aller Art nur dann zu genehmigen, wenn die Belange des Lärmschutzes entsprechende Berücksichtigung finden. Untersuchungen zeigten aber, daß dies bei Bauvorhaben in West-Berlin 1989 nur zu 30 Prozent der Fall war. Für Ost-Berlin sind derartige Untersuchungen nicht bekannt. Die festgelegten Normen konnten vielfach aus objektiven Gründen in der Praxis nicht verwirklicht werden.

Tabelle 5.6.1.
Verkehrslärmschutzmaßnahmen in der territorialen und städtebaulichen Planung

Maßnahmen	Wirkung
Ungehinderte Schallausbreitung	Lärm abhängig von Verkehrsdichte, Fahrgeschwindigkeit
Verbesserungen an Fahrzeugen, Fahrbahnoberfläche, Verkehrsablauf	Verringerung des Lärms (bei Übergang von Beton auf Asphalt um etwa 5 dB)
Verminderung der Verkehrsbelegung, Verkehrsbeschränkung	Verminderung des Schallpegels (bei Halbierung um etwa 3 dB)
Vergrößerung des Abstandes zwischen Lärmquelle und Lärmempfänger	Reduzierung des Schallpegels um 3 dB bei Entfernungsverdopplung
Gliederung der Gebäude und Fassaden	Einschränkung lärmerhöhender Reflexionen durch absorbierende oder diffus reflektierende Oberflächen
Schutzanpflanzungen, Ausnutzung vorhandener Vegetation	Schalldämmung in Abhängigkeit von Pflanzenart, Dichte, Tiefe der Pflanzung, Jahreszeit u. a.
gebaute und natürliche Hindernisse (Mauern, Wälle, Absenkungen)	Schallabschattung in Abhängigkeit von spezifischen Parametern der Hindernisse und Wellenlänge des Schalls
Rationelle Gebäudeanordnung und Verkehrsführung	Lärmabschattung und -schutz für straßenabgewandte umbaute Räume
Spezialfenster entsprechend den Erfordernissen	Schalldämmung, Normalfenster etwa 20 dB

So ist die Lärmminderung an der Schallquelle zwar die sinnvollste, aber auch die schwierigste Art der Lärmbekämpfung. Dabei bildet der Lärmpegel das wichtigste Kriterium für die Konstruktion und Beurteilung neuer Verfahren, Maschinen und Erzeugnisse. Erfolge bei der Verminderung der Lärmemission können oftmals nur durch Veränderung des technisch-technologischen Wirkprinzips von Einzelaggregaten erreicht werden, weil die Lärmabstrahlung immer von mehreren technischen Parametern abhängt.

Die Entwicklung und Produktion geräuscharmer Erzeugnisse, Maschinen und Anlagen läuft demnach immer auf einen Kompromiß vielfältiger Kriterien hinaus. Geht es doch nicht nur darum, leise Maschinen zu entwerfen und zu bauen, sondern diese mit hoher Nutzleistung, geringer Masse und günstigen Herstellungskosten zu versehen. Das erfordert vor allem Kenntnisse über den optimalen Lärmschutz bei gegebenen Wirk- und Konstruktionsprinzipien und über akustisch-technische Zusammenhänge der Schallentstehung, um korrigierende Maßnahmen direkt an der Lärmquelle vornehmen zu können. Solange dies nicht in optimaler Weise möglich ist, sind die primären Maßnahmen (konstruktive und technologische) durch sekundäre (akustische, individuelle, organisatorische) Maßnahmen zu ergänzen. Dazu gehören bei Maschinen und Geräten die Verwendung entdröhnter Bleche, Kapselung des Motors, Anbringen von Dämmaterialien, Verwendung von Schwingisolatoren. Des weiteren geht es darum, zwischen Lärmquelle und Lärmempfänger verschiedenartige Hindernisse anzubringen, um die Schallausbreitung zu dämmen. Dabei handelt es sich um technische (Mauern, Schutzwälle), biologische (Schutzstreifen mit Wald oder Gebüsch) und organisatorische Maßnahmen. Diese beinhalten eine sinnvolle Standortverteilung von Produktionsbetrieben, Verkehrseinrichtungen und Verkehrsnetzen, Wohn- und Erholungsgebieten, um den Arbeits-, Verkehrs- und Baulärm wirksam einzuschränken. Es reicht also nicht aus, nur eine Schallschutzmauer, wie beispielsweise im Bezirk Marzahn (Blumberger Damm) zu errichten, um die Lärmprobleme zu bewältigen.

Lärm kann beim Menschen schwere gesundheitliche Schäden verursachen. Der Schädigungsgrad durch Lärm ist aber nicht genau vorauszubestimmen, weil er von der Intensität und Dauer der Lärmeinwirkung ebenso abhängt wie vom Funktionszustand des Zentralnervensystems, von der individuellen Sensibilität des Organismus und von der psychophysischen Kondition des Menschen. Psychische Reaktionen auf Lärm treten vor allem dann auf, wenn Geräusche bewußt wahrgenommen werden und negative Haltungen dazu vorhanden sind. In der Folge kommt es zu Konzentrationsstörungen, Beeinträchtigung der Lernfähigkeit, Nervosität, erhöhter Erregbarkeit, Herzklopfen, Kopfschmerzen, Schwindelgefühl, Augenflimmern, leichter Ermüdbarkeit, allgemeiner Mattigkeit und zu Einschlafstörungen. Obwohl diese Kausalitätsbeziehungen nur außerordentlich schwer nachweisbar sind, ist beispielsweise die Tatsache nicht zu unterschätzen, daß bei einem nächtlichen Geräuschpegel von durchschnittlich 70 dB kaum noch jemand bei geöffnetem Fenster schlafen kann. Schlafstörungen sind besonders schwerwiegend, weil sie die Tiefschlafsumme pro Nacht vermindern und die normale Regeneration des Organismus behindern.

Vegetative Reaktionen treten dagegen unter Ausschluß des Bewußtseins und damit unabhängig von der persönlichen Einstellung zum Lärm auf. Über die genannten Schädigungen hinaus muß mit ernst zu nehmenden Veränderungen in der Funktion des Herz-Kreislauf-Systems gerechnet werden. Auch gibt es Hinweise auf einen vorübergehenden Abfall des Blutzuckers, auf eine Zunahme blutdrucksteigernder Substanzen (Katecholamine) in der Nebenniere und auf Veränderungen der Ganglienzellen in der Hirnrinde.

Offenbar stehen diese Systeme in Wechselwirkung miteinander und beeinflussen den Herz-Kreislauf. Inwieweit die auftretenden Veränderungen des Hautwiderstands, der Muskelpotentiale und der Atemfrequenz dabei auch eine Rolle spielen, ist noch unklar. Lärm bedeutet in jedem Fall für den Organismus Streß. Unter welchen Bedingungen Lärm aber Krankheitssymptome auslöst, kann nicht mit Sicherheit beurteilt werden, weil der Grenzbereich zwischen gesicherter Gesundheit und drohender Krankheit fließend ineinander übergeht. Wenn sich auch der Organismus innerhalb bestimmter Grenzen (unterhalb 90 dB) dem Lärm anzupassen vermag, so kann aber von einer Gewöhnung an Lärm ohne negative Auswirkungen auf die Gesundheit nicht die Rede sein. „Gewöhnung" bedeutet keinesfalls ein Nachlassen der Schadwirkung, sie kann im Gegenteil sogar außerordentlich gefährliche Folgen haben, weil eine Abstumpfung bzw. Desensibilisierung der Sinnesorgane erfolgt und Warnsignale dann erst bei wesentlich höherem Lärmpegel auftreten. Den unumstößlichen Beweis für die Gesundheitsschädlichkeit des Lärms stellt das verstärkte Auftreten der Lärmschwerhörigkeit dar, die bis zur Lärmtaubheit führen kann.

6. Medizinische Versorgung und soziale Betreuung

6.1. Medizinische Versorgung
6.1.1. Ambulante ärztliche Versorgung

Die ärztliche ambulante Versorgung im Ergebnis des unmittelbaren Kontaktes zwischen Mediziner und konsultierendem Patienten ist im wahrsten Sinne des Wortes eine lebenswichtige Basisaufgabe. Sie ist ein grundlegender Bestandteil der Sicherung des prinzipiellen Menschenrechtes nach Gewährleistung der Gesundheit für alle. In den massenhaften Konsultationen und Hausbesuchen widerspiegelt sich maßgeblich die soziale Wirksamkeit des Arztes. Sie hat großen Einfluß auf das physische und psychische wie auch soziale Wohlbefinden der Menschen.

Im Westteil Berlins wurden 1988 und 1989 annähernd 10 Millionen Behandlungsfälle im Rahmen kassenärztlicher Versorgung und 1 Million Hausbesuche registriert. In Ost-Berlin gab es zur gleichen Zeit 4 bzw. mehr als 3,5 Millionen ärztliche Erstkonsultationen sowie rund 350 000 bzw. 360 000 Hausbesuche. Hinzu kamen in der gesamten Stadt zahlreiche Notfalldienste und Erste-Hilfe-Fälle.

Beide Teile Berlins wiesen jeweils im Vergleich zum übrigen Gebiet der früheren DDR und der Alt-Bundesrepublik eine herausragende Position in der ambulanten medizinischen Versorgung durch Ärzte, Zahnärzte und Apotheker aus (vgl. Tabelle 6.1.1.).

Für Ost-Berlin ist allerdings die vergangene angehobene (und zentral geförderte) sogenannte „hochspezialisierte Versorgung" zu berücksichtigen. In deren Ergebnis wurden bestimmte, stark spezialisierte medizinische Einrichtungen zusammengeführt. In diesem

Tabellen 6.1.1.
Anzahl der Ärzte, Zahnärzte und Apotheker in Ost- und West-Berlin sowie Einwohner je Arzt in Ost- und West-Berlin, in der DDR und der Bundesrepublik 1989

	Anzahl Ost-Berlin[1]	Einwohner je Arzt Ost-Berlin	DDR[2]	Anzahl West-Berlin	Einwohner je Arzt West-Berlin	Bundesrepublik
Ärzte	5 623	229	400	7 381	280[3]	356 (87)
Zahnärzte	1 180	1 091	1 299	1 300	1 591	1 573 (87)
Apotheker	50	2 548	3 830	2 051	1 008	1 801 (87)

Quelle: Ost-Berlin: Statistisches Jahrbuch der DDR 1990;
West-Berlin: Statistisches Landesamt, Die kleine Berlin-Statistik 1990, Abschnitt 09.

[1] Die Angaben schwanken in verschiedenen statistischen Materialien, was offensichtlich auf differenzierte Zuordnungen zurückzuführen ist. Die Differenz ist im Hinblick auf die Gesamtsumme unwesentlich.
[2] Per 30. 9. 1989 (nach Angaben des Instituts für Medizinische Statistik und Datenverarbeitung).
[3] Hier wurden die für 1988 ausgewiesene Bevölkerung und die Ärztezahlen von 1989 zugrunde gelegt. Für 1986 wurden schon bei einem Vergleich zwischen Großstädten 226 Einwohner je Arzt errechnet. (Vgl. Baum/Koch-Malnet/Seeger, Vergleichbare Strukturdaten des Sozial- und Gesundheitswesens ausgewählter Großstädte der Bundesrepublik 1986, Herausgeber Senator für Gesundheit und Soziales, Januar 1989)

Zusammenhang sind auch die inzwischen abgewickelten oder veränderten Forschungszentren wie Klinikum Buch und die ehemals starke Erweiterung der traditionellen Charité zu nennen. Ebenso wurde Ost-Berlin bei der haushaltsfinanzierten, zentralistisch erfolgten Verteilung neuerer und neuester Medizintechnik bevorzugt, wie auch durch das besondere Wohnungsbauprogramm Nachfolgeeinrichtungen wie Polikliniken und Ambulatorien entstanden waren. Hinzu kam eine privilegierte medizinische Betreuung besonderer Schichten der Bevölkerung aus dem Parteien- und Staatsapparat (zum Beispiel günstigere Bedingungen im Regierungskrankenhaus).

Bei der Beurteilung dieser Lage ist einerseits zu berücksichtigen, daß in großstädtischen Räumen eine herausragende Ärztedichte nicht ungewöhnlich ist. Andererseits wurden zweifellos in der DDR weite Teile des Landes hinsichtlich medizinischer Einrichtungen vernachlässigt.

Ein Vergleich von Grunddaten medizinischer Versorgung zwischen Großstädten der alten Bundesländer zum 31.12.1986 weist auch für West-Berlin innerhalb dieser Metropolen Westdeutschlands und gegenüber dem Durchschnitt der alten Bundesländer einen vorderen Rang in der medizinischen Versorgung auf (vgl. Tabelle 6.1.2.). Aus der Gegenüberstel-

Tabelle 6.1.2.
Grunddaten medizinischer Versorgung am 31. 12. 1986 in ausgewählten Großstädten der Bundesrepublik

Stadt	Einwohner je					
	Arzt	Zahnarzt	Krankenschwester/-pfleger	Akutbett	Apotheke	Krankenkraftwagen
Berlin	226 (3)	1 047 (3)	160 (1)	87 (2)	3 164 (5)	7 399 (1)
Hamburg	250 (5)	1 120 (4)	– –	106 (6)	3 308 (8)	– –
München	182 (1)	883 (1)	181 (3)	93 (3)	3 028 (3)	16 343 (8)
Köln	264 (6)	1 339 (6)	213 (6)	112 (8)	3 131 (4)	12 191 (5)
Essen	297 (7)	1 917 (8)	190 (4)	102 (5)	3 172 (6)	14 653 (6)
Frankfurt	187 (2)	1 013 (2)	163 (2)	78 (1)	2 681 (1)	8 115 (3)
Dortmund	411 (9)	1 857 (7)	217 (7)	111 (7)	3 247 (7)	15 356 (7)
Düsseldorf	234 (4)	1 175 (5)	194 (5)	94 (4)	2 734 (2)	8 008 (2)
Duisburg	369 (8)	2 067 (9)	221 (8)	93 (3)	3 812 (9)	10 503 (4)
Westdeutschland gesamt	371	1 607	–	133	3 506	–

In Klammern: Rang

Tabelle 6.1.3.
Versorgungsgrad mit ärztlichen Fachgruppen im Verhältnis zur Bedarfsplanungs-Meßzahl in Prozent in West-Berlin, Hamburg, Bremen und der Bundesrepublik Deutschland am 31. 12. 1988

Fachgruppe	West-Berlin	Hamburg	Bremen	Bundesrepublik Deutschland
Prakt./Allg.	113,0	122,1	96,7	116,4
Augenärzte	206,5	175,6	185,9	118,8
Chirurgen	225,0	191,0	127,1	122,9
Gynäkologen	205,9	192,6	154,8	126,4
HNO-Ärzte	193,7	179,6	169,9	111,8
Hautärzte	191,3	191,0	175,1	122,1
Internisten	320,0	174,0	162,9	122,9
Kinderärzte	167,1	152,2	156,2	119,0
Nervenärzte	484,2	297,7	399,4	213,8
Orthopäden	288,2	220,3	197,3	137,6
Radiologen	359,4	271,1	217,1	111,8
Urologen	258,6	204,6	218,5	124,8

Berechnungsgrundlage: Bevölkerungsstand am 31. 12. 1986

Quelle: Senatsverwaltung für Gesundheit und Soziales, Referat Sozial- und Medizinal-Statistik, Jahresgesundheitsbericht 1988, S. 286

Tabelle 6.1.4.
Niedergelassene bzw. ambulant tätige Ärzte in Ost- und West-Berlin nach Fachgebieten (1989)

Fachgebiet	Berlin (West)	Berlin (Ost)
Allgemeinmedizin	316	721
Anästhesiologie	29	24
Chirurgie	80	106
Gynäkologie und Geburtshilfe	250	161
Innere Medizin	598	348
Pädiatrie	122	326
Neurologie/Psychiatrie	199	113
Orthopädie	151	55
Röntgenologie/Radiologie	82	64
Urologie	68	36
Augenheilkunde	157	114
Hals-, Nasen- und Ohrenkrankheiten	117	93
Dermatologie/Venerologie	90	74
Ärzte ohne Gebietsbezeichnung	600	34

Quelle: Statistisches Landesamt Berlin, Region Berlin, Statistische Informationen, Heft 3, Gesundheitswesen.

lung des Versorgungsgrades zur Bedarfsplanungsmeßzahl ist für West-Berlin eine Überversorgung erkennbar. Im Vergleich zum bundesdeutschen Durchschnitt wie zu den Städten Hamburg und Bremen, deren Versorgungsgrad ebenfalls z. T. weit über den Bedarfsplanungsmeßzahlen liegt, ergibt sich – mit Ausnahme bei den praktischen allgemeinen Ärzten – ebenso eine herausragende Betreuung in den einzelnen Fachgruppen (vgl. Tabelle 6.1.3.).
Bei der Aufgliederung der Ärzte nach Fachgebieten (vgl. Tabelle 6.1.4.) ist festzuhalten, daß
– in allen Fachgruppen nach den Bedarfsplanungs-Meßzahlen offensichtlich eine „Überversorgung" vorliegt (vgl. auch Tabelle 6.1.3.);
– im Ostteil der Stadt aufgrund der teilweise fachgebietsbezogenen starken und insgesamt vergleichsweise höheren Besetzung im Verhältnis Ärzte zu Bevölkerung die Bedarfsplanungsmeßzahlen noch stärker überschritten werden;
– auf einigen Fachgebieten, wo bislang in beiden Teilen eine ungünstige Besetzung zu verzeichnen war, ein gewisser Ausgleich, d. h. ein günstigeres Verhältnis hergestellt werden könnte.
Innerhalb beider Teile Berlins gibt es, bezogen auf die Zahl der Ärzte je 10 000 Einwohner, deutliche bezirkliche Unterschiede. So liegen die Bezirke Neukölln, Reinickendorf, Tempelhof sowie auch Spandau und Kreuzberg unter dem Durchschnitt, während Zehlendorf und Wilmersdorf eine eindeutige Spitzenposition einnehmen. Im Ostteil ist das Verhältnis in den Bezirken Hohenschönhausen, Lichtenberg sowie auch Hellersdorf, Prenzlauer Berg und Marzahn ungünstig, dagegen liegt der Stadtbezirk Mitte mit Abstand an der Spitze (vgl. Tabelle 6.1.5.).
Ein Vergleich zwischen bisherigen Entwicklungen in beiden Stadthälften zeigt für 1989 im Ärztebestand insgesamt (ambulanter und stationärer) ein rein quantitativ besseres Verhältnis des Ostteils in Relation zur Einwohnerzahl. Gleiches trifft für Zahnärzte zu. Bei Apothekern ist jedoch eine deutlich höhere Dichte im Westteil anzutreffen (vgl. Tabelle 6.1.1.).
Grundsätzlich verschieden zwischen beiden Teilen der Stadt war bis 1989 das Verhältnis von privat zugelassenen ambulant tätigen Ärzten. Im Ostteil praktizierten die Ärzte hauptsächlich in Ambulatorien, im Westteil vornehmlich in privaten Einzelpraxen. Die Umwandlung der Polikliniken und Ambulatorien in private Niederlassungen in den östlichen

Tabelle 6.1.5.
Territoriale (bezirkliche) Aufgliederung der niedergelassenen bzw. ambulant tätigen Ärzte und Zahnärzte sowie die Ärztedichte (Anzahl der Ärzte je 10 000 Einwohner) in Berlin 1989

Bezirk	Ärzte gesamt	je 10 000 Einwohner	Zahnärzte gesamt	je 10 000 Einwohner
Tiergarten	113	12,0	54	5,8
Wedding	191	11,9	85	5,3
Kreuzberg	211	13,9	76	5,0
Charlottenburg	359	19,6	182	10,0
Spandau	246	11,6	109	5,1
Wilmersdorf	305	20,8	138	9,4
Zehlendorf	211	20,9	63	6,3
Schöneberg	294	19,0	144	9,3
Steglitz	267	14,2	126	6,1
Tempelhof	198	10,7	82	4,4
Neukölln	291	9,5	125	4,1
Reinickendorf	252	10,0	116	4,7
Berlin-West gesamt	2 938*	13,8	1 300	6,1
Mitte	359	45,0	101	12,7
Prenzlauer Berg	237	15,8	109	7,3
Friedrichshain	266	23,1	104	9,2
Treptow	230	22,0	92	8,8
Köpenick	255	22,4	101	8,9
Lichtenberg	255	14,5	127	7,2
Weißensee	96	17,8	41	7,6
Pankow	263	23,6	100	9,0
Marzahn	292	16,8	122	7,0
Hohenschönhausen	167	14,2	69	5,9
Hellersdorf	149	15,7	61	6,4
Berlin-Ost gesamt	2 569	20,1	1 027	8,0

* Nach Angaben „Jahresgesundheitsbericht 1989/90", Senatsverwaltung für Gesundheit und Soziales, Referat Sozial- und Medizinalstatistik werden 2 793 an der kassenärztlichen Versorgung teilnehmende Ärzte per 1. 1. 1990 insgesamt genannt.

Quelle: Statistisches Landesamt Berlin, Region Berlin, Statistische Informationen Heft 3, Gesundheitswesen.

Bezirken geht derzeitig in unterschiedlichem Maße vonstatten. Sie ist mit einer Reihe von Problemen verbunden. Ein wesentliches ist in Ost-Berlin wie in Ostdeutschland insgesamt vor allem der hohe Anteil älterer Ärzte, darunter vor allem Frauen.

Aus verschiedenen Gründen (zum Beispiel berufliche Erfahrungen, Vertrauensverhältnis zwischen Arzt und Patienten, Einkommensrelationen, Kreditwürdigkeit usw.) ist die Altersstruktur niedergelassener Ärzte bedeutsam. So ist in West-Berlin in den letzten Jahren die Altersgruppe der bis 39jährigen von 1980 zu 1988 von 18,3 auf 14,3 Prozent gesunken. Das ist deshalb hervorzuheben, weil in mittleren Jahren im allgemeinen die höchste Leistungsfähigkeit erreicht wird. Dies sichert günstige Einkommensverhältnisse und bietet die Voraussetzung für eine zügige Rückzahlung der zur Einrichtung einer privaten Praxis aufgenommenen Kredite. Im gleichen Zeitraum hat sich der Anteil der 40- bis 49jährigen von 29,7 auf 45,4 Prozent erhöht. Deutlich abgenommen hat er dagegen bei 60- bis 65jährigen und älteren Ärzten.

Daten für das gesamt Gebiet der DDR aus dem Jahre 1989 zeigen bei den unter 30jährigen Ärzten einen Anteil von 11,4 Prozent, der 30- bis unter 40jährigen von 30,6 Prozent, der 40- bis unter 50jährigen von 30,9 Prozent, der 55- bis 60-jährigen von 6,9 Prozent und darüber von 2,9 Prozent. Ein exakter Vergleich zwischen beiden Stadthälften ist nicht möglich. Diese Altersstruktur dürfte sich im Übergang zu den 90er Jahren zugunsten der Ärzte in der mittleren Altersgruppe verändert haben. Ursache hierfür ist die verstärkte Abwanderung insbesondere hochspezialisierter Fachärzte aus dem Osten in den Westen Deutschlands. Gründe dafür sind mangelhafte Ausstattung der medizinischen Einrichtungen, bürokratische Hemmnisse, Pflegenotstand bei mittlerem medizinischem Personal sowie benachteiligende Einkommensbedingungen. Allein im Jahre 1989 betrugen die dadurch bedingten Ausfälle für Ost-Berlin über 2 000 Ärzte und rund 1000 Zahnärzte. Wie bereits in den davor liegenden Jahren wirkten sich diese Abgänge auf eine qualifizierte Betreuung der Bevölkerung trotz starker Zugänge von Hochschulabsolventen negativ aus.

Für die Charakterisierung der Lage in der medizinischen Versorgung Ost-Berlins ist ebenso der Anteil Frauen in den verschiedenen Fachdisziplinen wesentlich. 1989 betrug der Frauenanteil an den Ärzten insgesamt 60 Prozent. In den einzelnen Fachgebieten wird dieser Sachverhalt sogar noch übertroffen – in der Allgemeinmedizin beträgt dieser Anteil rund 79 Prozent, in der Pädiatrie rund 78 Prozent und in der Kinderstomatologie rund 90 Prozent.

Für ältere Ärzte, vor allem für Ärztinnen ist die Umstellung auf private Praxen aus verschiedenen Gründen – darunter die Möglichkeiten der Kreditaufnahme für die Praxisausrüstung – mit Schwierigkeiten verbunden. Auswege werden in den verschiedenen ärztlichen Kooperationsformen gesehen. Die Umwandlung von Polikliniken Ost-Berlins in Gesundheitszentren (bei Ausgliederung bestimmter Aufgaben wie Beratungs- und Sozialfunktionen in den öffentlichen Gesundheitsdienst, Umstrukturierung der Fachdisziplinen, rationeller Betriebsführung insbesondere Abrechnung ärztlicher Leistungen usw.) hätte bei Wahrung der Wirtschaftlichkeit durchaus eine Alternative für die medizinische Versorgung sein können. In anderen Ländern (z. B. Frankreich, Schweden) spielen Polikliniken eine wichtige Rolle bei der ambulanten Versorgung. Private ärztliche Unternehmen bringen (offensichtlich zu Lasten des ausgedehnten Arbeitstages des Arztes) gewisse Leistungserhöhungen, wobei in der Diskussion darauf verwiesen wird, daß nicht immer in erster Linie medizinische Versorgungsvorteile dafür ausschlaggebend sind.

6.1.2. Stationäre Versorgung

Einen groben Überblick der stationären Versorgung der Bevölkerung geben die Kennziffer Bettenkapazität, die Zahl stationär behandelter Patienten, die durchschnittliche Verweildauer in Tagen, die Bettenauslastung und die Zahl der Betten pro 10 000 Einwohner (vgl. Tabelle 6.1.6.). Eine differenziertere Aussage lassen die Aufgliederungen der Krankenhausärzte nach Fachgebieten (vgl. Tabelle 6.1.7.), die stationär behandelten Patienten nach Fachabteilungen (vgl. Tabelle 6.1.8.) sowie die territoriale Verteilung der Krankenhäuser und Planbetten (vgl. Tabelle 6.1.9.) zu.

Bei der stationären medizinischen Versorgung ist hervorzuheben:
- Für Ost-Berlin gilt, daß die baulichen und medizintechnischen Voraussetzungen ungenügend waren und noch sind, obwohl erste Veränderungen eintreten. Globale Ein-

Tabelle 6.1.6.
Bettenkapazität in Krankenhäusern Berlin 1989

	Betten am 31. Dezember	Stationär behandelte Patienten	Durchschnittliche Verweildauer in Tagen	Bettenauslastung in %	Betten pro 10 000 Einwohner
Berlin (West)	31 578	422 438	26,4	90,5	148,2
Berlin (Ost)	14 715	235 805	17,6	78,0	114,2

Quelle: Statistisches Landesamt, Region Berlin, Statistische Informationen, Heft 3 Gesundheitswesen.

Tabelle 6.1.7.
Krankenhausärzte in Berlin nach Fachgebieten (1989)

	West-Berlin	Ost-Berlin
Allgemeinmedizin	24	48
Anästhesiologie	213	220
Chirurgie	228	307
Gynäkologie und Geburtshilfe	95	199
Innere Medizin	401	565
Pädiatrie	52	227
Neurologie/Psychiatrie	178	209
Orthopädie	39	66
Röntgenologie/Radiologie	144	174
Urologie	35	57
Augenheilkunde	16	67
Hals-, Nasen- und Ohrenkrankheiten	31	66
Dermatologie/Venerologie	17	44
Ärzte ohne Gebietsbezeichnung	2 788	107

Quelle: Statistisches Landesamt, Region Berlin, Statistische Informationen, Heft 3, Gesundheitswesen.

Tabelle 6.1.8.
Stationär behandelte Patienten 1989 und Planbetten am 31. Dezember 1989 in Berlin nach ausgewählten Fachabteilungen

Fachabteilungen	Patienten		Betten	
	West-Berlin	Ost-Berlin	West-Berlin	Ost-Berlin
Innere Medizin	133 223	56 015	6 209	3 466
Chirurgie	87 360	43 900	3 683	2 285
darunter				
Kinderchirurgie	1 872	2 340	31	183
Neurochirurgie	6 161	1 505	205	126
Intensivtherapie	3 402	6 192	43	178
Gynäkologie und Geburtshilfe	59 965	50 875	1 327	1 342
Pädiatrie (einschl. Frühgeburten)	20 872	20 782	800	1 248
Infektionskrankheiten	4 612	2 320	277	223
Augenheilkunde	13 389	5 566	299	249
Hals-, Nasen-, Ohrenkrankheiten	13 835	8 145	346	369
Dermatologie und Venerologie	4 583	2 874	312	276
Urologie	14 236	7 329	566	485
Röntgen- und Strahlenheilkunde	2 704	6 580	168	479
Orthopädie	17 811	5 528	875	485
Chronisch Kranke	19 806[1]	680	9 749[1]	235
Neurologie	9 346	3 440	628	420
Psychiatrie	12 045	7 214	2 227	2 305
Neurologie und Psychiatrie[2]	8 941	–	1 946	–
Interdisziplinäre Wachstationen	6 134	–	70	12

[1] einschließlich Geriatrie
[2] in der DDR und Ost-Berlin zugeordnet entweder zu Neurologie oder Psychiatrie
Quelle: Statistisches Landesamt, Region Berlin, Statistische Informationen, Heft 3, Gesundheitswesen.

schätzungen für die DDR besagen, daß 2 Drittel der Gebäude verschlissen sind. Daneben gibt es allerdings im Ostteil Berlins auch Neubauten wie das chirurgisch-orientierte Zentrum der Charité. Die medizinisch-technische Ausrüstung ist teilweise veraltet, andererseits waren einzelne Einrichtungen auch mit modernsten Geräten ausgestattet.

– Auch im stationären Bereich liegen beide Stadthälften – verglichen mit dem Niveau in den alten und neuen Bundesländern – im Vorderfeld. Das zeigt sich z. B. an der Zahl der in Krankenhäusern beschäftigten Ärzte und dem Bettenbestand. West-Berlin nimmt im

Tabelle 6.1.9.
Krankenhäuser und Planbetten in Berlin am 31. Dezember 1989 nach Trägern

Bezirk	Krankenhäuser gesamt	davon öffentlich/ staatlich	davon gemein- nützig/kon- fessionell	davon privat	Betten gesamt	davon öffentlich	davon gemein- nützig/kon- fessionell	davon privat
West-Berlin								
Tiergarten	5	2	2	1	1 834	1 122	448	264
Wedding	6	1	5	–	3 267	2 266	1 001	–
Kreuzberg	4	1	2	1	1 556	1 286	256	14
Charlottenburg	11	1	9	1	2 268	817	1 078	373
Spandau	9	2	3	4	4 240	2 252	1 396	592
Wilmersdorf	15	–	7	8	2 001	–	1 448	553
Zehlendorf	20	1	11	8	3 891	831	2 383	677
Schöneberg	5	1	1	3	1 520	1 157	100	263
Steglitz	13	1	11	1	3 029	1 344	1 518	167
Tempelhof	8	1	6	1	1 981	539	1 115	327
Neukölln	3	1	1	1	2 619	1 992	477	150
Reinickendorf	13	2	6	5	3 372	2 135	707	530
Insgesamt	112	14	64	34	31 578	15 741	11 927	3 910
Ost-Berlin								
Mitte[1]	4	2	2	–	3 001	2 259	742	–
Prenzlauer Berg	2	1	1	–	585	556	29	–
Friedrichshain	1	1	–	–	1 139	1 139	–	–
Treptow	2	1	1	–	145	20	125	–
Köpenick	2	1	1	–	730	624	106	–
Lichtenberg	5	4	1	–	2 007	1 759	248	–
Weißensee	2	1	1	–	705	392	313	–
Pankow	7	6	1	–	4 861	4 786	75	–
Marzahn	1	1	–	–	1 084	1 084	–	–
Hohen-schönhausen	–	–	–	–	–	–	–	–
Hellersdorf	1	1	–	–	458	458	–	–
Insgesamt	27	19	8	–	14 715	13 077	1 638	–

[1] 13 Kliniken der Humboldt-Universität (Charité) als eine Einrichtung
Quelle: Statistisches Landesamt, Region Berlin, Statistische Informationen, Heft 3, Gesundheitswesen

Vergleich mit anderen Großstädten bei den Krankenhauskapazitäten – gemessen an der Zahl der Einwohner je Akutbett – den dritten Rang ein (87 Einwohner pro Akutbett). Betten für chronisch oder psychiatrisch kranke Patienten sind hierbei nicht mitgezählt worden, da hier die Verweildauer im Krankenhaus länger ist. Ost-Berlin nahm hinsichtlich des Bettenbestandes 1988 hinter Leipzig den 2. Rang ein.

– In Ost-Berlin war die durchschnittliche Verweildauer der Patienten in stationärer Behandlung bisher kürzer (vgl. Tabelle 6.1.6.). Dabei ist jedoch die Struktur der Krankheitsarten und -fälle zu beachten (z. B. Anteil psychischer Patienten mit höherer Verweildauer).

– Eine Reduzierung der Krankenhausbetten erfolgte in beiden Teilen, im Ostteil jedoch in stärkerem Ausmaß. In bezug auf die Bettenzahl im Verhältnis zur Bevölkerung liegt die westliche Stadthälfte im allgemeinen besser (vgl. Tabelle 6.1.6.). Die territoriale Verteilung ist sehr unterschiedlich (vgl. Tabelle 6.1.9.).

– Ein krasses Mißverhältnis besteht im Ostteil der Stadt zwischen dem Ärzte- und Krankenpflegepersonal. 1989 waren in den Krankenhäusern Ost-Berlins 6 041 Pflegekräfte beschäftigt, in der westlichen Stadthälfte demgegenüber 22 895. In den West-Berliner Krankenhäusern betrug die Zahl des Krankenpflegepersonals gemessen an der

der Ärzte mehr als das 5fache, während die gleiche Relation in Ost-Berlin nur das Zweieinhalbfache beträgt. Die sich fortsetzende Abwanderung von Pflegepersonal aus dem Ostteil der Stadt aufgrund der krassen Entlohnungsunterschiede und der anfänglichen Nichtanerkennung von Berufsjahren im Ostteil der Stadt wird diese Diskrepanz noch weiter vertiefen. Bereits jetzt droht im Ostteil der Stadt die Gefahr, daß infolge dieser Prozesse die medizinischen Versorgungsleistungen der Krankenhäuser eingeschränkt werden müssen. Seitens des Senats erfolgten für die Universitätskliniken beträchtliche Bettenreduzierungen.

- In der Struktur des ärztlichen Fachpersonals sind die Krankenhäuser in der westlichen Stadthälfte vor allem in der Neurologie/Psychiatrie und Orthopädie besser besetzt, Ost-Berlin dagegen in der Kinderchirurgie und -heilkunde (Betten und Fälle), wie auch in der Gynäkologie und Geburtshilfe (vgl. Tabelle 6.1.7.). Letzteres ist im Zusammenhang mit der Geburtenzahl wie auch der bislang völlig legalen Interruption zu sehen.
- Die Behandlung chronisch Kranker vor allem in der geriatrischen Betreuung in West-Berlin weist auf das bislang grundsätzlich andere Herangehen hin. Sozialstationen in West-Berlin, deren Zahl auf rund 70 angewachsen ist, sollen die Betreuung von Kranken, älteren oder behinderten Menschen in ihrer gewohnten häuslichen Umgebung ermöglichen, Krankenhausaufenthalte abkürzen oder vermeiden und die ärztliche Betreuung sicherstellen. Sie werden öffentlich gefördert, 1990 mit 22,6 Millionen DM.

Eine Aufgabe künftiger kommunaler Sozialpolitik sollte es sein, Unter- und Überkapazitäten in der stationären Versorgung zu harmonisieren.

6.1.3. Zur Säuglingssterblichkeit

International wird gerade die Säuglingssterblichkeit, als Zahl der in einem Jahr gestorbenen Säuglinge bezogen auf 1000 Lebendgeborene, als ein wichtiges Kriterium für die Charakterisierung des Gesundheitssystems angesehen. In dieser Kennziffer widerspiegelt sich nicht nur der erreichte Stand beim Gesundheitsschutz für Mutter und Kind, die Fürsorge einer Gesellschaft für die Frauen und Mütter sowie den Erhalt der Bevölkerung. An ihr ist ebenso ablesbar wie die sozial-ökonomische Entwicklung eines Landes verläuft. Hierin sind gleichfalls die Stellung des Gesundheitswesens, die Möglichkeiten und Wirksamkeit medizinisch-sozialer Prophylaxe, Diagnostik und Therapie eingeschlossen.

Die Säuglingssterblichkeit war in beiden Teilen der Stadt in den letzten Jahren deutlich niedriger als im vorangegangenen Jahrzehnt (vgl. Tabelle 6.1.10.). Die höhere Sterberate männlicher Säuglinge ist markant bleibend.

Tabelle 6.1.10.
Säuglingssterblichkeit in Berlin nach ausgewählten Jahren im Zeitraum 1969/70 bis 1989

| | Absolut | | Auf 1000 Lebendgeborene | | | | | |
| | | | Gesamt | | Männlich | | Weiblich | |
	Ost-Berlin	West-Berlin	Ost-Berlin	West-Berlin	Ost-Berlin	West-Berlin	Ost-Berlin	West-Berlin
1969				27,4				
1970	283		19,6	25,6	20,9	31,2		19,7
1975	181		15,4	20,7	18,4	21,9	18,1	19,4
1980	233		13,3	14,9	15,9	16,5	10,5	13,2
1985	189	190	11,0	10,6	12,5		9,5	
1986	168	232	9,6	12,5	11,1		8,1	
1987	155	223	8,4	11,5	10,3		6,5	
1988	168	191	8,3	9,2	10,4		6,1	
1989	129	181	7,6	8,6	9,6		5,6	

Auf die Säuglingssterblichkeit wird bereits durch die Vorbeugung während der Schwangerschaft Einfluß genommen. In Ost-Berlin wurden beispielsweise in den letzten Jahren weit mehr als 90 Prozent und in West-Berlin rund zwei Drittel der Schwangeren in Beratungsstellen erfaßt (in Ost-Berlin dort auch gleichzeitig betreut).
Deutliche Unterschiede bestehen zwischen Deutschen und Nichtdeutschen im Westteil der Stadt. In den letzten Jahren (bis auf 1985) starben auffallend mehr Säuglinge bei Nicht-Deutschen.
Zu berücksichtigen ist dabei, daß solche Faktoren wie Familienstand, Bildungsgrad und Alter der Mutter bei der Geburt, Geborenenfolge und Gewicht wesentlichen Einfluß auf die Säuglingssterblichkeit nehmen. So besteht bei Kindern mit Untergewicht die Wahrscheinlichkeit einer etwa 20mal höheren Sterblichkeit als bei Normalgewichtigen. Bei Unverheirateten, sehr jungen und relativ älteren Müttern sowie solchen mit niedrigstem Bildungsgrad wie auch bei hoher Kinderzahl ist eine höhere Säuglingssterblichkeit zu verzeichnen.

6.2. Soziale Betreuung
6.2.1. Zur Entwicklung der sozialen Betreuung

Die Art und Weise sozialer (finanzieller und materieller) Unterstützung, Fürsorge und Betreuung war bis zum Beitritt des im Artikel 3 des Einigungsvertrages vom 20. September 1990[1] genannten Gebietes in den beiden Teilen Berlins grundsätzlich verschieden. Dem pluralistischen System West-Berlins – aus öffentlicher Fürsorge, Verbänden freier Wohlfahrtspflege, sozialer Tätigkeit der Kirchen und vielfältiger Selbsthilfegruppen sowie verschiedenartigen Modellen und alternativen Initiativen von Bürgern bestehend – stand in Ost-Berlin ein zentral geplantes, vorwiegend staatlich zentralistisch und kommunal gelenktes, oftmals in dogmatischen Formen erstarrtes Herangehen gegenüber. Letzteres schloß allerdings mannigfache ehrenamtliche Arbeit der Bürger, kirchliches soziales Engagement, unterschiedliches und auch ein gewisses eigenständiges Vorgehen nicht aus, wie beispielsweise Initiativen in der Betreuung älterer Bürger im Rahmen der Wohngruppen der „Volkssolidarität", bestimmte Selbsthilfegruppen usw.
Eine wichtige Rolle für die künftige Wirksamkeit sozialer Betreuung kommt dem Subsidiaritätsprinzip zu. Danach greift der Staat erst dann ein, wenn kleine Gruppen (Familie, Nachbarschaft, staatlich unterstützte freie Wohlfahrtspflege wie auch Selbsthilfegruppen und ehrenamtliche Arbeit usw.) dazu nicht mehr in der Lage sind. Beim früheren Herangehen im östlichen Stadtteil traten zwischen offiziell verkündeter Sozialpolitik und daraus abgeleiteter, im großen und ganzen auch gesetzlich verankerter Sozialaufgaben einerseits und deren Verwirklichung andererseits vielfältige Konflikte auf.
Kritische Stimmen gibt es allerdings auch zum Subsidiaritätsprinzip. Mit der Gewöhnung an staatliche Mindest-Existenzhilfen wird die Bereitschaft zur Selbsthilfe zum einen gemindert. Konkurrenzkampf und augenfälliger Individualismus in der modernen Industriegesellschaft schwächen zum anderen Bereitschaft und Fähigkeit zur gegenseitigen Hilfe.[2] Beim stark aufgesplitterten Vorgehen werden Überschneidungen bei der Lösung sozialer Aufgaben durch die beteiligten Einrichtungen nicht gänzlich zu vermeiden sein. Die Zahl der in West-

---

[1] Vgl. Gesetz zum Vertrag zwischen der Deutschen Demokratischen Republik und der Bundesrepublik Deutschland über die Herstellung der Einheit Deutschlands – Einigungsvertrag – vom 31. August 1990 (Verfassungsgesetz) vom 20. September 1990, Gesetzblatt der DDR, Teil I, Nr. 64 vom 28. 9. 1990).

[2] Vgl. David Kramer/Rolf Landwehr, Soziales Berlin, Berlin 1988; Manfred Wienand, Sozialsysteme und soziale Arbeit in der Bundesrepublik Deutschland, Frankfurt/Main, 1988.

Berlin für die Betreuung, Für- und Vorsorge sowie Rehabilitation zuständigen Behörden, Organe, Vereine, Bürgerinitiativen, Versicherungs- und sonstigen Träger wird auf mehr als 4000 beziffert.[3]

Wesentlichen Anteil an der sozialen Betreuung haben die nicht an bestimmte Rechtsnormen gebundenen Kirchen. Sie können ihre Arbeitsgebiete bei der sozialen Tätigkeit frei wählen. Dazu wird auch die kirchliche Arbeit im Ostteil der Stadt beitragen, die vormals zwar nicht verfassungsrechtlich, aber real in ihrer Tätigkeit eingeschränkt war, wobei Mitglieder bestimmter Initiativen sogar kriminalisiert und strafrechtlich verfolgt worden sind.

Kommunale Potenzen waren im östlichen Teil stark reglementiert und beschnitten. Sie haben auch unter den jetzigen Bedingungen – zumal aufgrund der wirtschaftlichen Situation im Ostteil der Stadt – enge Grenzen. Der „Aufschwung Ost" wird einerseits gewisse Spielräume zulassen. Andererseits ist der Wegfall bestimmter Vorzugsbedingungen in der Diskussion und im Bundeshaushalt vorgesehen.

Markante Unterschiede bestanden bislang in der Gewährung sozialer materieller/finanzieller Unterstützungen sowohl hinsichtlich der Art und Weise als auch des Empfängerumfangs. Während 1988 in Ost-Berlin 948 Sozialhilfefälle bestanden und in 23145 Fällen einmalige Beihilfen gewährt worden sind, wurden zum gleichen Zeitpunkt 176 000 Betroffene in West-Berlin registriert. Insbesondere aufgrund steigender Arbeitslosenzahlen im Ostteil der Stadt im gegenwärtigen Zeitraum ist jedoch hier mit einem bemerkenswerten Anstieg zu rechnen.

In den achtziger Jahren erhielt ein immer größerer Teil der Arbeitslosen in der westlichen Stadthälfte keine Leistungen mehr und war auf Sozialhilfe angewiesen. Ein Vergleich altbundesdeutscher Großstädte (1986) zeigt auf, daß der Kreis von Sozialhilfeempfängern in Berlin mit 9 Prozent weitaus größer war als im Durchschnitt der Bundesrepublik (4,9 Prozent). Im Vergleich mit anderen Großstädten weicht diese Relation jedoch nur in wenigen Fällen (expandierende Gebiete wie München 4 Prozent, Stuttgart 5,1 Prozent ausgenommen) wesentlich ab. Hamburg lag mit 9,3 Prozent an erster Stelle, andere Großstädte – zum Beispiel Essen – blieben mit 8,8 Prozent etwas darunter.

Die nunmehrige gesamtdeutsche Gesetzgebung bringt für Ost-Berlin bei den sozialen Leistungen einige grundsätzliche Änderungen mit sich. So steht der bisherigen Einheit von Beratung, Betreuung und Behandlung für Schwangere und Mütter durch Einrichtungen des Gesundheitswesens eine Trennung in Form der Beratung durch öffentliche Gesundheitsdienste und der Behandlung durch entsprechende Fachärzte in eigener Niederlassung gegenüber. Für die Ehe-, Familien- und Sexualberatung besteht fortan keine direkte Anlaufstelle. Für rein partnerschaftliche Probleme ist der öffentliche Gesundheitsdienst nicht zuständig. Rat muß bei Psychologen und Therapeuten gesucht werden. Für bestimmte soziale Leistungen werden sich für Bewohner des Ostteils der Stadt finanzielle Aufwendungen – wie im einzelnen nachfolgend dargestellt – von staatlichen Zuwendungen auf den privaten Haushalt verlagern. Dabei gibt es, wie beispielsweise im Falle der häuslichen Altenpflege, staatlich garantierte Zuschüsse.

Die Überleitung östlicher in westliche Strukturen sozialer Betreuung und sozialer Hilfe, die in der Regel langfristig und traditionell gewachsen und vielfältig in öffentliche, gemeinnützige, private Träger aufgefächert waren, unterliegt Reibungen und Konflikten. Insbesondere auch die Streichung von sozialen Mitteln, die von der Bundesregierung finanziert worden sind, erbringt Rückschläge. Während die Betreuungsstellen für Diabetiker und

---

[3] ebenda

Rheumatiker in der östlichen Stadthälfte erhalten werden sollen, fallen hingegen die Stadtbezirksstellen für Herz- und Kreislaufkrankheiten weg. Das betrifft insbesondere ältere Bürger, die hauptsächlich dort betreut worden sind. Darüber hinaus sind auch solche im Zusammenhang mit der AIDS-Problematik entstandenen Projekte und Initiativen in Berlin wie die „Streetworkers", „Drogen und AIDS" in ihrer Existenz gefährdet.

Ein Hauptproblem für das soziale Zusammenwachsen der Bürger beider Stadtteile wird sein, die Bewohner des östlichen Teils damit vertraut zu machen, bisherige zentral organisierte Gesundheitsvorsorge (z. B. Impfungen, Reihenuntersuchungen usw.) sowie zentral gesteuerte und reglementierte Dienste nunmehr auf freiwilliger Basis und selbständig wahrzunehmen. In beiden Teilen der Stadt bestanden und werden künftig – wenn auch in teilweise veränderter Form – besondere Betreuungsgruppen und verschiedenartige soziale Hilfen bestehen. Basis hierfür ist neben örtlichen Initiativen, Modellprojekten und Maßnahmen der Kommunen die einheitliche Sozialgesetzgebung, insbesondere die Bestimmungen des Bundessozialhilfegesetzes (BSHG) von 1961 als „Netz unter dem Netz" gehobener Sicherungssysteme der Sozialversicherung und Versorgung. Grundsätzlich ist die geringfügig für den östlichen Teil veränderte Sozialgesetzgebung der Bundesrepublik maßgebend.[4]

6.2.2. Zum Stand sozialer Arbeit

Im Mittelpunkt der Betrachtung sollen Aktivitäten zur Gesundheitsvor- und Gesundheitsfürsorge, die eng mit der sozialen Betreuung verbunden sind, sowie Betreuungsaufgaben innerhalb wichtiger Gruppen der Bevölkerung stehen.

Gesundheit

Im Bereich der Gesundheitsvorsorge, verbunden mit sozialer Betreuung, gab es 1989 beispielsweise im östlichen Teil der Stadt elf Tuberkulose-Beratungsstellen und im Westen der Stadt vier solcher Stellen mit überbezirklichem Charakter. Außerdem bestanden im Osten Berlins offizielle Einrichtungen für Diabetes (11), Geschwulstberatung (11), Schwangerenberatung (21), Mütterberatung (72), Jugendgesundheitsschutz (33), Alkohol und Drogen (7). In Berlin-West gab es 1988 vielfältige Selbsthilfegruppen:[5] Alkoholismus (15), Alter (14), Ausländer (17), Chronische Erkrankungen (13), Drogen (9), Frauen (22), Gesundheit (13), Krebs (8), Psychiatrische Belastung (18), Umwelt, Kultur, Sonstiges (45). In der Gesundheitsvorsorge durch die Sozialmedizinischen Dienste der bezirklichen Gesundheitsämter (SMD) West-Berlins wurden 1989 in der Schwangerenberatung 14 349 neu hinzugekommene Besucherinnen registriert. Es wurden 1988 = 37 176 und 1989 36 018 Untersuchungen und/oder Beratungen durch Ärzte durchgeführt sowie 17 248 bzw. 16 814 Beratungen durch Sozialarbeiter und 77 bzw. 131 durch Psychologen. Darüber hinaus fanden 497 bzw. 440 Gruppenberatungen hierzu statt. Die Familienplanungsberatung des SMD nahmen 8187 bzw. 8 942 weibliche sowie 143 bzw. 121 männliche

---

[4] Vgl. Gesetz zum Vertrag zwischen der Deutschen Demokratischen Republik und der Bundesrepublik Deutschland über die Herstellung der Einheit Deutschlands – Einigungsvertrag – vom 31. August 1990 (Verfassungsgesetz) vom 20. September 1990, Gesetzblatt der DDR, Teil I, Nr. 64 vom 28. 9. 1990. Die Änderungen sind im Kapitel VIII – Geschäftsbereich des Bundesministers für Arbeit und Sozialordnung, Sachgebiet D: Übergreifende Vorschriften des Sozialrechts sowie im Kapitel X – Geschäftsbereich des Bundesministers für Jugend, Familie, Frauen und Gesundheit, hauptsächlich Sachgebiet B: Jugend und Sachgebiet D: Gesundheitspolitik enthalten.

[5] David Kramer/Rolf Landwehr, Soziales Berlin, Herausgeber: Der Senator für Gesundheit und Soziales in Verbindung mit dem Senator für Jugend und Familie, Berlin 1988, S. 25

Personen erstmals in Anspruch, und es fanden 157 bzw. 210 Beratungen von Paaren statt. Ärztliche Untersuchungen wurden in diesem Zusammenhang 7838 bzw. 8 376 realisiert, 13 341 bzw. 15 299 Beratungen erfolgten durch Sozialarbeiter, 135 bzw. 121 durch Psychologen, und es wurden 129 bzw. 44 Gruppenberatungen geführt.
Weiterhin gab es eine Reihe von Konsultationen im Rahmen des § 218 des Strafgesetzbuches (Schwangerschaftsabbruch): Zugänge 1988 = 2789, 1989 = 2 419; Untersuchungen und/oder Beratungen durch Ärzte 2187 bzw. 2 032, durch Sozialarbeiter 216, durch Psychologen 319 bzw. 290 sowie eine Gruppenberatung 1988. Beratungen dazu fanden im Rahmen des legalen Schwangerschaftsabbruches in Ost-Berlin statt, wobei nicht immer die notwendige Sorgfalt angewendet wurde. In West-Berlin bestehen weiterhin Beratungsstellen für genetische Probleme, Risikokinder, Jugendgesundheitsdienst, Geschwulstberatungsstellen, Schirmbildstellen, Beratungsstellen für Vergiftungserscheinungen und Embryonaltoxikologie, Ernährungsberatung sowie sportmedizinische Betreuung.
Des weiteren sind im Bereich der Gesundheitsvorsorge Beratungsstellen für Geschlechtskrankheiten, Tuberkulose, Alkoholkranke sowie sozialpsychiatrische Dienste aktiv. Diese Einrichtungen arbeiten im Rahmen des öffentlichen Gesundheitsdienstes. Bedeutsam sind gleichfalls die genetischen Beratungsstellen (Problem Erbkrankheiten). 1989 erfolgten 1668 vorgeburtliche Untersuchungen (Steigerung 5,5 Prozent gegenüber Vorjahr). Für Risikokinder bestehen gleichfalls Beratungsstellen (Erstvorstellungen 1989 im Alter von 1 bis 3 Jahren = 493, 3 bis 6 Jahren = 555, 6 bis 9 Jahren = 172, 9 bis 12 Jahren = 97). Problematisch ist die ungenügende Inanspruchnahme durch Nichtdeutsche.
Beim Impfwesen standen den öffentlich empfohlenen Schutzimpfungen im westlichen Teil Pflichtimpfungen im östlichen Berlin gegenüber. Deren Zwang zum Nutzen der Volksgesundheit wird in Zukunft wegfallen. Sie innerhalb des zu altbundesdeutschen Bedingungen vereinheitlichten Vorgehens wahrzunehmen, setzt auf jeden Fall eine entsprechende Aufklärung der Bevölkerung voraus.
Für all diese Beratungen und Untersuchungen ist charakteristisch, daß sich hierbei soziale und gesundheitliche Belange überschneiden und das eine vom anderen nicht zu trennen ist.
Die Selbsthilfegruppen im Gesundheitsbereich des westlichen Teils der Stadt sind zur Anschubfinanzierung mit öffentlichen Mitteln in Höhe von 6,1 Millionen DM sowie mit 4,3 Millionen DM für die Weiterfinanzierung (1988) gefördert worden. Darüber hinaus wurden generell alle Selbsthilfegruppen seitens des Berliner Senats auch mit finanziellen Hilfen unterstützt.
Im großen und ganzen ist ersichtlich, daß in beiden Teilen der Stadt inhaltlich ähnliche Beratungen und Betreuungen erfolgten. Dabei werden offensichtlich Selbsthilfegruppen eine neue Dimension erlangen können und müssen, ihre bewußte Förderung wird vor allem im Ostteil der Stadt ein wichtiger Bestandteil sozialpolitischen Wirkens staatlicher, kommunaler und gemeinnütziger Institutionen sein. Die einheitlich nach altbundesdeutschen Gegebenheiten ausgerichteten Organisationsstrukturen in ganz Berlin setzen Initiativen der Bevölkerung voraus. Sie erfordern, den im Grundgesetz verankerten Sozialstaatsgrundsatz durch die Volksvertretungen tatsächlich wahrzunehmen.

Zur Betreuung sozialer Gruppen

Projekte für *Frauen* beziehen sich in erster Linie auf die Wiedereingliederung von Arbeitnehmerinnen in das Erwerbsleben. Das hat aufgrund rasch steigender Arbeitslosigkeit und der überproportionalen Betroffenheit von Frauen besonders für den Ostteil große

Bedeutung. Diese Vorhaben sind Bestandteil der Bemühungen, der enormen Abwanderung jüngerer und fachlich qualifizierter Arbeitskräfte aus der östlichen Wirtschaft entgegenzuwirken.

Frauenhäuser als Zufluchtsstätte bedrohter und mißhandelter Frauen und ihrer Kinder entstanden in West-Berlin bereits 1976. Sie erhalten laufende Zuwendungen aus Senatsmitteln. Erste Einrichtungen dieser Art sind inzwischen auch in den östlichen Bezirken Prenzlauer Berg und Marzahn gegründet worden. Seit 1983 besteht ein Frauennotdienst des Caritasverbandes, der dem Schutz und der Betreuung mißhandelter Frauen dient. Gerade auch die im Zusammenhang mit dem Schutz des ungeborenen Lebens geführten, oft kontroversen Diskussionen weisen auf die Notwendigkeit besserer sozialer Betreuung von Frauen hin.

Die *Familie* ist ein Kernpunkt vielfältiger sozialer Betreuung. Den früheren Schwangeren-, Mütter- und Sexualberatungsstellen Ost-Berlins treten vielfältige Angebote der Erziehungs- und Familien-Beratung gegenüber. Sie wurden im Westteil der Stadt erheblich ausgeweitet und erhielten steigende öffentliche Finanzhilfen. So erhöhten sich im Zeitraum von 1970 zu 1987 die finanziellen Zuwendungen von 200 000 auf rund 1,5 Millionen DM. Die Stiftung „Hilfe für die Familie – Stiftung des Landes Berlin" leistet in dieser Hinsicht einen wichtigen Beitrag. Vorrangiges Ziel ist eine schnelle und unbürokratische finanzielle Hilfe bei drohenden Notlagen von Familien und werdenden Müttern. Durch sie wird beachtlich zum Schutz des ungeborenen Lebens beigetragen. Seit 1972 sind zur unmittelbaren Fürsorge in West-Berlin sozial-pädagogische Familienhelfer im Einsatz (Aufwand 6,25 Millionen DM).

Bei *Kindern und Jugendlichen* ist umstritten, inwieweit außerfamiliär in die Kinderbetreuung und -erziehung eingegriffen werden soll und darf. Besonders in der Bereitstellung und Inanspruchnahme von Kindertagesstättenplätzen bestanden bislang zwischen beiden Stadthälften extreme Unterschiede (vgl. Tabellen 6.2.1. und 6.2.2. sowie Abbildung 6.2.1.). Große Bedeutung haben gleichfalls die in Eigeninitiativen der Eltern erschlossenen Möglichkeiten der Tagesbetreuung ihrer Kinder.

Bestimmte Aufgaben in der sozialen Betreuung von Kindern und Jugendlichen werden durch die Jugendämter (West) wahrgenommen. In der östlichen Stadthälfte oblagen sie bislang den Referaten Jugend (in den Stadtbezirksverwaltungen). Im Westteil gibt es

Tabelle 6.2.1.
Einrichtungen und Plätze in Kinderkrippen, -gärten und Schulhorten in Ost-Berlin (1989)

Bezirke	Kinderkrippen		Kindergärten		Schulhorte	
	Einrichtungen	Plätze	Einrichtungen	Plätze	Einrichtungen	Plätze
Insgesamt	438	32 024	697	79 549	368	63 000
Mitte	33	2 002	52	4 753	21	3 450
Prenzlauer Berg	55	3 552	82	8 061	42	5 803
Friedrichshain	39	2 670	58	5 764	27	4 511
Treptow	27	1 836	57	4 851	26	3 932
Köpenick	31	2 107	59	4 973	29	4 649
Lichtenberg	52	3 918	82	9 496	45	6 370
Weißensee	15	1 009	27	1 899	16	1 908
Pankow	34	2 207	73	6 089	30	4 503
Marzahn	61	4 985	71	11 004	57	13 123
Hohenschönhausen	45	3 840	69	10 782	39	7 492
Hellersdorf	46	3 896	67	11 877	36	7 259

Tabelle 6.2.2.
Einrichtungen und Plätze* in Kinderkrippen, -gärten und Schulhorten in West-Berlin (1989)

Bezirke	Kinderkrippen		Kindergärten		Schulhorte	
	Plätze	Abteilungen	Plätze	Abteilungen	Plätze	Abteilungen
Insgesamt	11 796	397	38 473	1 362	20 279	550
Tiergarten	607	17	1 764	65	1 080	33
Wedding	1 185	37	2 835	96	1 602	37
Kreuzberg	1 571	50	4 133	153	2 013	63
Charlottenburg	861	30	3 016	125	1 622	53
Spandau	1 102	37	3 468	115	2 184	52
Wilmersdorf	434	16	2 582	94	1 341	36
Zehlendorf	414	18	2 233	69	888	23
Schöneberg	871	31	3 478	143	1 523	46
Steglitz	785	30	2 969	110	1 563	42
Tempelhof	773	23	2 635	88	1 521	42
Neukölln	1 836	58	4 969	158	2 943	65
Reinickendorf	1 357	50	4 391	146	1 999	58

* Die Platzzahl für Kindergärten enthält die von Vorschulgruppen in diesen Abteilungen

vielfältige Initiativen und alternative Projekte für Jugendliche im Alter zwischen 14 und 25 Jahren wie: Jugendfreizeitheime im behördlichen Bereich, allgemeine Beratungen und solche bei besonderen Problemlagen sowie sozialpädagogische Hilfen (auch bei freien Trägern angesiedelt), die Unterstützung bei Arbeitslosigkeit und Berufsproblemen, bei Wohnungsschwierigkeiten, Drogengefährdungen, Problemen in der Schule und Familie anbieten.

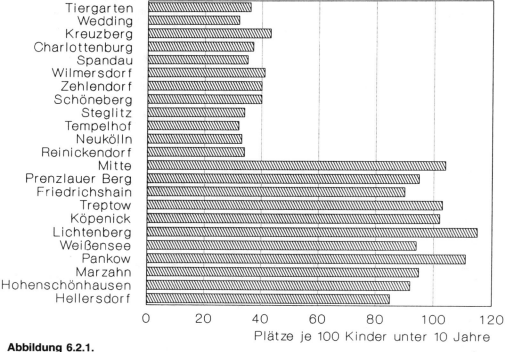

Abbildung 6.2.1.
Kindertagesstättenplätze je 100 Kinder unter 10 Jahre in Ost- und West-Berlin nach Bezirken 1989

Diese Maßnahmen müssen verstärkt auch den im Ostteil der Stadt lebenden Jugendlichen zugute kommen, denn für sie entfällt mit der Schließung zahlreicher Jugendclubs – als Einrichtungen der Ost-Jugendorganisation – eine wichtige Möglichkeit der Kommunikation, und sie sind nach einer bisher mehr oder minder reibungslosen Berufsausbildung und anschließender Arbeitsaufnahme nunmehr auch mit Lehrstellenmangel und Arbeitslosigkeit konfrontiert – eine Situation, die viel Eigeninitiative erfordert.
In West-Berlin hat sich besonders die „ganzheitliche Herangehensweise" bewährt, die aufgrund der Bündelung von Problemen bei Jugendlichen angeraten ist. Beispiele „alternativer" Jugendprojekte sind:
– Fabrik Osloer Straße e. V. – eine Initiative zum Leben, Arbeiten, der Kultur und Freizeit Jugendlicher in einer ehemaligen Fabrik in Berlin Wedding;
– Werkschule e. V. mit Ausbildung von Jugendlichen, die aufgrund mangelnder Schulbildung keine Lehrstelle erhalten haben und gemeinsam mit ihren Ausbildern wohnen, arbeiten und die Freizeit gestalten;
– Ausbildungswerk Kreuzberg e. V., wo arbeitslose Jugendliche die Chance zur Berufsausbildung als Tischler, Gas-Wasser-Installateure erhalten und gemeinsam arbeiten und wohnen. Außerdem existiert eine Reihe besonderer Ausbildungsprojekte.
– Ende 1987 haben sich 12 Vereine zu einer „Arbeitsgemeinschaft Arbeit und Ausbildung" zusammengeschlossen.
Darüber hinaus gibt es das freiwillige soziale Jahr seit September 1987, getragen von freien Trägern und dem Land, in dem teilweise modellhafte Einsätze mit ökologischen Inhalten durchgeführt werden.
Im Rahmen des Jugendgesundheitsschutzes (Ost) erfolgten 1988 38 226 Dispensaire-Betreuungen, gab es 23 097 psychiatrische Betreuungsfälle und 19 925 orthopädische sowie 1988/89 36 825 Einschulungsuntersuchungen. Der Jugendgesundheitsdienst (West) registrierte im gleichen Jahr 113 106 Einschulungs-, Reihen-, Schulentlassungsuntersuchungen sowie 6 894 psychiatrische Betreuungsfälle. Die Zahl der psychiatrischen Betreuungsfälle ist im Ostteil der Stadt stark angestiegen (1989 gegenüber 1975 um 57,4 Prozent!).
Zum Schutze des Kindes bestehen in West-Berlin bestimmte Einrichtungen, die von öffentlichen *und* freien Trägen ins Leben gerufen worden sind, wie Kindernotdienst, Kinderschutz-Zentrum e. V., Wildwasser-Arbeitsgemeinschaft gegen den sexuellen Mißbrauch von Mädchen e. V. Diese Einrichtungen widmen sich der Abschirmung von Vernachlässigungen sowie der Verhinderung und den Folgen sexuellen Mißbrauchs von Kindern. Umfassende Hilfe wird in Krisensituationen geleistet, wie sie insbesondere die Selbstmordgefährdung darstellt.
An Stelle bisheriger Formen interessanter Freizeitgestaltung bei Kindern in Ost-Berlin werden nach West-Berliner Vorbildern neue Initiativen entstehen. Es geht um Arbeitsgemeinschaften auf kulturellen, sprachlichen, Natur- und Technikgebieten, wobei bisherige formal und dogmatisch von der Pionier- und Jugendorganisation organisierte Strukturen zu überwinden, allerdings auch neue Quellen für deren finanzielle und materielle Unterstützung zu erschließen sind.
Bei der Betreuung von *älteren Bürgern* wird die Problematik diskutiert, welche Notwendigkeiten und Vorteile für Seniorenheimplätze mit professioneller Altenpflege oder für Familienpflege, Selbsthilfe und ambulante Dienste zur Versorgung älterer Menschen bestehen. Individuelle Lösungen sind nach Möglichkeit immer zu bevorzugen. Das hat verschiedene Gründe, insbesondere aber nützt es der Einbeziehung älterer Menschen in das soziale

Leben, was sich positiv auf den Gesundheitszustand auswirkt und zugleich mit dazu beiträgt, eine hohe Aktivität bis ins hohe Alter zu gewährleisten.

Auch in Ost-Berlin haben sich Wohnhäuser für ältere Bürger zunehmend bewährt (1970 = 7 und 1989 bereits 57). Das Verhältnis von Heimplätzen zu Einwohnern über 65 Jahre liegt im Ostteil der Stadt höher als im Westteil, ohne den Bedarf zu decken (vgl. Abbildung 6.2.2.). Selbstverständlich steht dies auch im Zusammenhang mit dem bisher gegenüber der westlichen Stadthälfte extrem niedrigen individuellen finanziellen Aufwand von 120,- Mark, der – begrenzt bis Juni 1991 – auf 364 DM gestiegen ist und künftig enorm anwachsen wird (1991 um rund 830 Prozent und 1992 um 1667 Prozent). Sozialhilfe greift ein, falls die Kosten nicht aus eigenen Mitteln (Rente, Guthaben usw.) aufgebracht werden können. Auf jeden Fall verbleibt ein Mindesbarbetrag von 140,40 DM zur eigenen Verfügung.

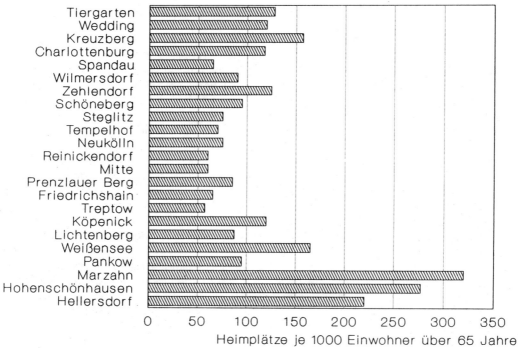

Abbildung 6.2.2.
Heimplätze je 100 Einwohner über 65 Jahre in Ost- und West-Berlin nach Bezirken 1989

Der bisherige Zuschuß aus staatlichen Mitteln in Ost-Berlin betrug – ohne Investitionen – 1989 rund 10 000 Mark pro Platz im Jahr. Im Ostteil haben sich auch die Leistungen der Volkssolidarität und bestimmte Vergünstigungen wie fast kostenloses Mittagessen, Urlaubsplätze und Veranstaltungen für Rentner durch die ehemaligen Betriebe vermindert oder sind weggefallen (einschließlich der Zuwendungen für Seniorenclubs, Veranstaltungen für Rentner usw., der günstigen Möglichkeiten von über 9 000 Betreuungen durch 814 Hauswirtschaftspflegerinnen und der 5 221 in die Wohnung gebrachten Mittagessen). In den westlichen Bezirken offerieren Wohlfahrtsverbände verschiedene Angebote in der Altenhilfe, die derzeitig auch auf den Ostteil übertragen werden.

Bei den von Senioren in Feierabend-, Pflegeheimen usw. belegten Plätzen (bezogen auf je1000 Bürger im Rentenalter) hatte Ost-Berlin mit 81,8 Bürgern im Vergleich zur früheren DDR eine Spitzenposition. Auch West-Berlin, wo 44,2 von 1000 Rentnern in Altersheimen leben, liegt im Vergleich zu den Altbundesländern insgesamt als auch im Vergleich zu den Großstädten Westdeutschlands weit an der Spitze (vgl. auch Tabelle 6.2.3.).

Tabelle 6.2.3.
Plätze in Einrichtungen für ältere Bürger in den Bezirken Ost- und West-Berlins (1989)

Ost-Berlin			West-Berlin		
Bezirke	Feierabend-, Pflege- und Wohnheime		Bezirke	Seniorenheime und -wohnhäuser	
	Anzahl	Plätze		Anzahl	Plätze
Mitte	5	434	Tiergarten	22	1 735
Prenzlauer Berg	10	1 763	Wedding	22	2 861
Friedrichshain	4	967	Kreuzberg	24	2 372
Treptow	8	871	Charlottenburg	53	3 934
Köpenick	14	2 058	Spandau	29	2 441
Lichtenberg	7	1 625	Wilmersdorf	48	2 736
Weißensee	6	1 409	Zehlendorf	45	2 393
Pankow	17	1 554	Schöneberg	27	2 134
Marzahn	14	2 580	Steglitz	52	2 901
Hohenschönhausen	9	1 787	Tempelhof	26	2 594
Hellersdorf	8	1 257	Neukölln	30	3 744
			Reinickendorf	33	2 809
Insgesamt	102	16 355	Insgesamt	411	32 654

Besondere Bedeutung haben in West-Berlin die 64 Sozialstationen (1988). 90 Prozent aller hier betreuten Patienten sind älter als 70 Jahre. Bei steigender Pflegeintensität hat sich die Patientenzahl auf 6 400 erhöht. Bedeutsam ist ebenfalls die psychogeriatrische Pflege und geriatrische Rehabilitation.

Umfangreiche soziale Betreuungsaufgaben leisten die Berliner Bezirksämter (Abteilung Sozialwesen) und die Verbände der freien Wohlfahrtspflege einschließlich der ehrenamtlichen Mitarbeiter zahlreicher dem Deutschen Paritätischen Wohlfahrtsverband – dpw – Landesverband Berlin angeschlossener Vereine. Das Sozialwerk Berlin e. V. ist ein „Altenselbsthilfe- und Beratungszentrum".

Um die Leistungsbereitschaft und die Erfahrungen der Senioren zu nutzen, wurde 1986 das Programm „Erfahrungswissen der älteren Generation" initiiert, das vom Berliner Senat mit 1 Million DM gefördert wird und mehrere Projekte umfaßt (wie Werkhaus Anti-Rost; Bana-Laden – Beratung und Anregung der Nachbarschaft –, Wissensbörse, Berliner Beratungsdienst e. V.; Theater der Erfahrungen; Tätiger Lebensabend Berlin e. V.; Berliner Akademie für weiterbildende Studien e. V., Studienmöglichkeiten für ältere Erwachsene an Berliner Hochschulen), die sich auf den verschiedensten Gebieten der aktiven Lebensgestaltung im Alter durch Selbsthilfe widmen.

Im Bereich *guter Nachbarschaft* bieten Nachbarschaftsheime in West-Berlin sowie neue Nachbarschaftsprojekte im Ostteil der Stadt Möglichkeiten für die soziale Integration und die bürgerschaftliche Beteiligung aller. Im Ostteil sind Bürgervereine entstanden, die teilweise verkrustete und einseitige Strukturen ehemaliger Nachbarschaftshilfe auflösen und die Zusammenarbeit der Bürger bis hin zu kulturellen und anderen freizeitlichen Veranstaltungen ohne Reglementierung und mit eigenen Initiativen gemeinsam organisieren.

Wichtige Aufgaben sind auch für *Behinderte* und in der *Suchtprophylaxe* weiter zu leisten. Werkstätten für Behinderte in beiden Teilen der Stadt, Jugendwerkheime und geschützte Arbeitsstätten sollen das Leben trotz Behinderung lebenswert machen. Beispielsweise bestanden 1989 in Ost-Berlin 20 Tagesstätten für schulbildungsunfähige, förderungsfähige Kinder und Jugendliche mit 973 Plätzen, 22 Wochen- und Dauerheime für bildungsunfähige, pflegebedürftige Kinder und Jugendliche mit 448 Plätzen.

Die neuen Möglichkeiten im sozialen Engagement für ganz Berlin, aber auch die sozialen Folgen massenhafter Arbeitslosigkeit und manch anderer im Ostteil bisher nicht in dem Ausmaße vorhandener Probleme wie Drogensucht, legale Prostitution, stark gewachsene Kriminalität, Ausländerproblematik u. a. m. werden vielfältige Für- und Vorsorge sowie allgemeine und spezifische soziale Betreuungsaufgaben verlangen. Die in der gesamten sozialen Betreuungstätigkeit im Westteil bislang stets angestrebten Ziele, Tendenzen der Dezentralisierung zu unterstützen, die Inanspruchnahme sozialer Leistung zu entbürokratisieren und die hauptamtliche Tätigkeit möglichst umfassend durch ehrenamtliche Kräfte und Selbsthilfegruppen auf eigene Beine zu stellen, gilt es weiter zu verwirklichen. Das verlangt nicht nur Zähigkeit und Initiativen von allen Berliner Bürgern, sondern insbesondere für die im bisherigen Ost-Berlin lebende Bevölkerung ein grundsätzliches Umdenken sowie Mut zum eigenen Handeln, um gegebene Möglichkeiten wahrzunehmen. Das ist um so notwendiger als kommunale Mittel eher knapper, finanzielle Belastungen der Bewohner der östlichen Bezirke – gemessen am bisherigen Niveau – rasch steigen werden. Angesichts dieser Problematik kommt es für das harmonische Zusammenleben aller Bewohner Berlins – der Hauptstadt und größten Kommune Deutschlands – jetzt darauf an, die politische Vereinigung auch sozial abzusichern.

7. Integration von Wissenschaft und Wirtschaft

Eine wesentliche Voraussetzung für den Aufbau einer innovationsstarken mittelständischen Industrie – als eine Säule künftiger wirtschaftlicher Entwicklung – in Berlin ist die Integration von Wirtschaft und Wissenschaft. Forschung, Entwicklung und frühzeitiger Einsatz neuer Technologien entscheiden langfristig immer mehr über die Wettbewerbsfähigkeit von Volkswirtschaften und Regionen. Defizite können sich negativ für ganze Branchen auswirken.
Auch in diesem Bereich haben sich mit der politischen Vereinigung und der Überwindung der geopolitischen Insellage West-Berlins neue Rahmenbedingungen ergeben. Die spezifischen Standortgegebenheiten in Berlin sowie die umfangreichen Erfahrungen aktiver Strukturpolitik des Senats bieten eine Fülle von Ansatzpunkten für technologische und innovatorische Kooperation von Wissenschaft und Produktion in der Stadt selbst, in der Region und darüber hinausreichend im deutschen und gesamteuropäischen Raum.
Berlin verfügt über ein umfangreiches wissenschaftliches Potential. Mit 17 Hochschulen und derzeit rund 140 000 Studenten ist Berlin die größte deutsche Hochschulstadt. Ihr folgt München mit 11 Hochschulen und 108 000 Studenten.
An den 3 Berliner Universitäten sind zur Zeit 115 000 Studenten immatrikuliert – an der Freien Universität knapp 60 000 (diese Zahl soll nach Plänen des Senators für Wissenschaft und Forschung auf etwa 39 000 verringert werden), an der Technischen Universität nahezu 40 000 und an der Humboldt-Universität rund 23 000. Von den 4 künstlerischen Hochschulen Berlins ist die Hochschule der Künste (HdK) im Westteil der Stadt mit rund 5 000 Studenten mit Abstand die größte. Die Kunsthochschule Weißensee, die Schauspielschule „Ernst Busch" und die Musikschule „Hanns Eisler" sind in der östlichen Stadthälfte angesiedelt.
Die derzeit größte Berliner Fachhochschule ist die Technische Fachhochschule (TFH), an der 7 000 Personen studieren. Weitere Berliner Fachhochschulen sind die Fachhochschule für Wirtschaft (FHW), die Fachhochschule für Sozialarbeit und Sozialpädagogik (FHSS) und die Fachhochschule für Verwaltung und Rechtspflege (FHSVR) in der westlichen Stadthälfte sowie die Fachhochschule für Technik und Wirtschaft (FHTW) im östlichen Berlin. In die FHTW sind Teile der ehemaligen Hochschule für Ökonomie Berlin-Karlshorst, der Ingenieurhochschule Berlin-Lichtenberg und der Ingenieurhochschule Berlin-Wartenberg integriert.
Neben diesen Hochschulen des Landes Berlin gibt es fünf weitere Hochschulen in anderer Trägerschaft. Das sind die Kirchliche Hochschule Berlin, die mit der Theologischen Fakultät der Humboldt-Universität zusammengelegt wird, die Europäische Wirtschaftshochschule

(EAP), die Evangelische Fachhochschule für Sozialarbeit und Sozialpädagogik (EFHSS) und die Katholische Fachhochschule für Sozialarbeit (KFH).

Hinzu kommen in der westlichen Stadthälfte rund 180 Forschungs- und Entwicklungseinrichtungen mit 40 000 Beschäftigten. Schwerpunkt ihrer Grundlagen- und angewandten Forschung sind zukunftsweisende Technologien – wie die Informations-, Verkehrs-, Energie-, Umwelt-, Medizin- und Biotechnik sowie die flexible Automatisierung. Im Vergleich zu westdeutschen industriellen Ballungsgebieten lag der Anteil der öffentlichen Ausgaben für Wissenschaft und Forschung am jeweiligen Bruttoinlandsprodukt in Berlin-West bedeutend höher. Er betrug hier Ende der 80er Jahre 2,8 Prozent, im Durchschnitt der alten Bundesländer hingegen nur 1,2 Prozent, darunter beispielsweise in Hamburg 1,2, in Baden-Württemberg 1,3 oder in Bayern 1,1 Prozent.[1]

Die gegenwärtige qualitative Ausprägung der intensiv erweiterten Reproduktion hatte in der westlichen Stadthälfte im Verlauf der 80er Jahre die Verflechtung von Wissenschaft und Produktion wesentlich vorangetrieben. Dieser Prozeß war auch durch spezifische technologiepolitische Maßnahmen des Senats gefördert worden. Hiervon zeugen
- Neugründungen, wie die des Instituts für Werkzeugmaschinen- und Fertigungstechnik der Technischen Universität und des Instituts für Produktionsanlagen und Konstruktionstechnik der Fraunhofer-Gesellschaft. Wesentliche Forschungsaufgaben betreffen die Automatisierung der industriellen Produktion und die Entwicklung von modernen Technologien auf diesem Gebiet – so die Konzeption und Ausführung von Steuerungen für Produktionsmittel wie Werkzeugmaschinen und Industrieroboter und deren Verkettung, die Planung und Steuerung flexibel automatisierter Fertigungs- und Montagesysteme sowie die rechnergestützte Konstruktionstechnik und Arbeitsplanung.
- Gemeinschaftsgründungen unter Beteiligung des Senats, der Konzerne Schering, Siemens und von Unternehmen der Fahrzeugindustrie, darunter die Genbiologische Forschung Berlin GmbH, die Innovationsgesellschaft für fortgeschrittene Produktionssysteme in der Fahrzeugindustrie Berlin mbH (INPRO) und die VW-Gesellschaft für technische Datenverarbeitungssysteme mbH (VW-Gedas).
- Eine Reihe von Kooperationsprojekten, die in den letzten Jahren zwischen öffentlichen Einrichtungen und privaten Unternehmen in Angriff genommen wurden. Hierzu zählen:
  · Die sogenannten An-Institute, darunter an der Freien Universität die Laser-Medizin-Zentrum Berlin GmbH (LMZ) und die Weltraum-Institut Berlin GmbH (WIB) sowie an der Technischen Universität die Ingenieurgesellschaft für Aggregatetechnik und Verkehrsfahrzeuge mbH (IAV), die Institut für Bahntechnik GmbH (IFB) und die Festkörper-Laser-Institut Berlin GmbH (FLI). (Im Februar 1990 wurde der Laserverbund Berlin geschaffen, an dem neben der LMZ und FLI u. a. Institute der ehemaligen Akademie der Wissenschaften der DDR und der Humboldt-Universität beteiligt sind.)
  Bestimmend für diese über einen Kooperationsvertrag an die jeweiligen Universitäten gebundenen und in der Rechtsform einer GmbH organisierten Institute ist die Tatsache, daß als private Gesellschafter führende Konzerne wie MBB, Daimler Benz, Siemens und Thyssen „eingestiegen" sind. Sie realisieren unter Nutzung des öffentlichen Forschungspotentials Projektaufträge auf den Gebieten Fertigungs-, Verkehrs-, Medizin-, Umwelt- und Energietechnik.

---

[1] Bundesbericht Forschung, in: Deutscher Bundestag, 11. Wahlperiode, Bonn, Drucksache 11/1049, vom 23. 3. 1988, S. 201

- Der Aufbau des „Berliner Innovations- und Gründerzentrums (BIG)" sowie des „Technologie- und Innovationsparks Berlin (TIB)" auf dem ehemaligen Industriekomplex „Brunnenstraße". Diese Gebilde stellen eine territoriale Kombination von anwendungsnahen Forschungsinstitutionen mit technologieorientierten Klein- und Mittelbetrieben dar und sind z. T. an finanzkräftige Großunternehmen gebunden. Damit werden aus der Berliner Wirtschaft effektive Zulieferer für Produktionsprogramme größerer Firmen mobilisiert, die volkswirtschaftlich wichtige Erzeugnisse herstellen und Experimentierfelder für Innovationen erschließen. Die sich im TIB zwischenzeitlich herausgebildeten Forschungsschwerpunkte betreffen vornehmlich die Mikrosystemtechnik (u. a. mit dem größten europäischen Hochschul-Reinluftlabor für Dünnschicht- und Halbleitertechnologie), die Informations- und Kommunikationstechnik/Medien sowie die Umwelttechnik (hauptsächlich Entwicklung und Herstellung von meßtechnischen Systemen, von Produkten für die technische Luftreinhaltung und von speziellen Analyseverfahren).

Weitere Technologiezentren im Westteil Berlins sind
- für Mikrosystemtechnik der Forschungsschwerpunkt „Technologien der Mikroperipherik" der Technischen Universität Berlin,
- das Fraunhofer-Institut für Mikrostrukturtechnik,
- im Bereich der Halbleiterfertigung und -miniaturisierung die Berliner Elektronenspeicherring-Gesellschaft für Synchrostrahlung mbH (BESSY),
- auf dem Gebiet medizinische Meßtechnik das Institut Berlin der Physikalisch-Technischen Bundesanstalt (PTB),
- für die entwicklungsbegleitende Normung in den Bereichen CIM und Lasertechnik das Deutsche Institut für Normung e. V. (DIN),
- die Bundesanstalt für Materialforschung und -prüfung (BAM),
- die Hahn-Meitner-Institut Berlin GmbH. Sie ist eine der bisherigen 13 Großforschungseinrichtungen der Bundesrepublik. Ihre Aufgabe ist zum einen die Materialforschung mit den Schwerpunkten Strukturforschung und photochemische Umwandlung. Zum anderen findet hier Forschung zu den Fachgebieten Kernphysik und Informationstechnik statt. Das Institut betreibt für eigene Forschungsarbeiten, aber auch für auswärtige Nutzer den Schwerionenbeschleuniger VICKSI. Der Ausbau des Forschungsreaktors BER II ist abgeschlossen.[2]

Im östlichen Berlin war etwa ein Fünftel der Forschungskapazitäten der früheren DDR konzentriert. 1990 waren hier 17 Ingenieur- und Fachschulen mit 9 200 Studenten und 1200 Lehrkräften sowie 6 Hochschulen und eine Universität mit 26 600 Studierenden und 4 500 Lehrenden angesiedelt.[3]

Die Akademie der Wissenschaften betrieb in Berlin 36 Institute mit 15 000 Mitarbeitern, d. h. mehr als der Hälfte des Akademiepersonals. Einen Schwerpunkt bildete der Standort Adlershof. Auf diesem Gelände in einer Größenordnung von 76 Hektar, das Anschluß an die Autobahn und den Flughafen Schönefeld hat, ist ein relativ breites Spektrum von naturwissenschaftlich-technischen Forschungsdisziplinen vertreten. Es reicht von der Festkörper- und Materialforschung, der Laser- und Spektroskopieforschung über verschiedene Bereiche der Chemie und Physik bis hin zur Informations- sowie Verfahrenstechnik. Das östliche Berlin war in der Vergangenheit zugleich ein Schwerpunkt industrieller

---

[2] 19. Bericht über die Lage der Berliner Wirtschaft, Hrsg.: Senatsverwaltung für Wirtschaft, Berlin, vom November 1990, S. 58 ff.
[3] Die kleine Berlin-Statistik; Hrsg.: Landeszentrale für politische Bildungsarbeit Berlin, Berlin, Oktober 1991

Forschung und Entwicklung. 4,4 Prozent aller Industriebeschäftigten arbeiteten in diesem Bereich. Im Umland hingegen war es nur knapp 1 Prozent.[4]

Bezogen auf die Industrie in den unmittelbar an Berlin grenzenden Kreisen des Landes Brandenburg waren die Ausgaben für Forschung und Entwicklung in Berlin fast viermal so hoch.

Von den 1988 insgesamt verausgabten industriellen Forschungs- und Entwicklungsmitteln in Berlin-Ost in Höhe von 1174,855 Millionen M entfielen nahezu 70 Prozent auf die Branche Elektrotechnik/Elektronik/Gerätebau, gefolgt vom Maschinen- und Fahrzeugbau (15 Prozent) und der chemischen Industrie (10 Prozent).[5]

Diese große Angebot qualifizierter wissenschaftlicher Leistungen und die zahlreichen Kooperationsmöglichkeiten der Industrie mit den vorhandenen Forschungskapazitäten (sog. weiche Standortfaktoren) stellen einen wesentlichen Standortvorteil Berlins für die Ansiedlung innovativer Industrie- und Wirtschaftsunternehmen dar.

In der östlichen Stadthälfte ist mit der Umstrukturierung der Wissenschaftslandschaft in Forschung und Lehre begonnen worden. Auf dem Gelände der Institute der ehemaligen Akademie der Wissenschaften in Adlershof sowie in Wuhlheide entstehen moderne Wissenschafts- und Technologieparks als Standorte für universitäre und außeruniversitäre Lehr- und Forschungseinrichtungen. Sie bieten zugleich Raum für Ansiedlungen innovativer Unternehmen. Insgesamt waren hier bis zur Jahresmitte 1991 bereits 30 technologieorientierte Unternehmen gegründet worden.

Andere Aktivitäten der früheren zentralen Akademie der Wissenschaften sind teilweise verselbständigt worden oder werden mit den Berliner Hochschulen und deren Forschungseinrichtungen verbunden.

Abgesehen von der großen Bedeutung dieses Umbaus des Forschungspotentials im Ostteil der Stadt und des weiteren systematischen Ausbaus der wissenschaftlichen Infrastruktur ganz Berlins auf wichtigen Technologiefeldern bedarf es zusätzlicher Impulse, damit die Industrieunternehmen diese Ressourcen stärker in Anspruch nehmen und mehr als bisher eigene Forschungs- und Entwicklungsaktivitäten entwickeln. Es geht darum, vor allem kleinen und mittleren Firmen durch praxisnahe Forschungsförderung und einen wirkungsvollen Technologietransfer eine Hilfe zur Selbsthilfe im Wettbewerb zu geben. Hierzu können strukturpolitische Maßnahmen des Senats zur Förderung von Innovationen, Arbeitsplätzen und Qualifikation, die in den 80er Jahren im Westteil Berlins mit Erfolg erprobt worden waren und jetzt z. T. auf den gesamten Stadtraum ausgedehnt werden, dienen.

Diese Maßnahmen untergliedern sich in:
- Instrumente zur Information über Strukturveränderungsprozesse als Grundlage zur Entscheidungsfindung der Unternehmen („Know-how-Transfer"). Der Senat knüpfte hierbei an die in der „Technologie-Vermittlungsagentur, TVA" gesammelten Erfahrungen an, die im August 1978 vom Bundesminister für Forschung und Technologie als Pilotprojekt in Berlin-West gegründet worden war. Durch die kostenlose Beratung von Unternehmen seitens verschiedener mit öffentlichen Mitteln bezuschußter Einrichtungen und die kostenlose Bereitstellung von Informationsmaterialien über neue Produkte, Technologien, Patente, Lizenzen, Kooperationsmöglichkeiten, neue Märkte und

---

[4] Strukturdaten Großraum Berlin, Hrsg.: Deutsches Institut für Wirtschaftsforschung in Zusammenarbeit mit dem Institut für angewandte Wirtschaftsforschung, Berlin, vom November 1990, S. 36
[5] ebenda, S. 84 ff.

Vermarktungsstrategien können die Unternehmen mit Ergebnissen aus Forschung und Entwicklung vertraut gemacht werden, diese in ihre Produktion aufzunehmen.
- Instrumente zur unmittelbaren Beeinflussung des Strukturveränderungsprozesses. Hier sind vor allem die im Dezember 1985 gestartete „Qualifizierungsoffensive" zur Aus- und Weiterbildung in neuen, durch den wissenschaftlich-technischen Fortschritt hervorgebrachten Berufen und das „Personaltransferprogramm" zu nennen, in dessen Rahmen der Senat bei Einstellung eines Hoch- bzw. Fachhochschulabsolventen in einem mittelständischen Betrieb einen Teil der anfallenden Personalkosten übernahm. Daneben richten sich weitere Maßnahmen auf die Gründung neuer, insbesondere technologieorientierter Produktions- und Dienstleistungsunternehmen sowie auf die Produkt- und Verfahrensinnovation bei dem vorhandenen Potential. Hierzu zählen:
  - Die Gewährung von „Existenzgründungs- und Existenzsparprämien" aus öffentlichen Mitteln an kleine und mittlere Unternehmen;
  - die Vergabe von Finanzmitteln in Form nicht rückzahlbarer Zuschüsse, Kredite oder Beteiligungen – sog. Risikokapitals – für Gründungen und Neuansiedlungen zukunftsträchtiger Betriebe sowie für Innovationsvorhaben bereits bestehender Unternehmen in allen Phasen des Innovationsprozesses vom Entwurf bis zur Markteinführung aus einem beim Senat eingerichteten „Innovationsfonds";
  - Maßnahmen des „Technologietransfers" zur Förderung von Wissenschaft und Technik und der verstärkten Nutzung der hier gewonnenen Erkenntnisse – vornehmlich moderne Technologien im Kommunikations- und Nachrichtenwesen sowie auf den Gebieten Fertigungs-, Verkehrs-, Umwelt-, Energie-, Medizin- und Biotechnik – in der Wirtschaft, wie die Beteiligung des Senats an Unternehmensgründungen, die Subventionierung sog. privatwirtschaftlicher „An-Institute" an Berliner Universitäten.

8. Fremdenverkehr und Tourismus

Berlin stellt mit seiner Geschichte, seiner Landschaft und seinen historischen und zeitgenössischen Sehenswürdigkeiten (vgl. dazu Kapitel 9) einen besonderen Anziehungspunkt für Fremdenverkehr und Tourismus dar. Bereits vor 60 Jahren wies die amtliche Statistik 1,5 Millionen Gäste in Berlin aus. In der Nachkriegszeit expandierte im Zuge des Wieder- und Neuaufbaus der Stadt der Besucherstrom – ungeachtet der Teilung – in einer neuen Dimension. Für West-Berlin gibt die Statistik für das Jahr 1989 rund 2,4 Millionen Besucher an. In Ost-Berlin werden für das gleiche Jahr 6 Millionen in- und ausländische Gäste ausgewiesen.
Mit dem Fall der Mauer und dem Vereinigungsprozeß beider Stadthälften ist nicht nur der Besucherstrom, sondern auch die Attraktivität Berlins im Wachsen begriffen. Neue – bisher von Besuchern, vor allem aus den osteuropäischen Ländern, nicht oder nur schwer erreichbare und von westeuropäischer Seite aus den verschiedensten Gründen gemiedene – Reiseziele in den innerstädtischen Bereichen und im Umland von Berlin sind entstanden. Eine erweiterte Basis erhielt auch der Messe- und Kongreßtourismus, dem im Zusammenhang mit der Hauptstadtfunktion von Berlin eine besondere Bedeutung zukommt.
Mit seinen baulichen, verkehrstechnischen und landschaftlichen Gegebenheiten besitzt Berlin – anknüpfend an seine positiven Traditionen in der Geschichte – günstige Voraussetzungen, um wieder zu einem zentralen Ort der Begegnungen zwischen Ost und West sowie Nord und Süd zu werden. Dazu bedarf es jedoch weiterer politischer Weichenstellungen, die nicht nur auf eine Angleichung des im Ostteil der Stadt weniger entwickelten Niveaus des Tourismus, insbesondere seiner Infrastruktur, an das der westlichen Stadthälfte zielen, sondern der Entwicklung qualitativer, auf einen „sanften Tourismus" abgestellter Faktoren den Vorrang geben. Mit seinem erweiterten wirtschaftlichen und intellektuellen Potential und im Kontext mit den tiefen Umbrüchen in Wirtschaft und Politik im Ostteil der Stadt und dem Umland hat Berlin die Chance, den wachsenden Tourismus und Fremdenverkehr in Einklang mit der so dringenden Gesundung und Erhaltung von Natur und Umwelt zu bringen.

8.1. Landschafts- und Erholungsgebiete
Die Attraktivität Berlins für den Fremdenverkehr und Tourismus ist in nicht unerheblichem Maße in seiner landschaftlichen Struktur begründet (vgl. auch Abschnitt 5.5.). Innerhalb der Stadtgrenzen verfügt Berlin über eine ausgedehnte Erholungsfläche mit umfangreichem Wasser- und Waldbestand sowie vielen Park- und Grünanlagen. Dazu kommt ein landschaftlich schönes, weitgehend noch unzersiedeltes Umland mit den vielfältigsten Erholungsmöglichkeiten.

Entsprechend den zur Zeit verfügbaren statistischen Angaben für das Jahr 1989, – die teilweise hier wie im weiteren aufgrund ihrer bisherigen nur bedingt vergleichbaren Bewertungskriterien getrennt für beide Stadthälften ausgewiesen werden –, bietet sich folgendes Bild:

Im Ostteil der Stadt stehen für eine aktive und passive Erholung zwei Landschaftsschutz- (7629 ha) und drei Naturschutzgebiete (190,3 ha) sowie Parks und Grünanlagen mit einer Gesamtfläche von etwa 11550 ha zur Verügung. Das sind mehr als 28 Prozent des Territoriums insgesamt.

Der Westteil der Stadt umfaßt eine Erholungsfläche mit Wald, Wasser, Park- und Grünanlagen u. ä. von etwa 16185 ha oder 33,7 Prozent der Gesamtfläche. Darunter befinden sich 38 Landschaftsschutz- (9 297,5 ha) und 16 Naturschutzgebiete (304,2 ha).

Zu den wichtigsten Wasserstraßen gehören die Berlin durchquerende Spree sowie die Dahme (Bezirk Köpenick) und die Havel (Bezirk Spandau), die per Dampfer beliebte Ausflugsziele innerhalb der Stadt bilden und über die Seen zu Erholungsgebieten im Umland führen.

Die größten Seen in Berlin sind der Große Müggelsee mit einer Fläche von 750 ha in Ost-Berlin, der Tegeler See mit 408 ha und der Große Wannsee mit 275 ha im Westteil der Stadt. Dazu kommen eine Vielzahl kleinerer Seen, gelegen vor allem im Westteil der Stadt, die für Ausflugsverkehr und Erholung erschlossen sind. Zu ihnen zählen u. a. der Kleine Wannsee und Pohlesee (35 ha), der Schlachtensee (31 ha), der Stößensee (21 ha), der Grunewaldsee (17 ha), die Krumme Lanke und der Stölpchensee (15 bzw. 10 ha).

Größere und kleinere natürliche und künstlich angelegte Bodenerhebungen sind beliebte Ausflugs- und Wanderziele, die im Winter auch Ski- und Rodelmöglichkeiten bieten. Die größten Bodenerhebungen Berlins sind die Müggelberge und der Teufelsberg (beide 115 m NN) im Bezirk Köpenick bzw. im Grunewald. Durch die Berliner Erholungsgebiete führen hunderte Kilometer von Wanderwegen, insbesondere entlang der Seen und in den Bergen.

Zudem gibt es im Ostteil 11 Strand- und Freibäder mit einer täglichen Gesamtkapazität für 61000 Personen und ca. 8 freie Badestellen sowie 24 Hallenbäder. Dabei ist die Wasserqualität der insbesondere an Spree und Dahme gelegenen Bäder Jahr für Jahr schlechter geworden, so daß – wie z. B. im Strandbad Oberspree – nur noch Sonnenbaden angebracht ist. Eine Attraktivität im Ostteil der Stadt stellt das Erholungs- und Freizeitzentrum im Bezirk Friedrichshain mit vielfältigen Sportmöglichkeiten, Wellenbad und seiner Parkanlage dar. In der westlichen Stadthälfte gibt es 40 städtische Hallen- und Freibäder, die im Jahre 1989 von rund 10,6 Millionen Besuchern besucht wurden.

In Berlin stellen zehn Schlösser und Gärten weitere Ausflugs- und Erholungsziele dar. Dazu gehören u. a. der Tiergarten als der schönste und größte Park mit Seen und Wasserläufen, Rosen- und Englischem Garten, der – gestaltet von P. J. Lenné – mitten im Zentrum der Stadt liegt; der Treptower Park mit seinem Vergnügungspark und gärtnerisch gestalteten Anlagen; der Volkspark Friedrichshain; der Britzer Garten mit vielfältigen Vergnügungsattraktionen sowie ein Arboretum und ein botanischer Garten im Ost- bzw. Westteil der Stadt.

Die bekanntesten Schlösser sind das Schloß Charlottenburg, das Schloß Bellevue, das Schloß Britz, das Schloß Pfaueninsel und das Jagdschloß Grunewald im Westteil Berlins und das Köpenicker Schloß auf der Schloßinsel im Ostteil der Stadt.

Einzigartig für Natur- und Erholungssuchende sind darüber hinaus die beiden in Berlin gelegenen Tiergärten – der Berliner Zoo mit seinem getrennt zu besichtigenden Aquarium und der Tierpark Friedrichsfelde.

Innerhalb der Stadt und in ihrem Umland befinden sich große und kleine Flächen, die Gärten und privaten Wochenendgrundstücken vorbehalten sind und zum Teil als anerkannte Naherholungsgebiete gelten. Sie bieten nicht nur den Berlinern, sondern oft auch ihren Gästen Freizeit- und Erholungsmöglichkeiten.

Einen besonderen Anziehungspunkt für Berlin-Besucher bildet das Umland, das mit seinen wasser- und waldreichen Erholungszentren inmitten land- und forstwirtschaftlich geprägter Gebiete gegenüber der Umgebung anderer Großstädte kaum einen Vergleich findet. In einem Umkreis unter hundert Kilometer vom Zentrum Berlins liegen vor allem im Land Brandenburg Erholungs- und Ausflugsgebiete wie zum Beispiel

- das Dahme-Spree-Gebiet u. a. mit dem Scharmützelsee und Schwielochsee, das von Woltersdorf, Grünheide, Erkner über Prieros bis zur Dahmeniederung südöstlich von Königs Wusterhausen reicht;
- die Buckower Hügel- und Kessellandschaft, die als die „Märkische Schweiz" bekannt ist;
- das Eberswalder Urstromtal mit Seen wie dem Werbellinsee und dem Parsteiner See sowie dem Kloster Chorin;
- das Fürstenberger-Neuruppiner Wald- und Seengebiet mit dem bekannten Großen Stechlinsee und dem Schloß Rheinsberg;
- das Brandenburg-Potsdamer Havelseengebiet, an das südlich das Lehniner Wald- und Seengebiet angrenzt;
- der Spreewald als ein vielbesuchtes Touristengebiet mit Kahnfahrten und Wanderwegen durch den Ober- und Unterspreewald;
- das Zossen-Teupitzer Platten- und Hügelland mit dem bekannten Ausflugsort Klausdorf am Mellensee.

Die reizvolle Landschaft um Berlin, die bereits vor der Öffnung der Stadt stark frequentiert und teilweise überlastet war, bedarf für ihren weiteren Erhalt jedoch neuer Maßnahmen und Investitionen, die auf den Ausbau der touristischen Infrastruktur und in einem besonderen Maße auf die Sicherung ökologischer Belange gerichtet ist.

8.2. Städtische Sehenswürdigkeiten

Neben den landschaftlichen und bereits genannten architektonischen Schönheiten ziehen die als Zeugen einer langen und traditionsreichen politischen, wirtschaftlichen und kulturellen Geschichte inmitten der Stadt gelegenen Sehenswürdigkeiten ganz unterschiedlicher Art zahlreiche Touristen an. Dazu gehören solche bekannten Straßen wie Unter den Linden mit dem historischen Brandenburger Tor und das Ku'damm-Karree mit der Kaiser-Wilhelm-Gedächtniskirche, dem Europa-Center und den unzähligen Kaufhäusern, Geschäften und Restaurants sowie Vergnügungszentren.

Eine besondere Sehenswürdigkeit stellt das Nikolaiviertel mit der Nikolaikirche, alten Bürgerhäusern und historischen Gaststätten dar, das die Wiege Berlins und damit der älteste Teil der Stadt ist.

Besucherattraktionen sind zudem der Gendarmenmarkt mit dem Schauspielhaus und der französischen und deutschen Kirche (noch im Wiederaufbau), der Berliner Dom, das Reichstagsgebäude, die Museumsinsel und die Spandauer Zitadelle mit dem Juliusturm u. a. m.

Berlin verfügt über zwei Fernsehtürme, zwei Planetarien und Sternwarten sowie eine Vielzahl von Kunst- und Kulturstätten (siehe Kapitel 9).

Zwei Trabrennbahnen und eine Galopprennbahn befinden sich in Karlshorst und Mariendorf bzw. in Hoppegarten.

8.3. Touristische Infrastruktur

Die touristische Infrastruktur in beiden Stadthälften Berlins ist sehr unterschiedlich entwikkelt.

Über günstige und teilweise sehr gute nationale und internationale Verkehrsverbindungen können Besucher aus dem In- und Ausland Berlin sehr schnell erreichen. Dafür sprechen die zwei Flughäfen Schönefeld und Tegel, ein umfangreiches Eisenbahnnetz, die durch Berlin führenden bzw. angrenzenden Autobahnen und ein verzweigtes Netz von Bundes- und Fernstraßen. Durch einen relativ ausgebauten innerstädtischen Schnell- und Nahverkehr sind die touristischen Zentren und Erholungsgebiete im Umland zu erreichen. Zugleich ist jedoch eine wachsende Überlastung fast aller Verkehrsverbindungen zu beobachten, die durch Neubau, Modernisierung und Instandsetzung nur schrittweise zu beheben ist. Ein besonderer Bedarf besteht hierbei im Ostteil der Stadt sowie im Berliner Umland hinsichtlich ihrer verkehrstechnischen Anbindung an alle Fernverkehrsstrecken.

Ein besonders großes Gefälle existiert zwischen beiden Teilen der Stadt hinsichtlich der Beherbergungsmöglichkeiten von Touristen und anderen Gästen.

Im Westteil gibt es 395 Beherbergungsbetriebe mit einer Bettenzahl von 30 358 (Stand 1989). Ihre Auslastung betrug 1989 über 59 Prozent. Darunter fallen exklusive Hotels, vorrangig im innerstädtischen Bereich, Pensionen, Gasthöfe, Jugendherbergen, Schulungs- und Ferienheime u. ä. Einrichtungen. In ihrer Gesamtheit stellen sie Übernachtungsmöglichkeiten in allen Preisklassen dar.

Im Ostteil existieren demgegenüber nur 32 Hotels, Pensionen und Herbergen, die den Bedarf an Übernachtungsmöglichkeiten auch in der Vergangenheit nicht decken konnten. In ihrer Ausstattung und Kapazität entsprechen in etwa die bisherigen vier Interhotels internationalem Standard.

Gleichfalls sehr unterschiedlich ist das Gaststättengewerbe entwickelt. Anzahl und Niveau der Gaststätten im Westteil der Stadt liegen weit über dem im Ostteil. Verbesserungen vor allem hinsichtlich der Ausstattung und des Service vollziehen sich gegenwärtig jedoch in vielen Gaststätten des Ostteils der Stadt im Zuge ihrer Reprivatisierung. Zugleich sind neben Neueröffnungen viele Schließungen zu beobachten, die den ohnehin niedrigen Bestand noch verringern.

In Ost-Berlin stehen den Naherholungssuchenden und Touristen neun große Campingplätze im Köpenicker Forst zur Verfügung, darunter ein Intercamping- und ein Jugendcampingplatz. Allerdings sind im Zusammenhang mit den wirtschaftlichen Veränderungen, den Umwelt- und den Eigentumsproblemen im Ostteil der Stadt deren bisherige, relativ große Kapazitäten nicht gesichert. Im Westteil der Stadt befinden sich drei Campingplätze, einer in Wannsee und zwei in Spandau.

Mit seiner Infrastruktur stellt der Fremdenverkehr und Tourismus im Westteil der Stadt einen wichtigen Wirtschaftszweig dar. Entsprechend der letzten Arbeitsstättenzählung im Jahre 1987 gab es 7 400 tourismusabhängige Arbeitsstätten mit über 44 000 Beschäftigten. Das Beherbergungsgewerbe hatte einen Umsatz von knapp 440 Millionen DM, davon 290 Millionen DM in Hotels. Im Gaststättengewerbe betrug der Umsatz 1,3 Milliarden DM, darunter 600 Millionen DM in Speisewirtschaften (laut der letzten Handels- und Gaststättenzählung 1985).

9. Kultur

9.1. Historisches

Berlin blickt auf eine reiche politische territoriale, städtebauliche sowie geistig-kulturelle Geschichte zurück, deren wechselhafter Verlauf das Antlitz der Stadt bis in die Gegenwart prägt. Die ersten Ansiedlungen von Menschen in Berlin reichen etwa 11 000 Jahre zurück. Als Stadt wurde Berlin vor über 750 Jahren 1237 erstmals urkundlich erwähnt.

Ausgangspunkt Berlins waren Anfang des 13. Jahrhunderts zwei ehemalige wendische, dann von Deutschen besiedelte Ortschaften. Am rechten Spreeufer – in der Gegend des heutigen Molkenmarktes und der Nikolaikirche – lag die günstige Handelsniederlassung Berlin und auf der gegenüberliegenden Spreeinsel das Fischerdorf Cölln. Beide Städte vereinigten sich im März 1307 und wurden bald das Haupt des märkischen Städtebundes. Durch Eroberung wichtiger Privilegien errang die Doppelstadt schnell reichsstädtische Macht und Selbständigkeit.

Seit dem 15. Jahrhundert wurden auf dem Wege zur Residenz die Geschicke der Stadt an die des Hauses Hohenzollern geknüpft. Nachdem sie zu beachtlichem Wohlstand und zu Blüte gelangt war, sank die Stadt an den Folgen des dreißigjährigen Krieges jedoch zu tiefstem Elend herab. Hatte sie um 1 600 etwa 12 000 Einwohner, so zählte sie nun nur noch 5 000 Einwohner.

Unter dem Großen Kurfürsten Friedrich Wilhelm (1640 – 1688) blühte Berlin erneut auf. Die Dorotheenstadt wurde gebaut, tausende aus Frankreich (durch die Aufhebung des Edikts von Nantes) Vertriebene brachten durch ihre verfeinerten handwerklichen Kenntnisse, ihre Kultur und Sitten außerordentlich belebende Elemente in die Stadt. Unter dem Großen Kurfürsten und Friedrich I. (1688 – 1713) gaben Baumeister wie Andreas Schlüter (u. a. Erbauer des Schlosses) Berlin das Gepräge einer glanzvollen Residenz. 1709 wird Berlin königliche Residenz- und Hauptstadt Brandenburg-Preußens. Unter dem als „Soldatenkönig" bekannten Friedrich Wilhelm I. (1713 – 1740) wurde der von den Vorgängern breit angelegte Ausbau der Friedrichstadt und Dorotheenstadt weiter betrieben. In diese Zeit fielen auch die Gründungen der Akademie der Künste (1696) und der Wissenschaften (1700 durch den Mathematiker und Philosophen Gottfried Wilhelm Leibniz) sowie die der Charité (1726).

Unter Friedrich II. – dem Großen – (1740 – 1786) erlebte die Stadt einen Aufschwung in politischer und künstlerischer Hinsicht. Berlin wurde zu einem Zentrum der europäischen Aufklärung, vertreten vor allem durch den Verleger Nicolai und den Philosophen Mendelssohn. Auch Voltaire lebte zeitweilig an Friedrichs Hofe. Das Opernhaus (Staatsoper), das Prinz-Heinrich-Palais (jetzt Humboldt-Universität), die Königliche Bibliothek, der Deutsche und Französische Dom auf dem Gendarmenmarkt stehen als architektonische

Glanzleistungen ebenso dafür wie die Werke der bildenden Künste eines Knobelsdorff und Chodowiecki. Die Porzellanmanufaktur begründete ihre Tradition.

Unter dem Nachfolger dieses bedeutenden Preußenkönigs entstand nach Plänen von Langhans das Brandenburger Tor – seither das Wahrzeichen von Berlin. Nach der vernichtenden Niederlage Preußens in den napoleonischen Kriegen 1806 setzte das neu erstarkende geistige Leben mit dem vom Freiherrn vom Stein eingeleiteten umfassenden Reformwerk und der 1810 gegründeten Universität ein sichtbares Zeichen. Die nach den Freiheitskriegen 1813/1815 – in denen Berlin ein Mittelpunkt der nationalen Erhebung gegen Napoleon war – lebhaft einsetzende städtebauliche Gestaltung der Stadt wurde maßgeblich von Schinkels Bauten – dem Alten Museum, dem Schauspielhaus, der Neuen Wache, der Werderschen Kirche – geprägt. Schadow und sein Schüler Rauch setzten Glanzlichter deutscher Bildhauerkunst.

Mit dem folgenden Ausbau der Stellung Preußens im Deutschen Reich wuchs die Bedeutung Berlins im politischen und geistigen Leben. Monumentale Prachtbauten wie die Nationalgalerie, die Reichsbank, die Technische Hochschule, das Kunstgewerbemuseum wurden in der Regierungszeit Wilhelm I. (1861 – 1888) errichtet.

Als Berlin 1871 Reichshauptstadt des deutschen Kaiserreiches wurde, besaß die nun auch in schnellem Tempo und großer Dimension expandierende Stadt als Industriemetropole und Verkehrsknotenpunkt 827 000 Einwohner. Nur zwanzig Jahre später war Berlin mit 1,5 Millionen Bürgern in außerordentlich kurzer Zeit zu der am engsten bebauten und bewohnten Stadt – und auch zur größten Mietskasernenstadt der Welt geworden. Im Zeichen der „Gründerjahre" entstand eine „City", ein Banken- und Zeitungsviertel mit Geschäftshäusern und öffentlichen Gebäuden im protzigen Stil der Wilhelminischen Ära. Sie kontrastierten mit dem „Scheunenviertel" und jenen Gebieten, wo um die rasch wachsende Industrie die Siedlungen der Arbeiter, zumeist im Norden und Osten sowie Südosten der Stadt gelegen, entstanden. Im Westen und Südwesten entstanden die Villengebiete der Wohlhabenden. Dies bildete auch einen Hintergrund für sich polarisierende kulturelle Milieus.

Mit dem Ende des Kaiserreiches nach dem 1. Weltkrieg wurde Berlin im Jahre 1918 von gewaltigen politischen und sozialen Auseinandersetzungen erschüttert. Die Ambivalenz der Situation fand ihren Ausdruck darin, das die neue Republik in Berlin ausgerufen wurde, aber mit der Konstituierung der Nationalversammlung in Weimar ihren Namen erhielt.

In den „goldenen" zwanziger Jahren entwickelte sich Berlin zu einer buntschillernden Weltmetropole – eine Stadt glänzender Schaufenster, blühender Geschäfte, des Amüsements, aber auch solch bedeutender Gelehrter wie Max Planck und Einstein, die an der Universität lehrten, oder Künstler wie Reinhardt und Piscator, die an Berliner Bühnen inszenierten. Zu Beginn der zwanziger Jahre zählte Berlin fast 4 Millionen Einwohner und bildete mit 8 Städten, 59 Landgemeinden und 26 Gutsbezirken ein einheitliches Groß-Berlin.

Das Desaster der Großen Weltwirtschaftskrise 1929/33 traf die Stadt schwer, tiefe soziale und politische Widersprüche beherrschten das Bild. Der Machtantritt der Nationalsozialisten setzte mit dem brennenden Reichstag und der in der Kristallnacht 1938 zerstörten Synagoge das Fanal dafür, daß von dieser Metropole aus die Welt bald mit Krieg und Vernichtung überzogen wurde. Seit 1942 schlugen mit vernichtenden Bombenangriffen die Schrecken des 2. Weltkrieges auf die Stadt zurück, in der – völlig zerstört – am 8. Mai 1945 der nationalsozialistische Wahn in Deutschland mit der bedingungslosen Kapitulation beendet wurde.

Die ehemalige Reichshauptstadt wurde von den vier Siegermächten in vier Sektoren geteilt, was sich bald allmählich zu der bis 1989 währenden kommunalen und dann auch politischen Spaltung in Ost- und West-Berlin vertiefte. Die opferreichen Wiederaufräumungsarbeiten in beiden Teilen der Stadt und beachtliche Leistungen der Rekonstruktion sowie des Neubaus kultureller, wissenschaftlicher und anderer öffentlicher Institutionen gingen mit einer kulturellen Wiederbelebung und Entfaltung einer modernen Kulturlandschaft einher. Jedoch spätestens seit den 60er Jahren – in der Folge vor allem des Mauerbaus um West-Berlin und damit auch durch die Stadt – vollzog sich diese Entwicklung immer stärker im Zeichen einer nicht nur politisch, sondern auch kulturell und städtebaulich gespaltenen Stadt.

Mit dem Fall der Berliner Mauer und der Entscheidung des Deutschen Bundestages für Berlin als deutsche Hauptstadt wurde eine erneute Zäsur gesetzt. Kunst- und Kulturstätten von internationalem Ruf sowohl im West- wie Ostteil der Stadt lassen völlig neue Möglichkeiten entstehen, ganz Berlin mit Synergie-Effekten zu einem geistig-kulturellen Zentrum Europas zu entwickeln. Ein – hier nur unvollständiger – Blick auf die kulturelle Landschaft des heutigen Berlin soll dies im folgenden deutlich machen.

9.2. Kulturpotential heute

Das Panorama ist ganz allgemein geprägt durch:
- ein breites Theaterangebot, darunter bekannte Sprech-, Musik- und Kinderbühnen;
- eine vielfältige Musikszene, darunter sinfonische Orchester, Rock- und Jazzgruppen, Chöre, Ensembles und Musikkneipen;
- zahlreiche Museen und Sammlungen der verschiedenen Genres;
- eine Vielzahl von Werkstätten, Galerien und Ausstellungen hier ansässiger bzw. ausstellender bildender Künstler;
- eine eigene Literaturszene mit Schriftstellern, Buchhändlern, Verlagen, Lektoren, Bibliothekaren usw.;
- eine Filmindustrie mit entsprechenden Produktionsstätten und Aufführungskapazitäten, ein alljährliches Filmfestival;
- umfangreiche Aktivitäten „alternativer" künstlerischer Initiativen, eine breite „Off-Szene" freier Gruppen, darunter auch ausländischer, z. B. türkischer, Künstler;
- ein geistig interessiertes Umfeld und eine gewisse kulturelle Toleranz, auch gegenüber den Traditionen, Leistungen und neuartigen Ausdrucksformen anderer Kulturen, sowie von Ausländern und anderen Minderheiten in dieser Stadt.

Erhalt und Entwicklung dieses Potentials erfordern ein neues kulturpolitisches Konzept. Hierbei kann an die seit den 70er Jahren verfolgten konzeptionellen Vorstellungen, realen Bemühungen und gesammelten Erfahrungen des Senats, Berlin zu einer Kulturmetropole auszubauen, angeknüpft werden. Angesichts der veränderten Bedingungen in einem geeinten Berlin als Hauptstadt und Regierungssitz sind diese weiterzuentwickeln und teilweise neu zu akzentuieren.

Notwendig ist nicht nur die Fortführung der Förderung und Subventionierung bereits etablierter Kulturbereiche, sondern zugleich die Verstärkung der Integration freier Gruppen, alternativer Kunst und bezirklicher kultureller Initiativen in die öffentliche Kulturpolitik. Der Ausbau des Kulturbetriebes ist nicht zuletzt eine wesentliche Voraussetzung für die Attraktivität Berlins als Stadt der Ausstellungen, Messen und Kongresse, als Metropole der Entwicklungspolitik und trägt insofern auch zu den wirtschaftlichen Ergebnissen in diesen Bereichen bei.

9.2.1. Theater

Seit der Vereinigung verfügt Berlin über drei Opernhäuser und über 50 Theater unterschiedlichster Genres, wobei die bisherigen 26 Theater im Ostteil der Stadt in einer großen Zahl mit den verschiedensten Problemen konfrontiert sind. Der Wegfall staatlicher Subventionierung und der komplizierte Prozeß der Umstellung auf sich zu einem großen Teil selbst tragende „wirtschaftliche" Einheiten, die beabsichtigte Privatisierung einiger Spielstätten, der noch nicht beendete Personalabbau, geringere Besucherzahlen und die Suche nach neuen künstlerischen Profilen sind nur einige der Faktoren dafür.

Gelingt es, die Ost-Berliner Bühnen im wesentlichen zu erhalten, insbesondere die Kultur nicht dem Kommerz opfern zu müssen, so hätte Berlin künftig ein reichhaltiges kulturelles Angebot, aber keineswegs zu viele Bühnen. Pro Kopf der Bevölkerung läge der Besatz immer noch unter dem von München, Hamburg oder Frankfurt am Main.

Zu den wichtigsten Bühnen gehören die Deutsche Oper (Charlottenburg), die Deutsche Staatsoper und die Komische Oper (beide im Bezirk Mitte), die 1989 insgesamt 648 Vorstellungen hatten und über ein Platzangebot von insgesamt 4744 verfügen.

Einige der bekannten Sprechtheater sind das Deutsche Theater, die Kammerspiele, das Berliner Ensemble und das Maxim-Gorki-Theater in Berlin-Mitte, das Schiller-Theater, das Theater am Kurfürstendamm, das Renaissance-Theater und die Komödie in Charlottenburg, die Berliner Kammerspiele und das Grips-Theater im Bezirk Tiergarten sowie die Freie Volksbühne und die Schaubühne in Wilmersdorf. Im Ostteil der Stadt befindet sich zudem das Theater der Freundschaft für Kinder und Jugendliche sowie ein Puppentheater. Das Theater im Westen und das Metropol-Theater stehen vor allem für Musical- und Operettenaufführungen.

Die Berliner Theater boten 1989 zusammen 19 740 Zuschauerplätze. 8 857 Vorstellungen wurden aufgeführt und zogen 3,6 Millionen Zuschauer an (vgl. Tabelle 9.1.). Berlin ist die Heimstätte für Kabaretts und viele freie Theatergruppen. Eine der modernsten Spielstätten der leichten Muse, insbesondere der Revue, ist der Friedrichstadtpalast, über dessen künftiges Profil jedoch noch diskutiert wird.

Tabelle 9.1.
Kulturelles Angebot und Besuche der Theater, Konzerte, Filmtheater und Museen in Berlin 1989

Berlin-West		Berlin-Ost
27[1]	**Theater**	26[2]
5 447	Vorstellungen	3 410
2 129	Besuche in 1000	1 479
1 746	**Konzertveranstaltungen**[3]	305
952	Besuche in 1000	380
94	**Filmtheater**	21
21 482	Plätze	7 465
229	Plätze je Filmtheater	355
7 800	Besuche in 1000	4 237
3,5	Besuche je Einwohner	3,3
42	**Museen**[4]	36
5 631	Besuche in 1000	2 713

[1] Zu den Theatern zählen auch Freilichtbühnen, nicht jedoch Kabaretts und Puppentheater.
[2] Bei den Theatern sind auch Spielstätten und Puppentheater, nicht jedoch Kabaretts und der Friedrichstadtpalast mitgezählt.
[3] Die Angaben zu den Konzerten beziehen sich auf die Spielzeit 1988/89.
[4] Bei den Museen sind Schlösser und Gärten nicht enthalten.

Quelle: Berliner Bezirke, Statistisches Taschenbuch, Hrsg.: Statistisches Landesamt, Berlin 1990, S. 88 f.

Berlin besitzt zugleich als Musikstadt internationalen Ruf und ist Veranstalter von Musikfesten.
Sein Ruf gründet sich auf die Klangqualität und die Spannbreite der musikalischen Darbietungen der vier großen Orchester im Westteil und der bis zur politischen Wende in Ost-Berlin spielenden neun Orchester, von denen sich ein Teil zur Zeit in Auflösung befindet.

9.2.2. Museen

In Berlin gibt es eine große Zahl von bedeutenden Museen und Sammlungen, die über beide Stadtteile verteilt sind (vgl. Tabelle 9.1.). Das ehemalige preußische Kulturgut befindet sich im Besitz der 1957 gegründeten Stiftung Preußischer Kulturbesitz, die seit der Vereinigung der Stadthälften nun auch über die bisher im Ostteil der Stadt gelagerten Sammlungen und Kulturgüter verfügt. Zur Stiftung gehören die wichtigsten staatlichen Museen sowie die Staatsbibliothek im Ost- und Westteil der Stadt und einige andere Institute bzw. Archive. In Berlin liegen vier große Museumszentren, wobei das bekannteste und geschlossenste die Museumsinsel im Ostteil der Stadt ist. Zu ihr gehören das Alte Museum, ein Schinkel-Bau, mit einer ständigen und wechselnden Ausstellungen, die Nationalgalerie, das Pergamonmuseum mit dem Altar von Pergamon, das Bodemuseum und das Ägyptische Museum. Das zweite Zentrum befindet sich am Kemperplatz (Bezirk Tiergarten) mit der Neuen Nationalgalerie, die vor allem Kunst des 19. und 20. Jahrhunderts präsentiert, einem Kunstgewerbemuseum, dem Musikinstrumenten-Museum und dem Bauhaus-Archiv u. a. Unterschiedliche Museen und Sammlungen sind in Dahlem (Bezirk Zehlendorf) und im Schloß Charlottenburg und Umgebung konzentriert.

Nach dem Stand von 1989 befinden sich in Berlin insgesamt 78 Museen, davon 36 in der östlichen und 42 in der westlichen Stadthälfte. Darunter fallen neben den in beiden Stadtteilen am stärksten vertretenen Kunstsammlungen mehrere Geschichtsmuseen, Literatur-, Theater- und Musikmuseen, naturwissenschaftliche und technische Museen sowie Heimatmuseen. Die mit der Vereinigung Berlins zusammengekommene Museumslandschaft hat eine Diskussion über ihre Neu- und Umgestaltung ausgelöst, die zur Zeit noch im vollen Gange ist.

9.2.3. Bibliotheken

Das geistig-kulturelle Klima wird in einem gewissen Maße auch durch die Lesefreudigkeit der Berliner geprägt. Über die ganze Stadt verteilt befinden sich öffentliche Bibliotheken (vgl. Tabelle 9.2.). Im Westteil der Stadt wurden 1989 insgesamt 139 Bibliotheken gezählt mit einem Medienbestand von 4 619 000, darunter über 4 153 600 Büchern. Je Einwohner erfolgten im Durchschnitt 5,8 Entleihungen.

Im Ostteil wurden zur gleichen Zeit 156 öffentliche Bibliotheken registriert. Ihr Medienbestand betrug 5 079 405, davon 4 472 928 Bücher. Je Einwohner wurden 7,1 Entleihungen statistisch erfaßt.

Seit der Vereinigung vollzieht sich im öffentlichen Bibliothekswesen im Ostteil der Stadt ein tiefgreifender Wandel. Die Buchbestände wurden grundlegend umgewälzt und befinden sich in einem Neuaufbau, der den Genres und der Auswahl keine Grenzen setzt. Zugleich zeichnet sich jedoch auch ein Schrumpfen der Bibliotheken ab, da aufgrund des Wegfalls bisheriger staatlicher Subventionen vielfach die Mittel für die Unterhaltung der mitunter kleinen Stadtbezirksbibliotheken nicht mehr aufgebracht werden können.

Tabelle 9.2.
Öffentliche Bibliotheken (Anzahl, Medienbestand und Entleihungen) in Berlin nach Bezirken 1989

Bezirke	Bibliotheken Anzahl	Medienbestand in 1000	Entleihungen in 1000	je Einwohner
Tiergarten	9	191	645	6,4
Wedding	15	204	934	5,6
Kreuzberg	14	261	656	4,1
Charlottenburg	10	418	1 040	5,3
Spandau	15	535	1 425	6,5
Wilmersdorf	10	288	797	5,0
Zehlendorf	6	170	732	6,7
Schöneberg	10	232	753	4,5
Steglitz	10	318	1 050	5,3
Tempelhof	10	294	981	5,1
Neukölln	15	405	1 287	4,1
Reinickendorf	14	360	1 263	4,9
West-Berlin gesamt	139	4 619	12 982	5,8
Mitte	18	294	649	8,1
Prenzlauer Berg	17	540	954	6,4
Friedrichshain	16	309	698	6,2
Treptow	15	380	760	7,3
Köpenick	27	357	833	7,3
Lichtenberg	12	476	1 012	5,8
Weißensee	15	167	404	7,5
Pankow	16	400	996	9,0
Marzahn	7	403	737	4,3
Hohenschönhausen	6	281	575	4,9
Hellersdorf	6	242	439	4,6
Ost-Berlin gesamt	156	5 079	9 111	7,1

Quelle: Berliner Bezirke, Statistisches Taschenbuch, Hrsg.: Statistisches Landesamt, Berlin 1990, S. 86 f.

9.2.4. Filmtheater

In Berlin gibt es eine Vielzahl von großen und kleinen Filmtheatern, deren überwiegender Teil sich gegenwärtig und auch künftig auf den Westteil der Stadt konzentriert.

Mit Stand von 1989 spielten im Westteil der Stadt 94 Filmtheater und boten 21482 Besuchern Platz. Im Durchschnitt besuchte jeder Einwohner 3,5 Filme im Jahr.

Wesentlich kleiner ist die Kinolandschaft im Ostteil der Stadt. Im Jahre 1989 wurden insgesamt 21 Kinos gezählt mit 7465 Plätzen und einer Quote von 3,3 Filmbesuchen je Einwohner. Gegenwärtig sind keine konkreten Aussagen über die Entwicklung und die Zukunft insbesondere der kleinen Ost-Berliner Filmtheater möglich. Kleinere Spielstätten in kommunalen oder privaten Häusern wurden von der Treuhandanstalt dem jeweiligen Eigentümer übergeben.

Verwendete Quellen

- Ausflugsatlas Umgebung von Berlin, Berlin/Leipzig 1984
- Ausflugsziele zwischen Oder, Spree und Havel, Hrsg. auf Empfehlung des provisorischen Regionalausschusses vom Verkehrsamt Berlin in Zusammenarbeit mit Berlin-Information, Potsdam-Information, Cottbus-Information, Frankfurt (Oder)-Information, Februar 1990
- Bedau, K.-D.; Schmidt, J.; Vortmann, H.; Boje, J.; Gladisch, D.; Grunert, R.: Gutachten im Auftrag des Bundesministers für Wirtschaft. Berlin 1991 (als Manuskript vervielfältigt).
- Berlin im Überblick, Hrsg.: Informationszentrum Berlin, Berlin 1988
- Berlin im Überblick, Sonderausgabe, Informationszentrum Berlin, Berlin 1990
- Berlin in Zahlen 1991, Hrsg.: Industrie- und Handelskammer zu Berlin, Berlin 1991
- Berlin von A bis Z, Hrsg. Verkehrsamt Berlin, Februar 1990
- Berliner Bezirke, Statistisches Taschenbuch, Hrsg.: Statistisches Landesamt, Berlin 1990
- Berliner Statistik Tourismus in Berlin, März 90, Statistisches Landesamt Berlin
- Berliner Statistik Monatsschrift, Heft 3/1990, Statistisches Landesamt Berlin, 1990
- Bundesbericht Forschung, in: Deutscher Bundestag, 11. Wahlperiode, Bonn, Drucksache 11/1049, vom 23. 3. 1988
- Bundestagswahl und Wahlen zum Abgeordnetenhaus von Berlin 1990 – Ergebnisse und Regierungsbildung, Landeszentrale für politische Bildungsarbeit Berlin 1991
- Die kleine Berlin-Statistik 1990 und 1991, Hrsg.: Landeszentrale für politische Bildungsarbeit Berlin; Berlin, August 1990 und Oktober 1991
- Die Verfassung von Berlin und das Grundgesetz für die Bundesrepublik Deutschland, geänderte Fassungen Herbst 1990, Landeszentrale für politische Bildungsarbeit Berlin 1990
- Ergebnisse der Volks-, Berufs-, Gebäude-, Wohnungs- und Arbeitsstättenzählung in Berlin (West) am 25. Mai 1987, Statistisches Landesamt Berlin
- Gesetz über die Vereinheitlichung des Berliner Landesrechts vom 28. September 1990 (GVBl. S. 2119)
- Gesetz zum Vertrag zwischen der Deutschen Demokratischen Republik und der Bundesrepublik Deutschland über die Herstellung der Einheit Deutschlands – Einigungsvertrag – vom 31. August 1990 (Verfassungsgesetz) vom 20. September 1990, Gesetzblatt der DDR, Teil I, Nr. 64 vom 28. 9. 1990
- Grundlagen und Zielvorstellungen für die Region Berlin, 1. Bericht, Hrsg.: Provisorischer Regionalausschuß, Planungsgruppe Potsdam, Berlin 1990, S. 86
- Grundlinien der Wirtschaftsentwicklung von Berlin, in: DIW-Wochenbericht, Nr. 14 vom 9. 4. 1991
- Kramer, D.; Landwehr, R.: Soziales Berlin, Berlin 1988
- Koalitionsvereinbarung zwischen der CDU, Landesverband Berlin und der SPD, Landesverband Berlin
- Landespressedienst Berlin vom 5. Dezember 1991
- Materialien zur räumlichen Entwicklung in der Region Berlin, Hrsg.: Senatsverwaltung für Stadt-

entwicklung und Umweltschutz, Berlin, April 1990
- Mitzscherling, P.: Neue wirtschaftliche Perspektiven für Berlin, in: 19. Bericht über die Lage der Berliner Wirtschaft, Hrsg.: Senatsverwaltung für Wirtschaft, Berlin, November 1990
- Monatszahlen Dezember 1990, 3. Folge, Hrsg.: Gemeinsames Statistisches Amt der Länder Brandenburg, Mecklenburg-Vorpommern, Sachsen, Sachsen-Anhalt und Thüringen, Berlin, vom 20. 2. 1991
- 19. Bericht über die Lage der Berliner Wirtschaft, Hrsg.: Senatsverwaltung für Wirtschaft, Berlin, November 1990
- Ostwald, W. (Hrsg.): Raumordnungsreport '90 – Daten und Fakten zur Lage in den ostdeutschen Ländern, Verlag Die Wirtschaft Berlin GmbH, Berlin 1990
- Ratgeber Aufbau und Aufgaben der Bezirksämter und Bezirksverordnetenversammlung in Berlin (West), Landeszentrale für politische Bildungsarbeit Berlin 1990
- Region Berlin, Statistische Informationen, Heft 4, Kultur und Freizeit, Hrsg. Statistisches Landesamt Berlin, Statistisches Amt der Stadt Berlin o. J.
- Sozialreport Ost-Berlin 1990, Hrsg.: Institut für Soziologie und Sozialpolitik der Akademie der Wissenschaften der DDR und Statistisches Amt der Stadt Berlin, September 1990
- Statistisches Jahrbuch 1990, Statistisches Landesamt Berlin, Berlin 1990
- Statistisches Jahrbuch Berlin (Ost) 1990, Statistisches Amt der Stadt Berlin, Berlin 1990
- Struktur und Funktionswandel der Region Berlin, Daimler-Benz AG, Forschungsinstitut Berlin, Oktober 1990
- Strukturdaten Großraum Berlin, Hrsg.: Deutsches Institut für Wirtschaftsforschung in Zusammenarbeit mit dem Institut für angewandte Wirtschaftsforschung, Berlin, vom November 1990
- Strukturelle Defizite im verarbeitenden Gewerbe von Berlin (West), in: DIW-Wochenbericht (Hrsg.: Deutsches Institut für Wirtschaftsforschung), Berlin, Nr. 13, vom 29. 3. 1990
- Wagner, G.; Schupp, J.: Die Sozial- und Arbeitsmarktstruktur in der DDR und in Ostdeutschland – Methodische Grundlagen und ausgewählte Ergebnisse, in: Projektgruppe „Das Sozio-ökonomische Panel" (Hrsg.), Lebenslagen im Wandel. Campus Verlag Frankfurt (M.)/New York, 1991
- Wahlen zum ersten Gesamtberliner Abgeordnetenhaus, 2. 12. 1990, Landeszentrale für politische Bildungsarbeit, Berlin 1990
- Wienand, M.: Sozialsysteme und soziale Arbeit in der Bundesrepublik Deutschland, Frankfurt/Main 1988
- Winkler, G. (Hrsg.): Sozialreport 90 – Daten und Fakten zur sozialen Lage in der DDR, Verlag Die Wirtschaft, Berlin 1990
- Zimm, A. (Hrsg.): Berlin und sein Umland, Gotha 1988

Taschenlexikon Marktwirtschaft

Die neue Reihe Taschenlexikon Marktwirtschaft (TLM) ist ein „Soforthilfeprogramm" für die Praxis, für Lehrer und Studenten; sie ist aber auch nützlich für jeden Bürger, da sie zur Beseitigung von Unsicherheiten im Umgang mit der Begriffswelt der Marktwirtschaft beiträgt. Die schmalen Taschenbücher kommen preiswert auf den Markt und die Begriffserläuterungen sind kurz, präzise und verständlich. Zusammen mit einem praktikablen Verweissystem gewährleisten sie kurze Zugriffszeiten.

Die Taschenlexika wenden sich an Volks- und Betriebswirte in Praxis, Lehre und Forschung, an kaufmännische Angestellte in Industrie, Handel und anderen Bereichen, an Studenten, Umzuschulende und an Auszubildende für kaufmännische Berufe.

Die Titelübersicht zeigt die bausteinartige Anlage der Reihe, in der sich um den Kernbereich der marktwirtschaftlichen Arbeit, die Betriebswirtschaft, sowohl „Einsteiger"wissen als auch in entscheidende Einzelbereiche wirtschaftllicher Tätigkeit gehende Themen gruppieren.

Graichen, Dieter/Rüdiger Pieper
Betriebswirtschaft
264 Seiten, Paperback, DM 24,80
ISBN 3-349-00924-7
Taschenlexikon Betriebsw.

Hölzer, Günter/Karl-Heinz Reuß/
Franz Slawik
Volkswirtschaft
312 Seiten, Paperback, DM 38,–
ISBN 3-349-00915-8
Taschenlexikon Volkswirt.

Ebert, Günter/Dieter Graichen
Unternehmensfinanzierung
etwa 128 Seiten, Paperback,
etwa DM 14,80
ISBN 3-349-00977-8
Taschenlexikon Unternehm.

Graichen, Dieter/Rüdiger Pieper
Grundbegriffe für Einsteiger
136 Seiten, Paperback, DM 9,80
ISBN 3-349-00901-8
Taschenlexikon Begriffe

Minnich, Günter
Preismanagement
288 Seiten, Paperback, DM 14,80
ISBN 3-349-00837-2
Taschenlexikon Preisman.

Mätzig, Klaus/Thomas Luck
Rechnungswesen
120 Seiten, Paperback, DM 9,80
ISBN 3-349-00835-6
Taschenlexikon Rechnungs.

Schneider, Klaus
Psychologie im Management
136 Seiten, Paperback, DM 14,80
ISBN 3-349-00827-5
Taschenlexikon Psycholog.

Verlag Die Wirtschaft GmbH
Berlin · München
Am Friedrichshain 22 · O-1055 Berlin

Heske, Gerhard

Preisstatistik

Grundlagen und Praxis
der volkswirtschaftlichen Preisstatistik
ca. 304 Seiten, Hardcover, ca. DM 58,–
ISBN 3-349-00903-4

Sowohl in der Wirtschaft als auch im privaten Bereich jedes Bürgers stellen Preise eine der wichtigsten ökonomischen Kategorien dar. So sind auch statistische Informationen über die Preisentwicklung – zumeist in Gestalt von Preisindizes – wichtige Indikatoren für die Konjunkturentwicklung und die Währungsstabilität. Deshalb ermittelt und publiziert das statistische Bundesamt in Wiesbaden monatliche Preisindizes für die Lebenshaltung, für Erzeugerpreise gewerblicher Erzeugnisse sowie für Preise anderer Wirtschaftsbereiche und -stufen.
Der Autor erläutert in 5 Kapiteln alle für die Berechnung und vor allem Nutzung von Preisstatistiken wesentllichen Fragen:
- Aufgaben der Preisstatistik und das System volkswirtschaftlicher Preisindizes
- Methodische Grundlagen der Preisstatistik, wie die statistische Darstellung des Niveaus und der Dynamik der Preise einzelner Waren und Dienstleistungen sowie der Preise für Gütergruppen und Erzeugnisgesamtheiten (nominale und reale Preisänderung, Einschätzung der Gebrauchswertveränderung, Aggregat-Preisindizes usw.); Erhebungstechniken zur Ermittlung von Preisveränderungen, wie totale und repräsentative Preiserfassung, Durchschnittspreise und ihre Berechnung, Preisrelationen und Preisgruppen von Erzeugnissen.
- Praktische Preisstatistik für Hauptbereiche der Volkswirtschaft wie Erzeugerpreise gewerblicher Produkte, Erzeugerpreise landwirtschaftlicher Produkte und für landwirtschaftliche Betriebsmittel, Baupreise, Großhandelsverkaufspreise, Verbraucherpreise und Preisindizes für die Lebenshaltung, Ein- und Ausfuhrpreise.
- Die Verwendung von Preisindizes für die Deflationierung von Wertkennziffern und zur Berechnung der Geldwertentwicklung.
- Der internationale Vergleich des Niveaus (Einzelerzeugnisse und Erzeugnisgesamtheiten) und der Dynamik der Preise

Seine Ausführungen untersetzt der Autor mit gesetzlichen und organisatorischen Grundlagen der Preisstatistik und geht gesondert auf den Aufbau der Preisstatistik in den neuen Bundesländern ein.

Verlag Die Wirtschaft GmbH
Berlin · München
Am Friedrichshain 22 · O-1055 Berlin

Haeder, Wolfgang
Sozialproduktrechnung
Eine Einführung
in das System of National Accounts (SNA)
230 Seiten, Paperback, DM 98,–
ISBN 3-349-00826-7

Die ökonomischen Wandlungen in den neuen deutschen Bundesländern und in den ost- und südosteuropäischen Ländern führen zur Marktwirtschaft. Der hierbei entstehende Reproduktionstyp wird sich in der Perspektive in seinen wesentllichen Merkmalen nicht von den entwikkelten Marktwirtschaften der OECD-Länder unterscheiden. Diese Entwicklung muß ihre Reflexion in der volkswirtschaftlichen Gesamtrechnung finden. Das bisher in diesen Volkswirtschaften angewandte und teilweise noch gebräuchliche „System der volkswirtschaftlichen Bilanzen" (im internationalen Sprachgebrauch „MPS = Material Product System") kann die komplexen Anforderungen eines marktwirtschaftlichen Systems unter offenen außenwirtschaftlichen Bedingungen nicht befriedigen.

Das „System of National Accounts" (SNA) wird in ca. 150 Ländern der Erde angewandt. Dieses System der volkswirtschaftlichen Gesamtrechnung ist in Regie der Vereinten Nationen entstanden. Es wird für die ost- und südosteuropäischen Länder in Zukunft gleichermaßen wie in der übrigen Welt das von ihnen anzuwendende System darstellen. Die neue Publikation bietet aus aktueller Sicht eine Einführung in das „System of National Accounts", da es in kürzester Zeit anstelle vieler alter gewohnter Kategorien bestimmenden Einfluß auf die ökonomische Begriffswelt in den Übergangswirtschaften haben wird.

Diese Einführung in das SNA erläutert auch die theoretischen und historischen Wurzeln des Systems einschließlich der Bestimmung der Funktionen der volkswirtschaftlichen Gesamtrechnung. In einem Hauptteil der Publikation werden die Grundzüge des Systems, seine Architektur, sein Konten- und Sektorenaufbau und seine Komplexität als allumfassendes Dachsystem für alle Seiten des Wirtschaftskreislaufes einschließlich seines Zusammenhangs mit solchen Gebieten wie Ökologie, Bildung und Gesundheitswesen und anderen, dargelegt. Weiter werden Beziehungen zwischen dem SNA als dem weltweit angewandten zentralen System der volkswirtschaftlichen Gesamtrechnung und seinen „Verwandten", dem System der volkswirtschaftlichen Gesamtrechnung der OECD-Länder (dem ESA = European System of Accounts) und dem in der Bundesrepublik Deutschland angewandten System der volkswirtschaftlichen Gesamtrechnungen erläutert.

Verlag Die Wirtschaft GmbH
Berlin · München
Am Friedrichshain 22 · O-1055 Berlin